本书得到下列项目联合资助

国家自然科学基金委员会创新研究群体科学基金:冰冻圈与全球变化(41121001)

冰冻圈科学国家重点实验室自主研究课题:冰冻圈服务功能及其价值评估

中国冰川旅游资源空间开发与规划

王世金　著

科　学　出　版　社

北　京

内 容 简 介

本书回顾了国内外冰川旅游发展历程,扼要介绍了世界著名冰川旅游目的地,系统分析了中国冰川旅游资源开发基础,构建了中国冰川旅游资源开发潜力评价体系,并对中国冰川旅游资源开发潜力进行了综合评价与区划。同时,结合旅游空间结构理论及其评价结果,提出了中国冰川旅游空间开发布局战略与开发模式。最后,系统分析了中国冰川旅游跨越式发展的制约因素,提出了中国冰川旅游跨越式发展的保障机制。

本书可供冰川学、地理学、旅游学、管理学、旅游规划等相关学科领域的科研与教学人员、相关专业的研究生,以及旅游决策、规划和旅游经营管理者及相关从业人员参阅。

图书在版编目(CIP)数据

中国冰川旅游资源空间开发与规划 / 王世金著 . —北京:科学出版社, 2015.6

ISBN 978-7-03-044692-3

Ⅰ. 中… Ⅱ. 王… Ⅲ. 冰川–旅游资源开发–研究–中国 Ⅳ. F592.1

中国版本图书馆 CIP 数据核字(2015)第 123125 号

责任编辑:张 菊 / 责任校对:钟 洋
责任印制:徐晓晨 / 封面设计:无极书装

科 学 出 版 社 出版

北京东黄城根北街 16 号
邮政编码:100717
http://www.sciencep.com

北京教图印刷有限公司 印刷
科学出版社发行 各地新华书店经销

*

2015 年 6 月第 一 版   开本:720×1000   B5
2015 年 6 月第一次印刷   印张:16 5/8
字数:340 000
定价:138.00 元
(如有印装质量问题,我社负责调换)

序

　　王安石的《游褒禅山记》写到,"世之奇伟、瑰怪,非常之观,常在于险远,而人之所罕至焉,故非有志者不能至也"。冰川正如王安石所描述之险远、雄浑、壮阔、奇伟景观,须有志者方能至焉。冰川是冰冻圈重要的自然资源、文化景观和生态系统内在的组成部分。冰川以雪峰为依托,形成了高山带和极地最美丽、迷人的景观与最雅致的吸引物之一。同时,冰川以强烈的侵蚀、搬运和堆积作用,使山地景观更加丰富多彩。尽管世界上冰川资源多分布于远离人类聚居区的南北极、格陵兰高纬高寒区域,以及零星分布于中低纬高海拔地带,其区位优势不明显,可进入性较差,然而,冰川却以其新奇神秘的景观、绚丽壮观的景象、壮阔旷达的雪野、清新宜人的空气、遐想梦幻的意境、优雅宁静的环境,以及形式多样的旅游功能和美学价值,成为当前人们观光、体验、探险、旅游度假的重要旅游吸引物。

　　冰川作为旅游资源已有100多年的开发历史,世界上已有100余处冰川被开发为著名旅游目的地。中国冰川资源储量大、分布广、类型多,旅游开发空间广阔,潜力巨大。伴随着登山、探险、科考活动的发展和体验旅游的逐步深入,中国冰川旅游也得到了一定发展。然而,中国冰川旅游发展较为缓慢,景点稀少,与冰川资源禀赋并不相符,与国外冰川旅游发展差距较大,且冰川旅游多为观光旅游,开发层次较低,对于冰川科考科普、冰川徒步探险、冰川滑雪、雪地摩托、攀冰、冰川鸟瞰、冰川环境教育等深层次冰川体验旅游项目开发较少。同时,冰川旅游地旅游管理和安全设施建设亦较为落后。

　　冰冻圈科学国家重点实验室王世金博士的《中国冰川旅游资源空间开发与规划》一书,系统回顾了国内外冰川旅游发展进程,扼要介绍了世界著名冰川旅游目的地。通过中国冰川旅游发展历程及 SWOT 综合分析,构建了中国冰川旅游资源开发潜力评价体系,运用层次分析、熵权系数相结合的综合赋权方法,采用多目标线性加权综合评价模型,对中国冰川区各地市州冰川旅游资源开发潜力进行了综合评价与等级划分。同时,按照"突出中心城市、依托交通干线、巩固重点区域、形成网络市场"的总体构想,提出了中国冰川旅游"十心、三带、五区"的总体空间规划战略。最后,在系统分析综合影响因素的基础上,提出了中国冰川旅游跨越式发展的保障机制。

　　该书内容丰富、资料翔实、通俗易懂,它的出版将有助于普通大众增进对冰川知识及冰川旅游的深入了解,对于促进冰冻圈科学研究内容的扩展与延伸,以及冰冻圈地理学和旅游地理学的交叉融合也具有一定理论意义。同时,其研究为中国冰川资源优势转化为经济和竞争优势提供了新的开发思路,对于中国西部冬春季旅游淡季瓶颈的解决具有重要的现实意义,对于促进中国冰川旅游资源保护性开发和跨越式发展具有重要的参考价值。

随着经济社会的快速发展,中国已进入全面建设小康社会新阶段。人们工作时间在缩短,闲暇时间在增加,可支配收入在增多,交通网络在改善,旅游体验活动已经成为普通大众的一种重要的生活方式。我们坚信,伴随着国民休闲计划、国家生态功能区划和主体功能规划、丝绸之路经济带建设战略的逐步实施,中哈吉三国"丝绸之路:起始端和天山廊道的路网"及中国"新疆天山"世界遗产名录的成功入选,以及西部大开发和青藏铁路旅游带、大香格里拉生态旅游圈跨省区旅游合作项目的深入开展,中国将以其丰富而独特的冰川旅游资源和强烈的魅力吸引国内外众多旅游者前来观光、体验、探险、科考、休闲度假。可以说,中国冰川旅游未来发展潜力巨大,市场前景广阔。

秦大河

中国科学院院士

IPCC 第一工作组联合主席

2015 年 2 月 6 日于北京

前　言

　　伴随着经济社会的快速发展,旅游已成为全球新的经济增长极与现代社会重要的生活方式和经济活动。2012 年,国际旅游人数达 10.35 亿人次,同比增长3.90%。国际旅游业经济总量占全球 GDP 的 9% 以上,已超过石油、汽车工业,成为略低于银行业的全球第二大产业。旅游直接就业人数达 9900 万,占全球就业总数的 3.40%,间接就业人数比重则高达 9%,特别是对于发展中国家,旅游业在创汇、就业、扶贫、促进经济增长方面的作用极为重要。众多国家和地区已将旅游业上升至国家战略地位,发展旅游业已成为应对地区经济危机、促进经济复苏和培育新的经济增长点的重要手段。改革开放以来,中国旅游业也得到了蓬勃发展。1999 年,国家旅游局制定了"建设世界旅游强国,培育新兴支柱产业"的战略目标。2009 年,国务院对中国旅游发展政策做出了重大调整,以新的方式对旅游进行了重新审视和定位。其中,最为重要的就是要"把旅游业培育成为国民经济的战略性支柱产业和人民群众更加满意的现代服务业"。近几年,中国旅游业已成为"十二五"期间重点发展的产业之一。可以预期,未来 5 年将是中国旅游业发展的黄金时期。同时,可以窥见,未来旅游将更显个性化、特色化,旅游经营管理机构将越来越重视深层次旅游消费需求,旅游市场将更为细化,旅游产品将更为丰富。除传统观光旅游、商务旅游和度假旅游三大主导项目外,特殊旅游、专题旅游将更具发展潜力,特别是背包自助游、科考探险游、自驾车旅游将成为新的旅游方式。世界旅游业地位的提升以及未来旅游发展方向的转变为中国冰川旅游的快速发展提供了少有的历史机遇。

　　冰川是高寒地区独有的自然景观,它大多远离人类聚居区,普通大众很难亲临或目睹其芳容。然而,冰川享有独特的山地自然景观、形态各异的冰川地貌、舒适宜人的夏秋季消暑特性,以及滑雪、攀冰、徒步、探险等诸多体验旅游功能,现已成为人们登山探险、观光游览、科考科普、休闲体验、猎奇览胜的重要旅游吸引物。然而,中国冰川旅游缺乏总体规划,缺乏对冰川及冰川旅游知识的基本认识,冰川旅游开发零散、产品单一,冰川旅游与区域旅游资源整合力度较小,还未形成一定的区域旅游产业链。同时,各地冰川旅游资源开发保障机制不足,严重制约着冰川旅游的快速、健康发展。基于以上认识,本书立足于旅游资源评价、旅游空间结构优化等理论,从人地和谐、旅游可持续发展角度出发,通过对中国冰川旅游资源开发基础进行分析,建立了适宜于中国冰川旅游资源开发的潜力评价体系,采用综合评价模型,系统评价了中国冰川区各地市州冰川旅游资源开发潜力程度,提出了中国冰川旅游资源开发的空间优化方案及冰川旅游跨越式发展的保障机制。本书的出版或可为未来中国冰川旅游资源的合理开发和高效利用提供实践经验和理论导向。

国家自然科学基金委员会创新研究群体科学基金"冰冻圈与全球变化"（41121001）和冰冻圈科学国家重点实验室自主研究课题"冰冻圈服务功能及其价值评估"对本书的联合资助，使本书得以顺利出版。本书有关冰川的专业词汇和概念均采用秦大河院士主编的《英汉冰冻圈科学词汇》和《冰冻圈科学辞典》中的术语；不同区域冰川数量、面积及其变化数据，因采用中国第一、第二次冰川编目，以及不同时相多源遥感影像等不同标准，其数据可能存在一定出入，但作为旅游资源的研究工作影响不大。在写作过程中，本书参考和引用了国内外同行专家和学者的相关冰川学著作与论文的部分结论和成果，在书中已作标注，对他们表示衷心感谢。同时，感谢新疆维吾尔自治区乌鲁木齐市登山探险协会主席王铁男先生（第一位登顶博格达峰的中国人）为本书提供了天山博格达峰及托木尔峰的多处冰川景观照片。感谢部分中国摄影家协会会员，以及冰冻圈科学国家重点实验室、中国科学院天山冰川观测试验站、中国科学院玉龙雪山冰川与环境观测研究站、中国科学院祁连山冰川与生态环境综合观测研究站及部分冰冻圈科学研究人员为本书提供了不同区域不同类型的精美的冰川照片。特别地，北京大学环境学院崔之久教授为本书第二章冰川遗迹景观部分进行了校稿，在此深表感谢。

鉴于本书是第一部冰冻圈科学体系的旅游读本，加之作者水平有限，书中理论、方法仍有许多不足和有待完善之处，恳请广大同行、读者给予批评指正。

王世金

2015 年 1 月 30 日

目　　录

第一章　绪　　论

一、研究背景与意义

冰川是寒区多年降雪积累、经过变质作用形成的自然冰体，在重力作用下有一定运动。冰川作为气候与环境变化的敏感性指示器，是冰冻圈（cryosphere）（地球表层由山地冰川、极地冰盖、积雪、冻土、海冰等固态水组成的圈层）重要的组成部分和自然界最宝贵的淡水资源，也是冰冻圈重要的自然资源和生态系统内在的组成部分（Global Climate Observing System，1995；Thompson et al.，1997；Carey，2005；Thompson et al.，2006；Haeberli，2007；Meie et al.，2007）。冰川在维持生物多样性、保护自然景观、调整气候、造就山地景观、稳定水资源供给和生态系统完整性、确保冰川区工农业可持续发展等方面均具有重要作用（Gret-Regamey et al.，2008）。同时，冰川以雪峰为依托，洁白无瑕、冰清玉洁、晶莹剔透，是高山带和极地最美丽、迷人的景观与最雅致的旅游吸引物之一，如不同类型的冰川（悬冰川、冰斗冰川、山麓冰川和山谷冰川等）、不同的冰川表面形态（冰塔林、冰墙、冰瀑布、冰裂隙、冰川径流、粒雪盆等）、多样的冰川遗迹景观（冰川槽谷、壶穴、冰斗、角锋、冰臼、冰碛物等）（Labhart，2007），以及蔚为壮观的冰崩和裂冰景象。

世界冰盖全部集中于南极和格陵兰，山地冰川的 84% 集中于亚洲青藏高原、帕米尔高原及周边高大山系和北美寒区，而中国则是中低纬度冰川发育最多、规模最大的国家。冰川旅游资源兼知识性、美学性、文化性与趣味性于一体，是冰川作为一种特殊自然景观资源的重要特征，它既是自然奇观，又是文学艺术素材来源，也是自然科学研究的重要对象。冰川新奇神秘的景观、鬼斧神工的形态、壮阔旷达的雪野、清新宜人的空气、遐想梦幻的意境、优雅宁静的环境和多样性的旅游功能，已成为当前人们观光旅游、酷夏避暑、休闲度假、猎奇探险的重要自然景观和旅游吸引物。伴随着旅游体验活动的深入，冰川旅游必将变成一种新的旅游休闲度假形式。其中，一些冰川因独特壮观的景色及其对气候敏感性响应的环境指示意义，已被列入世界生物圈保护区和联合国教科文组织《世界遗产名录》。冰川旅游发展经济效益显著、客源市场庞大，已经在全球范围内产生了重要影响，在旅游、体育、经济等诸多领域发挥着重要作用，冰川旅游产业正在朝向多样化、高水平的趋势快速发展。

中国冰川资源储量大、分布广、类型多，同时，也是重要的生态功能区和水源涵养区。然而，中国冰川区大多处于西部腹地山区，经济基础落后，交通条件相对滞后，耕地不足，许多冰川资源优势未能转换为经济优势，山区农牧民贫困问题依然严重。与国外相比，中国冰川旅游发展缓慢，景点稀少，与冰川资源禀赋形成了鲜明的反差。如何借鉴国外冰川旅游开发案例，通过中国冰川旅游发展基础条件分析，系统评价中国冰川区各地市州冰川旅游资源开发潜力水平，并按其评价结果进行旅游开发潜力功能分区，提出不同潜力区冰川旅游空间发展规划，以上这些问题的解决对于中国冰川旅游跨越式发展显得尤为重要。其中，冰川旅游资源开发潜力评价体系的建立不仅是当前中国冰川旅游发展的理论导向，而且它也将为未来中国冰川旅游资源的合理开发提供依据。同时，它既是对现有旅游资源评价体系的应用，也是对旅游资源开发潜力评价方法和内容的补充。

中国冰川区位闭塞、气候恶劣、进入性较差，对于普通大众虽极具神秘感和吸引力，但也只能"望'川'兴叹"，并不能亲近、亲临。随着西部大开发的深入、丝绸之路经济带建设、国家生态功能区划和主体功能规划战略的逐步实施，中国冰川区交通基础设施将得到进一步的改善，冰川区旅游环境也将得以极大提升，冰川旅游将进入快速发展期。2013 年，中国旅游经济平稳运行，消费需求旺盛，国内旅游人数达 33 亿人次，同比增长 11.6%，提前两年实现了《国务院关于加快发展旅游业的意见》中提出的发展目标。根据联合国世界旅游组织研究，在未来 10 年，国际旅游人数将达到 10 亿人次。在国际、国内旅游持续升温的背景下，随着中国全面建设小康社会进程的加快和人民生活水平的整体提升，中国冰川旅游已经由过去少数人的行为转变为大众化、生活化的出行行为，一些冰川现已成为重要的旅游目的地，这为未来中国冰川旅游跨越式发展带来了战略机遇。依托其丰富的冰川资源禀赋，开展冰川旅游，不仅是落实西部大开发、丝绸之路经济带建设、青藏铁路旅游带、大香格里拉生态旅游圈跨省区合作项目国家战略的必然需求，也是当前和未来中国冰川区生态产业发展的重要方向。然而，国内外冰川旅游研究滞后，大部分研究多集中于对冰川的动态变化过程、对气候的响应机理，以及对区域水文、生态、环境和经济社会的影响研究，而对冰川作为重要的旅游资源的相关研究却很少，或仅限于山地旅游和世界遗产地的描述。因此，正确评价中国冰川旅游资源开发潜力，提出适宜的冰川旅游资源空间开发策略，对于中国冰川旅游跨越式发展具有重要的现实指导意义。

"中国冰川旅游资源空间开发与规划"研究为冰川学与旅游地理学的交叉研究提供了一定范式，为中国冰川旅游跨越发展提供了一套科学合理的方法体系，为西部山岳景区开发、冰川资源优势转化为经济优势提供了新的思路，为弥补西部冬春季旅游淡季提供了新的方向。同时，其研究为中国冰川旅游空间布局提出了合理的战略规划，为区域冰川旅游发展提供了开发模式。特别地，其研究与中国提倡的"资源节约型、环境友好型和社会和谐型"的社会构建理念一致，与科学发展观一脉相承，是"坚持可持续发展战略，使人口增长、资源开发、生态建设、环境保护与经济增长相协调"重要原则的全新体现。本书将为中国冰川资源的保护性开发和合理高效利用提供理论基础和实践经验，对于西部冰川资源与生态环境保护、旅游持续发展、人地关系的和谐演进以及人口、资源、环境可持续发展均具有重要的理论意义和现实指导作用。

二、国外冰川旅游发展历程

冰川资源是自然界重要的景观和旅游吸引物，在一些旅游目的地具有垄断性地位。冰川旅游资源兼知识性、美学性、文化性与趣味性于一体，是冰川作为一种特殊自然景观资源的重要特征，它既是自然奇观，又是文学艺术素材的来源，也是自然科学研究的重要对象。冰川科学研究开始于 18 世纪的瑞士和挪威（Zumbühl and Iken，1981），而冰川旅游则伴随着冰川学的研究和现代旅游的到来起源于 19 世纪上半叶，发展于 20 世纪 80 年代，流行于 21 世纪。截至目前，冰川研究主要集中在冰川变化、冰川地貌、冰川物理、冰川地质灾害、冰川水文等学科（Gilbert and Manning，1998；Vaske et al.，2000），涉及冰川旅游的文献和资料却很少，或仅限于山地旅游和世界遗产地（Gill and Williams，1994；Mountain Agenda，1999；Sanjay，2000；PAIA，2005），或作为文化景观进行描述（Orlove et al.，2008）。然而，冰川旅游资源作为当前一个极好的商业吸引物已经在全世界冰川区被成功开发和运营，并取得了良好的经济收益。1841 年，英国人托马斯·库克（Thomas Cook）组织了一次以包租火车形式进行的日间短途旅行，至此，近代旅游开始。伴随着近代旅游的快速发展，冰川旅游业也在世界各个山地国家得到了相应的发展。早在 100 多年前，国外山地冰川作为旅游资源就开始被成功利用与开发，现在诸多冰川景区（点）已成为世界各地游客青睐的休闲、体验、探险旅游目的地。同时，冰川作为旅游资源创造的巨大经济价值和生态价值已经敦促世界山地国家对冰川旅游发展的关注和努力。

（一）欧洲冰川旅游

国外冰川旅游起始于 18 世纪中叶的阿尔卑斯山地区。阿尔卑斯山冰雪资源独特、生态环境优美，早期就成为人们登山探险的理想目的地。1779 年，瑞士日内瓦大学教授索休尔（Saussure，1796）通过阿尔卑斯山高山带的调查，发表了《阿尔卑斯山游记》，记述了阿尔卑斯山的美学及科学价值，并首次记述了冰川及游历过程。1786～1787 年，索休尔等在冲破封建教会势力阻挠和思想禁锢的背景下，在人类历史上首次登顶阿尔卑斯主峰——勃朗峰（Mont Blanc，4810 m），从而揭开了近代山地冰川旅游发展的序幕。1811 年，鲁道夫和赫罗尼姆斯·梅耶兄弟（Rudolf and Hieronymus Meyer）从东侧首次登上瑞士著名山峰少女峰（Jungfrau，4158 m）。1865 年，英国登山家爱德华·温伯尔（Edward Whymper）从采尔马特（Zermatt）出发首次成功登顶马特宏峰（Matterhorn，4478 m）。

伴随着阿尔卑斯山登山和探险活动的深入和交通条件的改善，冰川旅游逐步得到了发展。1872 年，在瑞士卢瑟恩由私人倡导将冰川壶穴和冰川作用的第四纪遗迹作为冰川花园博物馆进行开发，于 1873 年向公众开放，并且不久冰川博物馆就变成了一个受大众欢迎的旅游目的地（Wick，1998）。1847 年，瑞士第一条铁路建成通车。1930 年，往返于采尔马特和圣莫里茨（St. Moritz）之间的冰川快车（glacier express）正式启用，游客可以领略阿尔卑斯山宏伟壮丽的雪峰和冰川景观。冰川快车已成为世界上冰川观光旅游最佳的交通方式。冰川快车全程 300 km，约 7.5 h 车程，冰川快车可以穿梭于伯尔尼阿尔卑斯山一个又一个冰川美景之中。在始发站采尔玛特，游客可以选择快车或索道造访海拔接近 4000 m 的马特宏峰冰川天堂（Matterhorn glacier paradise），该冰川天堂是欧洲最高的缆车站及观景台。在这里，游客可近距离欣赏马特洪峰及周边雪峰，亲临马特洪峰"超级冰宫"（冰洞）。马特宏峰冰川天堂是瑞士最大的冰雪运动胜地。其中，特杜尔冰川（Theodul glacier）滑雪全年对外开放。冰川快车线路之中，最为著名的冰川景观便是龙冰川（Rhone glacier）、阿莱奇冰川（Aletsch glacier）、戈尔内冰川（Gorner glacier）和格林德尔瓦尔德冰川（Grindelwald glacier）。其中，龙冰川曾是欧洲最大的冰川之一，但在过去 120 年间，消退超过了 1300 m，现仅位列瑞士第五大冰川。目前，游客已不能直接到达龙冰川冰洞，只能借助木桥和其他装置进入（Hambrey and Alean，2004）。阿莱奇冰川则是阿尔卑斯山最大和最长的冰川，主体冰川长约 22.50 km，面积为 130 km²，是世界上著名的登山、滑雪旅游胜地。由于便捷的可达性，自 19 世纪以来就展现了它巨大的旅游吸引力，每年吸引着数以千计的游人到此访问。2001 年，联合国教科文组织（UNESCO）把少女峰–阿莱奇冰川–比奇峰综合区（Jungfrau-Aletsch-Bietschhorn）列为"世界自然遗产"。戈尔内冰川是阿尔卑斯山第二大冰川，位于采尔马特附近的罗莎峰西侧，戈尔内冰川旅游现已成为阿尔卑斯山精品旅游最受欢迎的线路和产品。法国现代冰川旅游起始于 1870 年夏莫尼（Chamonix）公路的修通。至 1908 年，通往夏莫尼"冰川之海"（mer de glace）蒙坦威尔（Montenvers）火车站开通。至此，法国夏莫尼依托其丰富的冰雪资源及其全欧洲最高的缆车站之一，逐渐发展成为欧洲人最喜爱的旅游度假胜地，并伴随着冬季滑雪及各项冬季运动的开展，其冰川旅游便得到了空前发展。"冰川之海"是法国最大的冰川，全长为 7 km。在蒙坦威尔火车站，可俯瞰"冰川之海"全貌，同时，也可以乘坐缆车和步行栈道，通往冰川下部人工开挖的冰洞进行体验。

目前，欧洲阿尔卑斯山地的瑞士、法国、奥地利、德国、意大利五国现已发展成为世界上重要的冰川旅游和冰川滑雪旅游目的地。20世纪80年代，北欧挪威冰川旅游也得到了迅速发展，特别是依托现代冰川、峡湾冰川遗迹，诸多冰川被成功开发。2005年，挪威峡湾成为第一处被列入UNESCO《世界遗产名录》的挪威自然景点，它是在冰川时期被覆盖在欧洲大陆北部的巨大冰川在成千上万年的时间里侵蚀形成。挪威有11条冰川分布在挪威峡湾地区。盖朗厄尔峡湾和纳柔依峡湾峡湾中间分布有挪威最大的冰川——约斯特达尔冰川（Jostedal glacier），它以其绵延无尽的白色、令人毛骨悚然的深隙，以及彩虹般的缤纷光芒让游人难以忘怀。约斯特达冰川几乎占斯特达国家公园（Jostedal National Park）（1991年建立）面积的一半，公园因此得名。目前，公园已开展包括攀冰、冰上徒步、滑雪、博物馆科普旅游等在内的多种类型的冰川旅游项目。在北欧冰岛，近10.90%的国土面积被冰川所覆盖，冰川资源已成为冰岛重要的旅游资源。自1967年冰岛第一个国家公园——斯卡夫塔山（Skaftafell）国家公园建立以来，冰岛瓦特那加库尔冰原（Vatnajökull）、米达尔斯加库尔冰原（Myrdalsjökull）、朗加库尔（Langjökull）等地的冰川旅游也进入快速发展轨道。斯卡夫塔山国家公园位于欧洲最大的冰川瓦特那加库尔冰原南端，普通游客即可徒步体验公园最大的冰川——斯卡夫塔冰川（Skaftafell glacier），冰川旅游项目包括滑雪、攀冰、雪地摩托、冰川快车等。斯卡夫塔山国家公园斯卡夫塔冰川与杰古沙龙湖（Jokulsarlon）作为冰岛最大的冰川和冰湖，已成为世界著名的冰川旅游目的地。许多著名好莱坞电影（如"古墓丽影"和"蝙蝠侠·开战时刻"，以及007系列电影，如"择日而亡"）都曾在此取景拍摄。然而，自1985年以来，多处溢出冰川（outlet glacier）均呈现出强烈的消融和退缩趋势，严重影响到了冰岛冰川的景观价值。

（二）亚洲冰川旅游

在亚洲，山地冰川主要集中于尼泊尔、不丹、巴基斯坦、印度北部和中国南部的喜马拉雅山脉，以及帕米尔-喀喇昆仑山脉、天山和昆仑山脉。早期的山地冰川旅游起源于尼泊尔、不丹、中国西藏自治区的高山朝圣旅游及其登山探险活动。1953年，新西兰登山者埃德蒙·希拉里（Edmund Hillary）和夏尔巴人丹增·诺盖首次从南坡成功登顶世界最高峰珠穆朗玛峰（Qomolangma）。1954年，意大利登山队从巴基斯坦一侧沿东南山脊首次登顶世界第二高峰乔戈里峰（Chogori）。1955年，英国登山队乔治·班德和乔·布朗（George Band and Joe Brown）首次登顶尼泊尔和印度边界世界第三高峰干城章嘉峰（Kangchenjunga）。1979年，因引人注目的高山、冰川和极深的峡谷景观，尼泊尔萨迦玛塔国家公园被UNESCO列为"世界自然遗产"，北部与中国珠穆朗玛峰国家级自然保护区相连。公园有海拔超过 7000 m 的 7 座高山，分布有数量众多的冰川深谷，成为世界上海拔最高的国家公园，现已经成为尼泊尔最重要的旅游目的地。印度冰川旅游资源则主要集中于北部与中国接壤的南达德维国家公园（Nanda Devi National Park），公园内分布有高达 7434 m 的东南达戴维山以及被称为印度第二高山的西南达戴维山。南达戴维国家公园实际上代表了一种典型的冰川地貌及冰川边缘地貌，各种不同类型岩石上的形态各异的冰川使公园生色不少。其中，最为著名的就是平达里冰川（Pindari glacier）。1939 年，该公园被印度政府宣布为旅游胜地。1982 年，印度政府为保护有价值的自然遗产和保护珍贵的南达戴维野生动物，宣布该盆地为南达戴维国家公园。1988 年，该公园被 UNESCO 列为"世界文化遗产"。

中亚天山同样分布有大量的大型现代冰川，如费德钦科冰川（Fedchenko glacier）、苏兰冰川（Sugran glacier）、伊内尔切克冰川（Inoulchek glacier）、托木尔冰川、土盖别里齐冰川等。托木尔峰地区最为壮观的景色当推汗腾格里冰川。在托木尔峰地区 800 多条冰川中，南伊内尔切克冰川最长，长达 63.50 km，是亚洲中低纬度长度超过 50 km 的八大冰川之一。2013 年，塔吉克斯坦"帕米尔国家公园"和中国"新疆天山"一起被列入《世界自然遗产名录》，而中哈吉三国共同申报的"丝绸之路：起始端和天山廊道的路网"于 2014 年相继被列为"世界文化遗产"。至此，亚洲喜马拉雅山、天山、帕米尔-喀喇昆仑山的自然和人文景观逐步为世人熟知，山地和冰川旅游缓慢升温。高山冰川是该区域最为重要的自然吸引物，这些独具特色的冰川和地貌一直是该区域最主要的旅游资源，并为当地经济社会产生了较大的经济收益。

（三）北美洲冰川旅游

北美洲现代冰川旅游起始于 19 世纪的美国阿拉斯加和蒙大拿州。1741 年，荷兰籍航海家维托斯·白令（Vitas Bering）首次登上阿拉斯加这块土地。19 世纪末叶 20 世纪初，阿拉斯加掀起了四次淘金潮，淘金潮结束后，取代了该地区的旅游产业。1879～1890 年，美国著名生态环保学家，被加州历史学会称为"最伟大的加州人"约翰·穆尔（John Muir）和来自明尼苏达的植物生态学家威廉姆·库帕（William Cooper）多次对阿拉斯加冰川进行了系统考察和深入研究，从而得出了欧洲阿尔卑斯山脉和加州优胜美地峡谷都是冰川杰作的结论。其中，威廉姆·库帕于 1922 年在美国生态学家专门会议上向美国总统卡尔文·库力奇（Calvin Coolidge）提交立法保护阿拉斯加冰川的报告，该报告于 1925 年被批准。美国生态学会专门设立了以他的名字命名的科研奖，以表彰对生态保护有杰出贡献的人士。阿拉斯加的山川湖海、冰川奇观、野生动物，每年吸引数十万人前往旅游。1980 年，冰川湾成为国家公园和保护区。1986 年，其被 UNESCO 列为

"世界生物保护区"，并将冰川湾国家公园（Glacier Bay National Park）和兰格尔-圣伊莱亚斯国家公园（Wrangell-St. Elias National Park）与加拿大克卢恩国家公园保护区和塔琴西尼-阿尔塞克国家公园（Kluane，Tatshenshini-Alsek National Park）一起列为"世界自然遗产"。在阿拉斯加，国家公园服务接待中心公布了2002年娱乐度假游客人数为2100万，旅游产值达到16亿美元，占州生产总值的5.60%（DCCED，2004）。2007年，游客增至2600万，其中绝大部分游客选择在迪纳利国家公园和保存区（Denali National Park and Preserve）进行远足野营与登山或在奇奈峡湾国家公园（Kenai Fjords National Park）进行皮划艇冰川观赏和冰川徒步旅游。在美国蒙大拿州，20世纪初，乔治·伯德·格林内尔（George Bird Grinnell）首次通过宣传展示了美国冰川公园及其冰川、野生动植物等奇异景观。之后，美国冰川公园游客慢慢地有所增加。1911年夏季，游客达到4000人（Holtz and Bemis，1917）。1932年，美国冰川国家公园和加拿大沃特顿湖国家公园联合在一起被称为沃特顿-冰川国际和平公园（Waterton-Glacier International Peace Park），这是全世界第一个国际和平公园。进入20世纪70年代，冰川公园每年游客数量猛涨到了150万人。1976年，两个公园一起被UNESCO列为"世界生物保护区"，并且于1995年列为"世界自然遗产"。

加拿大现代冰川旅游始于19世纪的班芙国家公园（Banff National Park），而成熟于20世纪的杰士伯国家公园（Jasper National Park）的哥伦比亚冰原（Columbia icefield）。1887年，加拿大成立班芙国家公园，与美国的黄石国家公园（Yellowstone National Park）同为世界上最早一批国家公园，是加拿大第一个和最古老的国家公园，历史十分悠久。班芙国家公园以冰峰、冰川、冰原、湖泊、高山草原和温泉而著称，山秀水美，公园提供登山健行、滑雪、冰原雪车之旅等。1898年，约翰·诺曼·克里（John Norman Kerry）和赫尔曼·伍利（Hermann Woolley）首次登临最高点并发现哥伦比亚冰原。1907年，加拿大政府成立杰士伯森林公园（Jasper Forest Park）。哥伦比亚大冰原是落基山脉最古老、面积最大的冰原，也是北极圈外世界最大的冰原，还是世界七大自然景观之一。目前，哥伦比亚冰原旅游已经成为落基山脉最为著名的游览项目。其中，在阿萨巴斯卡冰川（Athabasca glacier）徒步探险旅游是加拿大杰士伯公园最为流行的旅游项目，旅游者可以看到令人惊叹的冰裂隙和冰面细流。1984年，班芙国家公园、杰士伯国家公园在内的7个国家和省立公园作为"落基山脉国家公园群"的一部分被UNESCO列为"世界文化与自然遗产"，至此，其成为世界上面积最大的国家公园。

（四）南美洲冰川旅游

在南美巴塔哥尼亚冰原（Richard et al.，2013），大部分冰川集中于阿根廷洛斯冰川国家公园（Los Glaciers National Park）、智利托雷德裴恩国家公园

(Torres de Paine National Park)、拉古纳圣拉法埃利国家公园 (Laguna San Rafael National Park)、贝尔纳多·奥希金斯公园 (Bernardo O′Higgins National Park) 4个公园。阿根廷洛斯冰川国家公园位于阿根廷圣克鲁斯省西部的安第斯山区，公园因佩里托·莫雷诺冰川 (Perito·Moreno glacier) 壮观的景色、科学价值和濒危性，于 1937 年被政府列为保护区，1971 年正式限定了目前冰川国家公园的范围。根据其独特的自然景观和冰川学、地貌学科学价值，1981 年，被 UNESCO 列为"世界自然遗产"。20 世纪 90 年代，冰川旅游开始得以流行。佩里托·莫雷诺冰川是人类可直接抵达和近距离观赏的少数冰川之一。在公园，游客可隔岸观赏公园最壮观的伸进阿根廷湖 4 km、高 70 m 的佩里托·莫雷诺冰川冰舌前端冰崩胜景。公园游客调查显示：几乎所有游客是来看佩里托·莫雷诺冰川雄伟和极具影响的自然奇观的。在智利，1959 年成立托雷德裴恩国家公园，占地约 242 km²，距首都圣地亚哥 2500 km。托雷德裴恩国家公园山间冰雪已经延伸至低矮山坡和高山草甸之间，使其成为了世界上最特别的国家公园。众多的冰川和直耸云霄的花岗岩山峰闻名被美国《国家地理杂志》评选为"50 个一生必须去的地方"之一，更因其丰富的保护动物于 1978 年被 UNESCO 列为"世界生物保护区"。公园葛雷冰川 (Grey glaciar) 和狄克曼冰川 (Dickman glacier) 最为壮观，近年冰川退缩触目惊心。从纳塔雷斯港出发可以前往参观万年冰川，如果气候条件许可，游客还可欣赏到气势壮观的裂冰景象。这里不仅是徒步的好去处，更是世界攀岩爱好者的天堂。

在秘鲁，冰川旅游资源主要集中于瓦斯卡兰国家公园 (Huascaran National Park)。公园位于秘鲁西部安卡什省布兰卡山脉崇山峻岭之中。瓦斯卡兰山是布兰卡山脉主峰，海拔为 6768 m，是秘鲁最高峰，公园也因此而得名。1975 年，瓦斯卡兰国家公园正式建立，公园是南美洲安第斯山脉上第二个最高的国家公园，也是世界上最高的热带山脉的中心。高处的山间高原、冰川和超过海拔 6000 m 的多处山峰都使得瓦斯卡兰国家公园成为所有山区中风景最为秀丽的地方之一。1985 年，根据自然遗产遴选标准 N（Ⅱ）（Ⅲ），瓦斯卡兰国家公园被列为"世界自然遗产"。在玻利维亚，冰川主要分布于安第斯山雷亚尔山 (Real)，雷亚尔山分布有数个海拔超过 5000 m 的山峰。其中，海拔 5486 m 的查卡塔亚山脉查卡塔亚冰川 (Chacaltaya)，20 世纪 30 年代至 21 世纪，一直是世界上最高的冰川滑雪度假胜地，吸引着全球无数滑雪爱好者到访该冰川，享受冰川滑雪的乐趣。然而，截至 2008 年，这条距离赤道最近同时支撑着世界上海拔最高的滑雪胜地的冰川已不复存在，玻利维亚同时也失去了夏秋季节冰雪旅游功能。查卡塔亚冰川的消亡对玻利维亚的冰川滑雪运动、旅游业及其相关产业造成了巨大的损失和影响。

（五）非洲冰川旅游

在非洲，冰川分布较少，且主要分布于非洲乞力马扎罗山（5895 m）、肯尼亚山（5199 m）和鲁文佐里山（5109 m）。其中，乞力马扎罗山为非洲最高峰，是最受世界各地游客欢迎的目的地。乞力马扎罗山山麓气温有时高达59℃，而峰顶气温又常在零下20℃以下，山顶终年积雪，故有"赤道雪峰"之称。在过去的几个世纪里，乞力马扎罗山一直是一座神秘而迷人的山，没有人相信在赤道附近居然有一座覆盖着白雪的山。乞力马扎罗山山顶白雪皑皑、多处分布有不同规模大小的冰帽，从海拔1000 m开始到顶峰分布有5个不同的植被带，是世界上植被最丰富的山峰。1889年，德国地理学家汉斯·梅耶（Hans Meyer）第一个到达乞力马扎罗山基波峰，现在每年数以千计的游客被乞力马扎罗山和赤道冰川所吸引。1936年，美国大文学家海明威（Hemingway）名著《乞力马扎罗的雪》问世，该著作讲述的是作家在生活中苦苦挣扎，从追求爱情到艺术，从情场失意到纵情声色，最后到神圣的乞力马扎罗山下寻找精神归宿的故事，后被美国福克斯电影公司于1952年改编为电影。作品中主人公的心路历程在现代化和后现代化的现实生活中，促发许多人的共鸣，乞力马扎罗山知名度从此迅速扩大。同时，受作品影响，许多游客前往乞力马扎罗寻找自我。1987年，根据UNESCO遗产遴选标准N（Ⅲ），乞力马扎罗国家公园被列为"世界自然遗产"。

乞力马扎罗是非洲最高的山脉，海拔为5963 m，面积为756 km²，它位于坦桑尼亚东北部，邻近肯尼亚，坐落于南纬3°，距离赤道约300 km。从热带大草原到冰川地带，地球上几乎各种气候都能在此遇见。乞力马扎罗山素有"非洲屋脊"之称。雪线以上是苔原和冰原，峰顶皑皑白雪，积雪成冰，向山下移动，形成冰川，下滑到海拔4300 m附近，为一大奇观。然而，乞力马扎罗山冰原面积已经连续性衰减，已从1880年前的20 km²缩减到2003年的2.50 km²，其衰退的30%几乎在近20年里发生。按照目前趋势，它们将在2015～2020年完全消失（Hastenrath，1993；Hastenrath and Greischar，1997；Barry，2001；Thompson，Hastenrath and Polzin，2004；Thompson，2002，2004；Cullen et al.，2006）。

（六）大洋洲冰川旅游

大洋洲冰川仅在新西兰和新几内亚有分布，且主要分布于新西兰南岛。1990年，蒂瓦希普纳穆公园（Te Wahipounamu Park）被UNESCO列为"世界自然遗产"，包括峡湾、阿斯派灵山、韦斯特兰和库克山国家公园（Fiordland，Mount Aspiring，Westland and Cook National Park），面积为26000 km²。其中，冰川则主要集中于库克山和韦斯特兰两个国家公园。弗朗茨·约瑟夫冰川（Franz Josef glacier），位于新西兰南岛西海岸的韦斯特兰国家公园（Westland National Park），长为12 km，是世界上最容易到达的冰川，也是最早被欧洲人提及的西海岸冰川。1865年，地质学家朱丽叶斯·万·哈斯特（Julius Von Haast）首次发现该冰川，他以奥地利国王君主弗朗茨·约瑟夫一世之名命名。早在 1859 年，玛丽路易莎号（Mary Louisa）就曾光顾于此（Morrison，2008）。弗朗茨·约瑟夫冰川区是新西兰西海岸最重要的旅游胜地之一，每年大约有 250000 游客光顾（Te Ara，2008）。福克斯冰川（Fox glacier）也位于韦斯特兰国家公园，长为 13 km，冰川末端高于海平面不到 300 m，并下伸至温带雨林，是新西兰仅有的三个如此接近海岸线的冰川之一。1872 年，新西兰总理福克斯来此参观，之后便将冰川命名为福克斯冰川。福克斯冰川与弗朗茨·约瑟夫冰川是新西兰南岛西南世界遗产区最为重要的旅游胜地。由早期观察资料可知（Morland，1916；Sara，1970；Moore et al.，2001），这两个冰川由于具有明显的景观特色，一直吸引着海内外游客和探险者，并且在区域旅游经济中扮演了重要作用。新西兰南岛中西部的南阿尔卑斯山脉中库克峰（Mount Cook）是新西兰最高的山峰，海拔为 3754 m，周围分布有 22 座 3000 m 以上的山峰，终年积雪，分布有数条冰川。其中，塔斯曼冰川（Tasman glacier），长为 29 km，宽为 3.20 km，是新西兰最长的冰川。目前，该冰川不仅开展了冰川徒步、探险和航空鸟瞰项目，而且还开展了较为成熟的夏季冰川滑雪项目。随着塔斯曼冰川的持续消融，1973 年起冰川末端形成塔斯曼冰湖，2009 年冰湖最长处达 6.50 km。塔斯曼冰湖的形成，为乘皮划艇近距离欣赏和探索塔斯曼冰川提供了机会。目前，新西兰 20% 的国际游客参观西部海岸，而其中一半以上游客是去参观这些冰川。据估计，每年参观这些冰川的游客达到 40 万人，其冰川旅游为该区域提供了重大的经济效益（Gough and Ball，1995；Espiner，1999）。

（七）格陵兰冰川旅游

格陵兰岛是丹麦王国的海外自治领土，面积约 216×10^4 km^2，大约 81% 的面积都由冰雪覆盖。格陵兰岛是一个由高耸的山脉、庞大的蓝绿色冰川、壮丽的峡湾和贫瘠裸露的岩石组成的地区。1888 年，挪威探险家弗里乔夫·南森（Fridtjof Nansen）登陆格陵兰，利用雪橇首次穿越格陵兰冰原。现代意义上的格陵兰岛冰川旅游发展于 20 世纪 90 年代，起初旅游项目主要是狗拉雪橇和雪地摩托。在格陵兰，位于格陵兰西部伊卢利萨特冰原末端的伊卢利萨特冰川（塞梅·库尧勒冰川）（Ilulissat or Sermeq Kujalleq glacier）是北半球最大的冰川之一。2004 年，因为其地球历史和地质景观，以及最好的景观价值和自然景象，伊卢利萨特冰川被 UNESCO 列为全球 830 个世界遗产点中的一员，目的是保护伊卢利萨特冰川。世界遗产的指定指出该冰川"对人类具有显著价值"，是世界上"无可取代的生活及灵感的来源"之一，它是"人类共同的财富，不仅仅属于它所在的地区"。许多人认为，目前的保护方法还不足以解救正在消失的冰川。在峡湾地带，冰川是最主要的吸引物，其冰川旅游也就成了当地最大的经济支柱产业。目前，旅游类型已涉及冰川徒步、冰川巡游、冰川航空旅游、夏季滑雪、冰川探险、皮划艇巡游等。近年来，格陵兰岛冰雪旅游人数呈加速上升态势。1993年，旅游人数仅为0.50万人，到2002年达3.20万人，增长幅度达5.4倍。2008年，大约375航次的游船到格陵兰港口和海湾。目前，世界各地旅行社纷纷组织游客前往格陵兰岛旅游，其旅游线路扩至以往旅游未涉足的格陵兰以北区域。

（八）极洲冰川旅游

极地旅游指在地球南、北两极地区进行的观光、探险、体验等活动。南极洲冰川面积和冰储量分别占全球大陆冰川总面积的97.90%和99.80%，冰层平均厚度达2450m，是全球7个大陆中冰川最多的陆地。由于南极的可达性和自然条件的艰难性，长期以来拒人类于千里之外。数百年来为征服南极洲，揭开它神秘的面纱，数以千计的探险家、科考队，前仆后继，奔向南极。18世纪下半叶，人类南极探索真正开始。1772~1774年，英国探险家库克船长率领"坚定号"和"冒险号"船完成了环绕南极洲的航行。19世纪中期，俄、法、英、美各国先后把自己国家的国旗插到了南极洲。1911年，阿蒙森第一个登上南极点，探险成功。1928~1930年，美国首次用飞机对南极进行考察。1966年，美国纽约一家旅行社Lindblad Travel首次举办定期的南极旅行团。同年，阿根廷兰布拉德公司租用了阿根廷军舰"拉纳塔亚"号，组织了40名游客访问南极，游客们参观了南极半岛的尤巴尼考察站。南极旅游之路的开通，当时在国际上引起了很大反响。1990年，美国人维尔·斯蒂格（Will Steger）和法国人让·路易·斯艾蒂安（Jean Louis Etienne）组织"国际横穿南极洲科学考察探险队"（由美、法、中、原苏联、日、英6个国家6人组成）从南极半岛拉尔森冰架北端的海豹冰原岛峰出发，于1990年3月到达终点站——苏联和平站，整个行程5968 km，完成了人类历史上第一次从西到东线路最长的横穿南极大陆的伟大壮举，秦大河院士便是此次考察探险队的代表之一。自1985年以来，中国每年都要奔赴南极开展综合科学考察，并在长城站和中山站派驻越冬科考人员，近30年来中国已有2500多人次涉足南极洲。

统计数据显示（IAATO，2014），自20世纪80年代西方国家开始兴起去南极旅游的风潮后，旅游的人数呈现直线上升的趋势，截至2013年，全世界已有近35余万旅游者登临南极，人数平均每年以5%~10%的速度递增。2007~2008年，南极洲陆地登陆人数高达4.61万人。近年来，旅游人数有所减缓，2012~2013年人数降至3.44万人。其中，多以美、德、英年长游客为主，且多从事与科学相关的工作或对探索极地冰雪环境充满兴趣。然而，自1957年首度记载南极开始商业旅游至今，南极洲商业旅游一直处于争论不休的状态，环境保护问题是争论的核心。为确保南极大陆的环境与生态安全，1991年，南极条约协约国共同签署了《关于环境保护的南极条约议定书》，将南极指定为自然保护区，只用于和平与科学研究。同年，美、新、澳等全球7个旅游经营团体成立国际南极旅游业者协会（IAATO）并获经营许可证。该协会对南极游客的要求是"不许带来什么，也不许带走什么，只能带走记忆和一颗纯净的心"，另外对游客的行为也有严格的约束，包括：来到南极的人要么住在科考站，要么住在游船里，不允许随便扎帐篷露营。一般只让游客停留若干小时就必须离去。目前，南极旅游线路基本可分两条：一是"南极半岛线路"，游客先乘飞机到达南美洲，然后在智利、阿根廷等国港口上船，进行乘船游览；或者从智利南部城市彭塔乘空军班机，飞达南极乔治王岛进行观光。二是"南极大陆线路"，主要是从澳大利亚、新西兰或南非乘船、乘飞机赴南极大陆旅游观光。现在开发成熟的旅游地主要位于南大洋中部的亚南极基地麦阔里岛。同时，条件允许时，还可到达南极大陆的凯西站，在那里游客可以观赏到地球寒极典型南极大陆的冰雪风采。传统去南极的旅游者大多数是乘船，占整个客流量的93%～97%。南极航空旅游人数远远少于乘船人数，其原因主要是费用高，观光点少，但优点是路程耽误时间短。

相对南极地区，北极地区范围更大，包括西伯利亚北部沿海地带、阿拉斯加、北美冰冻圈和格陵兰岛等，分属俄罗斯、加拿大、美国、挪威和丹麦5个国家，主要景观包括格陵兰冰盖、冰岛冰原、斯瓦尔巴群岛冰原、阿拉斯加冰川、挪威峡湾、北极苔原和泰加林带等。因自然环境与交通的不便，商业旅游开始出现于19世纪50年代初，发展于80年代。北极海运评价报告（Arctic Council，2009）显示：近年来，北极旅游人数呈现出较快的增长态势。2004年，从境外搭乘游船抵达北极旅游目的地的旅游人数达12万人。截至2007年，旅游人数已超过24万人。北极旅游模式主要经由加拿大、丹麦、冰岛、北欧国家或俄罗斯等地，由国外旅行社安排乘船或乘飞机前往格陵兰岛、斯瓦尔巴群岛、冰岛等地。

极地以海洋、海冰、海岸带、冰架、冰盖、冰峰、雪原等独特景观为特色，这种冰封世界与目前人类生活环境有着巨大反差，形成强烈的旅游吸引力。极地旅游形式日趋多样，已由传统乘船或乘飞机到极地固定景区（点）和考察站进行观光旅游，逐渐发展至近年来包括雪地野营、攀登冰崖、冰海游泳、快艇观鲸、双人划舟，甚至滑雪、潜水和直升机历险等在内的各种富有趣味性和刺激性的体验旅游活动。

总体而言，欧洲阿尔卑斯山冰川旅游开发最为成熟，不仅拥有较为完善的基础设施，而且冰川旅游产品种类丰富、衍生产品开发较好。特别是在高海拔广阔且相对平整的粒雪盆早已被开发为夏季冰川滑雪场。然而，气候变暖却时刻威胁着这些冰川旅游目的地的景观数量和质量。为此，2006年，许多组织向UNESCO申请将美国蒙大拿州冰川国家公园、沃特顿冰川国际和平公园、加拿大落基山公园、秘鲁瓦斯卡兰国家公园及尼泊尔萨迦玛塔国家公园加入《濒危世界遗产名录》。虽然 UNESCO 最后没有批准该项申请，但也证明了人们为将冰川列为被保护区域所做的努力。除 UNESCO 之外，世界自然保护联盟（IUCN），一个成立于1948 年的多国组织，也通过加强全球山区特别是冰川国家公园和坦桑尼亚乞力马扎罗山的自然保护，参与了对冰川的保护。2007 年，美国杂志《福布斯》将乞力马扎罗山和蒙大拿冰川国家公园列为全球十大濒危旅游景点。冰川作为旅游资源创造的经济价值促动了这些冰川保护措施的实施。总体而言，世界冰川旅游发展迅速，各国对冰川旅游资源的关注度越来越高，然而，全球气候变暖却严重影响着世界各地冰川旅游资源的形态和吸引力。

三、中国冰川旅游发展历程

茫茫雪原，巍巍高峰，冰川以其新奇神秘、雄浑壮阔、晶莹剔透、清新悦目，以及科学内涵和夏日避暑功能，历来受到许多到访者的青睐。中国冰川因处于偏僻地区的冰峰雪岭之中，人迹罕至，历史上旅行家记述较少，但中国对冰川的描述远早于欧洲 13 世纪古冰岛人文献中的描写（谢自楚和刘潮海，2010）。总体而言，中国冰川旅游起源于西汉时期丝绸之路商旅、传教、探险、科考活动。

西汉时期，公元元年前后，张骞出使西域，开辟了世界上闻名遐迩的陆上丝绸之路。古代丝绸之路由长安出发，穿过祁连山南北麓，通过玉门关和阳关，抵达新疆，沿西天山、东天山、中央天山、昆仑山、喀喇昆仑山、阿尔金山、帕米尔高原通过中亚、西亚和北非，最终抵达非洲和欧洲，是亚欧大陆的重要交通动脉。汉代以来，中原与西域乃至中亚、南亚、西亚，甚至与欧洲、非洲的文化交往开始频繁，并开辟了多条路路通道，包括南、北、中三条线路（图 1-1）。丝绸之路甘新段地处祁连山、天山、帕米尔、昆仑山北缘天然遗产廊道，其间，冰川分布广泛，规模巨大，其景观五彩纷呈，各具特色，其冰川资源具有极高的观赏价值与旅游价值。中国与中亚、南亚乃至欧洲的商贸往来无不途径沿途冰川、雪山、沙漠地区，其冰川、沙漠、戈壁及其严酷环境继而成为丝绸之路商旅、传经、探险活动的最大障碍。

例如，新疆维吾尔自治区夏特古道（图 1-1，图 1-2），北起伊犁哈萨克自治州昭苏县夏特牧场，南至阿克苏地区温宿县破城子，全长 120 km，它沟通天山南北，是汉通乌孙、龟兹国及其大宛的主要通商要道，是联结南北疆的捷径，是古代丝绸之路上最为险峻、高危的一条著名古隘道，又称"天阶之路"（已辟为旅游景区）。西汉时，细君公主、解忧公主下嫁乌孙王，即通过此道。公元630年左右，唐代名僧玄奘取经时也曾翻越天山汗腾格里峰东坡的木扎尔特冰川，转道伊塞克湖区再进入印度。木扎尔特达坂是哈里克山山脊线上的垭口，也是南

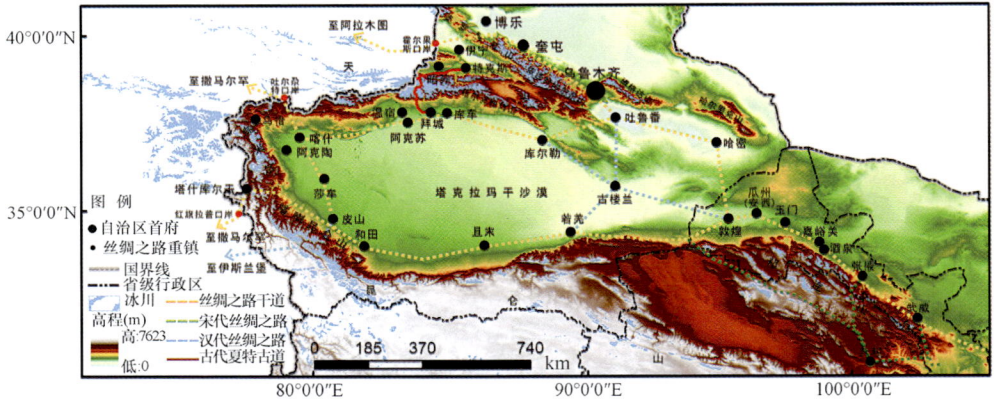

图 1-1　古代丝绸之路及其沿线冰川分布图

图 1-2　古代夏特古道必经之地——新疆维吾尔自治区哈达木孜达坂木扎尔特冰川（王铁男 摄）

天山南北水系的分水岭，更是夏特古道必经之地。垭口分布有木扎尔特冰川，两侧峭壁陡立，无法通行，翻越木扎尔特冰川隘口是唯一通道，也是该古道最为难行的路段。唐朝时，大多是通过该冰川河谷进入中亚，尽管受阻于冰川、积雪和咆哮汹涌的冰雪融水，木扎尔特河谷仍然是古今旅行者甘冒生命危险的捷径。《大唐西域记》著作曾描述和说明该区域冰川及其雪崩灾害。唐代玄奘师徒在途经木扎尔特冰川时曾描述，"其山险削，峻极于天，自开辟以来，冰雪所聚，积而为凌，春夏不解，凝沍汗漫，与天连属，仰之皓然，莫睹其际，其凌峰摧，横路侧者，或高百尺，或广数百丈"。《西域见闻录》亦曾描述曰："层峦叠嶂，千仞攒空……水流之声彭湃如雷鸣。"此后，另一位旅行家杜环在所著的《经行记》中，对木扎尔特冰川古道的积雪区更有专门的描写，"度雪海，海在山中，春夏常雨雪，故称雪海，中有细道，道旁往往有冰，嵌孔万仞，转坠者莫知所在"（施雅风和王宗太，1979）。清代，伊犁成为新疆军事中心，木扎尔特达坂重被启通，就在木扎尔特山口附近，曾驻有 70 户人家，专门负责凿冰梯，维修道路。现今，古代在木扎尔特冰川古道用卵石修建的兵营、碉堡，因为冰川消融，已散落于冰川两侧峭壁之上。从 20 世纪中叶起，由于沿天山南北公路交通状况的逐渐改善，险峻的夏特古道逐渐被废弃。直到 20 世纪 80 年代末，国内外越来越多的专家、学者和游客逐步认识到夏特古道在历史、人文、旅游、科考、探险等方面的特殊价值，人们对夏特古道的旅游活动也由此拉开了序幕。现今，夏特古道已成为新疆维吾尔自治区著名的旅游避暑圣地和户外探险者的天堂。

中国人对冰雪世界的认识历史悠久，但真正意义上的冰川旅游却起始于 20 世纪初的高山植被和山地冰川的科学考察及 20 世纪 50～60 年代的登山探险活动，而发展于 21 世纪的冰雪观光、体验和休闲度假旅游。可以说，科学考察及其登山探险运动的开展为中国冰川旅游的发展起到积极的促进和推动作用，也让大众对冰川有了更为清晰的认识。1902 年，英国登山队首登梅里雪山主峰，但以失败告终，至今仍为处女峰。1911～1914 年，英国植物学家金顿·瓦尔德（F Kingdom Ward）两次对横断山梅里雪山明永冰川及周边植被做了详细调查，1916 年成果在英国《地理杂志》发表，其中这样描述了明永冰川："穿单衣坐在冰川上，冰川是冷的，岸边却开满了鲜花"。20 世纪初，国内外探险家、科学家开始进行了一定规模的冰川科考活动。1921 年，第一支英国登山队在查尔斯·霍华德·伯里（Charles Kenneth Howard-Bury）中校的率领下开始攀登珠穆朗玛峰，到达海拔 7000 m 处。1922 年，第二支英国登山队利用供氧装置到达海拔 8320 m 处。自 1923 年，约瑟夫·洛克（Joseph Rock）以植物学家和探险家身份，先后在中国云南、四川和青海省等地进行探险考察，途经云南梅里雪山、玉龙雪山、四川亚丁——稻城、贡嘎山，记录了横断山多处冰川雪峰，曾在美国《国家地理杂志》发表多篇文章和大量照片，并对该区域冰川、植被、人文资源作了高度评价（约瑟夫·洛克，1994；Rock，2006）。1927 年，清华大学袁复礼教授参加了由瑞典人旅行家斯文赫定（Sven Hedin）发起的"中国—瑞典西北科学考察团"，曾长时间对天山博格达峰冰川及其附近地形进行了测量。20 世纪 30 年代之后，许多探险队到喜马拉雅山进行考察。同期，国内外科学家对于横断山的考察也未间断。1930 年，广州两广地质调查所李承三、徐瑞麟，随瑞士教授韩墨（Heim）赴西康（藏东南）调查，并在贡嘎山周边进行过冰川和冰川地质的实地调研（黄汲清，1984）。1932 年，美国人特里斯·穆尔（Terris Moore）与理查德·波萨尔（Richard Burdsall）首次登顶贡嘎山主峰（四川省最高峰，被称为"蜀山之王"）。1933 年，美籍英国作家詹姆斯·希尔顿（James Hilton）出版《消失的地平线》(Lost Horizon)，称其藏东南及横断山地区为"香格里拉"（Shanggrila），这里雪山冰川、森林、草甸、湖泊、峡谷，其美景让人叹为观止，并描述其为"一块遗落凡间的天堂碎片，人间仅存的净土"。为此，出现了该区域许多地方争抢"香格里拉"地名的现象。20 世纪 50 年代以来，国际政治稳定、经济发展形势变好，中国国际冰川考察活动兴起，登山探险旅游也初现端倪（表 1-1）。这一时期多为国际冰川研究联合考察和登山探险兴盛时期。

表 1-1 中国主要开放山峰登山探险活动一览

山峰	高程（m）	地理位置	所在地区	所属山系	首次登顶
珠穆朗玛峰	8844	27.9°N，86.9°E	西藏定日县	喜马拉雅山	1953 年，英国人埃德蒙·希拉里、丹增 2 人首次登顶
洛子峰	8516	27.9°N，86.9°E	西藏定日县	喜马拉雅山	1956 年，瑞士人弗利希姆·卢嘉格尔姆和艾尔斯托姆·莱索姆 2 人首次登顶
马卡鲁山	8463	27.9°N，87.1°E	西藏定日县	喜马拉雅山	1955 年，法国人摩西捷利和基坦克尔等 9 人首次登顶
卓奥友峰	8201	28.0°N，86.6°E	西藏定日县	喜马拉雅山	1954 年，奥地利人基希利泊尔人潘辛铭等 4 人首次登顶
门隆则峰	7175	28.0°N，86.4°E	西藏定日县	喜马拉雅山	1988 年，日本队首登
希夏邦马峰	8012	28.3°N，85.7°E	西藏聂拉木县	喜马拉雅山	1964 年，中国人许竞、张俊岩和王富洲等 10 人首次登顶
摩拉门青峰	7703	28.3°N，85.8°E	西藏聂拉木县	喜马拉雅山	1981 年，新西兰攀山队首次登顶
纳木那尼峰	7694	30.4°N，81.3°E	西藏普兰县	喜马拉雅山	1985 年，中日联合登山队的 13 名队员首次登顶
章子峰	7543	28.0°N，86.9°E	中国与尼泊尔边界	喜马拉雅山	1986 年，中日成功合登章子峰
拉布及康峰	7367	28.5°N，86.5°E	西藏定日县	喜马拉雅山	1987 年，中日友谊联合登山队成功登顶
格重康峰	7952	28.0°N，86.9°E	西藏定日县	喜马拉雅山	1964 年，日本登山队攀登成功
库拉岗日峰	7538	28.2°N，90.6°E	西藏洛扎县	喜马拉雅山	1986 年，日本神湖大学西藏学术登山队 6 勇士成功登顶
宁金岗桑峰	7206	28.9°N，90.1°E	西藏朗卡子县	喜马拉雅山	1986 年，中国西藏登山队桑练、边巴、加布等 12 人首次登上顶峰
姜桑拉姆峰	6536	28.8°N，90.3°E	西藏朗卡子县	喜马拉雅山	1986 年，西藏登山队奥索卡学校的同学们与法国教练 3 人一起登上顶峰
康格多峰	7060	27.8°N，92.4°E	西藏措那县	喜马拉雅山	1988 年，日本登山队 4 人沿北山脊首次登顶成功
南迦巴瓦峰	7782	29.6°N，95°E	西藏米林、墨脱县	喜马拉雅山	1992 年，中日联合登山队首次登顶
加拉白垒峰	7294	29.8°N，95°E	西藏米林、墨脱县	喜马拉雅山	1986 年，日本登山队首次成功登上加拉白垒峰

续表

山峰	高程（m）	地理位置	所在地区	所属山系	首次成功登顶
念青唐古拉峰	7162	30.4° N, 90.6° E	西藏当雄县	念青唐古拉山	1986 年，日本东北大学 3 人成功登顶
若尼峰（白日嘎）	6882	29.10° N, 96.43° E	西藏察隅县	念青唐古拉山	是否登顶，无记载
若尼峰II峰	6805	29.12° N, 96.41° E	西藏波密县	念青唐古拉山	2009 年，中国地质大学（武汉）与日本神湖大学联合登山队首次登顶
乔戈里峰（K2）	8611	35.9° N, 76.5° E	新疆塔什库尔干县	喀喇昆仑山	1954 年，意大利人拉恶德利（Lacedelli）和玫帕诺尼（Compagnoni）首次登顶
加舒尔布鲁木I峰	8080	35.7° N, 76.7° E	新疆塔什库尔干县	喀喇昆仑山	1958 年，美国人皮特·珊宁和安德烈·考夫2 人首次登顶
加舒尔布鲁木II峰	8028	35.7° N, 76.7° E	新疆塔什库尔干县	喀喇昆仑山	1957 年，奥地利人弗利茨·莫拉维克和汉斯威廉帕尔特等 3 人首次登顶
布洛阿特峰	8051	35.8° N, 76.6° E	新疆塔什库尔干县	喀喇昆仑山	1975 年，奥地利人舒来客和布里等 4 人首次登顶
托木尔峰	7435	42° N, 80.1° E	新疆温宿县	天山山脉	1956 年，苏联队从北坡沿东北壁登上托木尔峰峰顶
博格达峰	5445	43.8° N, 88.3° E	新疆阜康县	天山山脉	1981 年，日本京都队 11 人开创登顶纪录
公格尔峰	7719	38.6° N, 75.3° E	新疆阿克陶县	帕米尔高原	1956 年，中国与苏联联合登山队首次登顶成功
公格尔九别峰	7530	38.6° N, 75.1° E	新疆阿克陶县	帕米尔高原	1956 年，中国与苏联联合登山队首次登顶成功
慕士塔格峰	7546	38.27° N, 75.12° E	新疆塔什库尔干县	帕米尔高原	1956 年，中国与苏联联合登山队首次登顶成功
慕士山	6638	36.0° N, 80.0° E	新疆策勒县	昆仑山	是否登顶，无记载
木孜塔格峰	6973	36.4° N, 87.3° E	新疆且末县	昆仑山	1985 年，中美联合登山队成功登顶
玉珠峰	6178.2	35.6° N, 94.2° E	青海省海西蒙古族藏族自治州	昆仑山	20 世纪 90 年代开始，已有国内外数十支登山队登顶成功
玉虚峰	5769	35.45° N, 93.41° E	青海省格尔木市	昆仑山	是否登顶，无记载
布喀达坂峰	6860	36.0° N, 90.9° E	青海省治多县	昆仑山	1992 年，日本喜马拉雅登山队首登成功

续表

山峰	高程（m）	地理位置	所在地区	所属山系	首次登顶
格拉丹冬峰	6621	33.5°N，91.0°E	青海省格尔木市	唐古拉山	1986年，日本青藏高原登山研究会、京都大学探险部6名队员首次登顶
玛卿岗日	6282	34.8°N，99.4°E	青海省玛沁县	阿尼玛卿山	1981年，日本新潟上越登山队8人沿东南山脊登上主峰——玛卿岗日
雅拉达泽峰	5214	35.1°N，95.8°E	青海省玛多县	巴颜喀拉山	是否登顶，无记载
年保玉则峰	5396	33.3°N，101.1°E	青海省久治县	巴颜喀拉山	1989年，日本队首登成功
雀儿山主峰	6168	31.47°N，99.4°E	四川省德格县	雀儿山	1988年，中国地质大学（北京）和日本神湖大学联合登山队10人首次登顶
贡嘎山主峰	7556	29.6°N，101.8°E	四川省康定县	贡嘎山	1932年，美国探险队登顶成功
雪宝顶	5588	32.7°N，103.8°E	四川省松潘县	岷山	1986年，四川登山协会同日本喜马拉雅登山协会联合登山队首登成功
幺妹峰	6250	31.1°N，102.9°E	四川小金、汶川县	四姑娘山	1981年，日本同志社大学登山队首登成功
团结峰（岗则吾结）	5826	38.31°N，97.46°E	青海省天峻县	祁连山	2008年，Kailas团结峰登山队4人50年来的首登
岗什卡峰	5254.5	37.69°N，101.46°E	青海省门源县	祁连山	2004年，日本长野中高年登山队3人成功登顶

冰川考察、高山探险常与雪崩、冰裂缝、风暴、滑坠、低温、缺氧等危险环境相伴。然而，探究冰川奥妙、突破自我、挑战极限却成为冰川研究者、登山探险爱好者的使命和魅力所在。1960 年，中国登山运动员和科学工作者不畏艰险，克服重重困难，首次从北坡登顶珠穆朗玛峰，创造了世界登山史上前所未有的奇迹。从 20 世纪 60 年代起，中国科学工作者对珠穆朗玛峰地区进行了全面考察，在高山气候以及现代冰川、地貌等多方面都获得了丰富而有价值的资料。1964 年，中国冰川学施雅风、刘东生等同志对希夏邦马峰现代冰川、古冰川遗迹和晚第三纪以来喜马拉雅山的上升进行了研究。1966 ~ 1968 年，中国科学院西藏科学考察队谢自楚、张祥松、崔之久、郑本兴、赵希涛等对珠穆朗玛峰地区再次进行了考察。1973 年，中国科学院青藏高原综合科学考察队，对西藏地区展开了全面的、多学科的考察，其历史之长和考察地区之广都是前所未有的，科学考察队冰川组对东起雀儿山，西到阿里地区，南起喜马拉雅山，北到羌塘高原及长江源头的现代冰川、古冰川遗迹进行了广泛的调查，考察内容涉及青藏高原地壳运动与结构、环境变化、冰川冻土、生态系统资源开发等（秦大河，1999），并对某些主要冰川做了半定位观测。

1978 年 7 月，中国首次全国旅游工作会议在北京京西宾馆召开，此次会议为中国现代旅游业发展的起点，旅游业从无到有、从单一式到复合式、从"外事接待型"向"经济产业型"转变，期间，中国冰川科学考察活动频繁开展，为后期大众冰川旅游的发展起到科普和推广作用。1974 ~ 1980 年，中国与巴基斯坦合作考察了喀喇昆仑山南坡巴托拉冰川。1979 ~ 1980 年，中国科学院兰州冰川冻土研究所对天山托木尔峰和阿尔泰山进行了科学考察。1981 年，由日本名古屋大学水圈研究所、山江大学与中国科学院兰州冰川冻土研究所、新疆生态与地理研究所组成联合考察队，主要对中国天山博格达峰北坡的现代冰川进行了考察研究，同时也对周围地区的第四纪冰川作用的遗迹进行了研究，并于 1985 ~ 1986 年对南坡进行了考察。1981 ~ 1983 年，中国科学院青藏高原综合科学考察队冰川组对横断山、青藏高原东南部现代冰川进行了考察。1985 ~ 1987 年，中国与巴基斯坦联合对喀喇昆仑山叶尔羌河流域进行了冰川与洪水科学考察，且取得丰硕成果。同期，中德（1986 年），中日（1985 ~ 1987 年）和中美（1986 ~ 1987）相继对珠穆朗玛峰、希夏邦马峰、乔戈里峰、纳木那尼峰、西昆仑山、祁连山敦德冰川区进行过短期的考察活动（施雅风，1988）。

伴随着青藏高原、天山、祁连山冰川科考和登山探险运动的逐步深入，冰川旅游也得到了不同程度的发展。世界著名山峰的攀登无不穿越山谷冰川，其登山与冰川探险密不可分。登山探险不仅可以领略山地、冰川和生态景观奇异风光，而且可以磨炼意志、锻炼体魄、增长知识，实现山高人为峰、挑战极限的目的。在中国，登山探险旅游主要集中在青藏高原、天山和祁连山脉，一方面青藏高原边缘的喜马拉雅山、喀喇昆仑山等集中了世界上 8000 m 以上的 9 座高峰，7000 m 以上山峰有 150 多座；另一方面许多山峰仍未被国内外登山探险者所征服。其中，西藏、新疆维吾尔自治区对外开放的山峰的平均规模、高度均高于青海、四川、云南（表 1-1）。中国西部冰川区山峰众多，江河纵横，具有丰富的登山探险旅游资源。1953 年，英国人埃德蒙·希拉里（Edmund Percival Hillary）、丹增 2 人首次登顶珠穆朗玛峰。1954 年，意大利人拉瑟德利（Lacedelli）和坎帕诺尼（Compagnoni）2 人首次登顶乔戈里峰。1956 年，瑞士人弗利莱姆·卢嘉格尔姆和艾尔斯托姆·莱索姆 2 人首次登顶洛子峰。1960 年，中国登山运动员和科学工作者不畏艰险，克服重重困难，首次从北坡登上了珠穆朗玛峰峰顶，创造了世界登山史上前所未有的奇迹。

1979 年，中国正式对外开放山峰。伴随着登山、探险、科考活动的开展，冰川旅游活动也得到了蓬勃发展。截至 2009 年，西藏、新疆和青海省（区）对外开放山峰分别达到 46 座、11 座和 14 座，同时，四川、甘肃省均有对外开放山峰。除了上面提及的山峰外，著名登山探险目的地还包括乔戈里峰、洛子峰、马卡鲁山、桌奥友峰、加舒尔布鲁木Ⅰ峰、加舒尔布鲁木Ⅱ峰、布洛阿特峰、纳木那尼峰、章子峰、拉布及康峰、托木尔峰、博格达峰、冰山之父——慕士塔格峰、公格尔峰、公格尔九别峰、希夏邦马峰、南迦巴瓦峰、木孜塔格峰、格拉丹东峰、玉珠峰、玛卿岗日、玉龙雪山、雪宝顶、四姑娘山、雀儿山等（表 1-1）。近年来，各地登山协会、旅游部门加大了登山探险运动的普及与宣传力度，进而吸引了来自世界各国众多的登山探险爱好者。为适应日益涌现的登山探险旅游浪潮，各省（区）根据保障安全、产业联动、市场促销等原则，相继建设了包括玉珠峰、玛卿岗日峰、格拉丹冬峰、岗什卡峰、博格达峰在内的多处登山训练基地。特别地，中国登山协会及西部等省区的地方登山协会开始大力发展登山运动的相关运动，如攀岩攀冰、户外运动、拓展运动、蹦极运动等，先后举办了多次国际、全国和地方性比赛，对推动中国登山运动的发展、促进全民健身计划的实施、增进国际登山界的交流，都起到了积极的作用。

改革开放后，在通达性较好的横断山区冰川旅游逐步得以发展，随着人民生活水平的逐步提高和境外旅游的升温，冰川观光旅游也逐步向体验、休闲度假旅游阶段过渡。雪山冰川作为中国西部最为重要的自然地质景观，已经在当前休闲体验旅游中显现出了巨大的经济效益。20 世纪 80 年代，甘肃省嘉峪关市将祁连山"七一"冰川列为旅游景点，从而开创了中国冰川旅游的先河。1980 年，新疆维吾尔自治区将博格达峰北麓 493 km^2 的区域划定为天池自然保护区的核心区，并于 1982 年被国务院列为国家第一批重点风景名胜区。1988 年，国务院批准贡嘎山海螺沟冰川森林公园、云南省"三江并流"为国家级风景名胜区，继而带动了横断山脉贡嘎山海螺沟冰川、燕子沟冰川、梅里雪山明永冰川旅游的快速发展。1990 年，UNESCO 将新疆维吾尔自治区博格达峰天池景区列为"世界生物圈保护区"。1991 年，云南省丽江地区玉龙雪山冰川旅游正式开始，从而形成了雪山冰川与丽江古城旅游组团式开发新模式。1992 年，中国第一个以第四纪冰川遗迹为主题的冰川遗迹陈列馆在北京石景山区模式口正式开放。1993 年，四川省绵阳市平武县岷山雪宝顶自然保护区成立，雪宝顶冰帽景点由此向游人开放。1994 年，西藏自治区日喀则地区珠穆朗玛峰自然保护区晋升为国家级自然保护区，从而带动了绒布冰川旅游的发展。1998 年，云南省丽江市玉龙雪山冰川旅游索道投入运行，冰川旅游正式开始，目前玉龙雪山冰川公园已发展成为中国冰川旅游地接待人数最多的景区。

21 世纪开始，中国冰川旅游进入迅速发展期。2003 年，国家成立托木尔峰国家级自然保护区。同年，云南省"三江并流"被 UNESCO 列入《世界自然遗产名录》，其中，梅里雪山明永冰川旅游得到了迅速发展。2004 年，甘肃省酒泉透明梦柯冰川（老虎沟 12 号冰川）零星对外开放。同年，珠穆朗玛峰国家级自然保护区被批准列入世界人与生活圈保护网络。2005 年，《中国国家地理》杂志推出选美中国活动，总评委会由中国自然科学权威专家和社会科学领域权威美学家组成，如陈述彭、施雅风、冯宗炜、刘东生、孙鸿烈、吴传钧院士和范迪安、聂振武、邵大箴美学家等。此次选美中国推出了中国十大名山和最美冰川的评选活动。经评选，西部南迦巴瓦峰、贡嘎山、珠穆朗玛峰、梅里雪山、稻城三神山、乔戈里峰、冈仁波齐雪山分别跻身"中国十大名山"之列。中国六大最美冰川包括珠峰绒布冰川、天山托木尔冰川、贡嘎山海螺沟冰川、念青唐古拉山米堆冰川、喀喇昆仑山特拉木坎力冰川、祁连山透明梦柯冰川。这次选美中国活动最大的亮点是在以往关注东部传统美景的同时，专家和评委将目光转向了西部雄伟秀美的雪山和冰清玉洁的冰川。2010 年，四川阿坝藏族自治州黑水县达古冰川对外开放。2013 年，新疆维吾尔自治区阿克苏地区西天山托木尔峰冰川群、昌吉回族自治州东天山的博格达-天池景区、巴音郭楞蒙古自治州中天山的巴音布鲁克景区和伊犁哈萨克自治州的喀拉峻-库尔德宁因其较高的知名度和重大的地理与生态学意义，正式被 UNESCO 列入《世遗遗产名录》。"新疆天山"是中国西北地区迄今为止唯一一处世界自然遗产。在此期间，中国已开放冰川景点还包括西藏米堆冰川、来古冰川、绒布冰川，新疆维吾尔自治区乌鲁木齐河源 1 号冰川、木斯岛冰川、托木尔冰川等。2014 年，中哈吉三国"丝绸之路：起始端和天山廊道的路网"跨国旅游景观廊道申遗成功。至此，冰川作为极具吸引力的旅游资源，在西部这块热土上逐步展示出了它蓬勃的生机与活力。

中国冰川旅游资源丰富，类型多样。然而，截至目前，冰川开发较为成熟的景点仅 10 余处（如白水河 1 号冰川、明永冰川、海螺沟冰川、燕子沟冰川、达古冰川、米堆冰川、来古冰川等），且主要集中于可进入性较好、水热条件优越、客源市场较近的横断山区，而冰川资源最为富集的帕米尔-喀喇昆仑山、喜马拉雅山和天山地区冰川旅游发展却显缓慢。中国冰川旅游发展缓慢，景点稀少，与冰川资源禀赋极为不符，与国外冰川旅游发展相比，差距更大，且大多为浅层次的冰川观光旅游，冰川旅游产品内容缺乏创新，开发层次及科技含量较低，对于冰川科考科普、冰川徒步、冰川滑雪、雪地摩托、攀冰、冰川环境教育等深层次冰川体验旅游项目开发较少。同时，缺乏冰川旅游与当地文化产品的结合，冰川旅游产品体系和安全设施建设较为落后，进而导致真正意义上的冰川旅游产业链的缺失。可以说，中国冰川资源开发仍然处于初级阶段，但未来发展潜力巨大。

四、旅游资源评价研究进展

旅游资源评价是旅游开发与规划的基础性工作。旅游资源开发潜力评价，是对旅游资源是否具备发展旅游业的条件并进而获取经济、社会和环境效益的能力的衡量，是通过一定分析方法，综合判断和评价区域内旅游资源价值及其开发条件的过程（甘枝茂和马耀峰，2000）。正确认识旅游资源、评价旅游资源开发潜力对提高旅游规划和旅游资源开发的科学性及合理性，对实现区域旅游持续发展具有重要的理论指导作用。

国外旅游资源评价工作起始于20世纪50~60年代，其演进大致经历了（经验）单因子定性评价和（数学模型）多因子定量评价两个阶段（洪剑明和冉东亚，2006），其旅游资源评价成为国外旅游地理学、旅游经济学等社会科学领域的研究重点，而旅游资源开发潜力评价开始于70年代后期。古恩和麦克迈林（Gunn and Mcmillen，1979）在得克萨斯州和伊利诺伊州资源规划中分别从水文、气候、历史及民俗、交通运输等9个方面对其资源潜力进行了评价，通过计算机制图技术，划分出不同地区旅游资源开发潜力等级。80~90年代，旅游资源开发方面的研究快速发展，其分析方法开始呈现定量化和多学科交叉趋势。加拿大安大略省旅游局（Ontario Ministry Industry of Tourism，1981）强调旅游地的承载力、可进入性、可利用性影响因子，并将其作为评价旅游资源开发潜力的重要因子，采用矩阵方法对彼得伯勒-哈利伯顿地区生态旅游资源进行评价。蔡夫利（Chaverri，1989）选择水体、海滩、沙子、岩石、海滩环境、周围环境6组113个评价因子建立了区分海滩大众适宜性和个体适宜性的评价体系。古恩和拉森（Gunn and Larsen，1993）从自然资源和文化资源两大系、可进入性、可利用性方面对旅游资源开发潜力进行评价。90年代末，日本室谷正裕（1998）建立了旅游地魅力度评价模型并提出了相应的评价指标体系。进入21世纪，旅游资源评价与开发研究进入成熟阶段，旅游资源开发内容、评价方法等日趋成熟。国外学者相继建立了旅游资源评价与开发的相对完整的理论体系（Bramwell and

Lane，2000）。普里斯金（Priskin，2001）尝试运用矩阵分析方法对澳大利亚西部海滨地区旅游资源开发潜力从吸引力、可进入性、旅游设施、环境质量4个方面进行评价。巴克利等（Buckley et al.，2001）则从旅游特征、旅游吸引力、重要性程度、可进入性、吸引力的多样性角度，利用地理信息系统（GIS）技术，提出了具体地理单元内的旅游吸引潜力模型，此模型为旅游规划提供了科学基础。目前，国外旅游资源评价在研究内容上，随着全球化旅游资源供给和需求进程的加速，旅游资源保护和恢复意识增强，旅游研究者和旅游管理决策者对旅游资源评价不断提出了新的课题。

中国旅游资源定量评价主要标准和方法于20世纪80年代后期和90年代前期提出，许多学者结合中国旅游资源实际状况，制定了旅游资源评价的标准和方法，并进行了富有成效的系统研究和定量探讨，并在一些旅游开发与规划实践中加以运用和验证（于涛方等，2002；李军和韩冬，2003；齐德利等，2004；吴承照和曹霞，2005）。大部分中国学者以旅游资源禀赋、价值及质量作为旅游资源开发潜力的主要评价目标，部分将资源效益、资源开发条件、环境质量作为重要评价目标（卢云亭，2006；朱专法，2005）。魏小安提出了旅游资源构成要素、单项评价、要素组合、游客容量、要素特色和开发难度的"六标准"旅游资源综合评价法（甘枝茂和马耀峰，2000）。北京旅游学院（1987）提出了吸引力、开发条件、开发效益的三项旅游资源评价方案。卢云亭（1988）提出的三大价值（历史文化价值、艺术观赏价值和科学考察价值）、三大效益（经济效益、社会效益和环境效益）、六大开发条件（地理交通、景象组合、环境容量、客源市场、投资能力、开发难度）的"三、三、六"旅游资源评价体系。罗成德（1994）运用模糊数学评价以地表岩石、构造、侵蚀速度、地貌组合、旅游环境、知名度、愉悦感或奇异感7项因子对旅游地貌资源进行打分，对峨眉山、张家界等10个景区（点）进行评价。李新运等（1997）从资源价值、旅游效益、开发条件对山东省旅游资源开发利用潜力及次序进行研究。自2003年国家《旅游资源分类、调查与评价》（GB/T18972—2003）颁布实施以来，中国旅游资源定量评价研究趋于规范，并成为旅游规划中主要的评价方法。罗琼（2002）则强调应针对旅游开发的目的就旅游资源的品质属性、资源外的区域环境气氛和资源的开发条件三方面内容对其旅游资源开发潜力进行评价。汪侠等（2007）采用旅游资源价值、旅游开发条件、旅游资源开发效益作为评价因素对旅游资源开发潜力进行评价。钟林生等（2009）从温泉资源价值、区域环境、区域开发综合条件三方面构建了一个包含25个指标的区域温泉旅游资源开发潜力评价体系。陈晓梅（2009）提出了水体旅游资源可亲性评价因子，考虑水体本身和旅游者感知两方面，如水质、透明度、水域面积、水体周围环境、水体优美度、水体清洁度、水体知名度和水上活动安全性。总体而言，国内对旅游资源评价主要涉及6个方面：旅游资源单体或者单要素评价、旅游资源组合评价、旅游容量评价（旅游承载力评价）、旅游资源区域评价、旅游资源地域旅游吸引力评价、地域旅游资源经济价值综合评价（卢云亭和王建军，2004；卢云亭，2006）。

国内外旅游资源评价是为适应旅游资源开发的要求而发展起来的，开始主要以定性描述为主，之后开始探索更具有科学性的定量评价方法（周凤杰，2007）。旅游资源评价方法主要是解决评价因子构权问题。构权方法按其主客观性的不同分为主观与客观构权法。判断一组权数合理与否并不能根据其是否采用主观构权，而应看其是否准确反映评权对象的真实重要性程度。"只要方法科学，权数就其本质而言应该是客观的"（邱东，1991）。定量评价的结果比较直观和准确，旅游资源定量评价方法研究是当今旅游科学的发展趋势。旅游资源评价体系不同指标获取涉及不同方法，整个评价是一项复杂的系统工程。指标的有机整合构成指标体系，伴随不同方法也构成相应的方法体系，目前采用的构权方法主要有特尔菲法（DELPHI）（Tsaura et al.，2006）、单因子评价法（陈诗才，1993）、成本效益分析法（cost-benefit analysis，CBA）（Gossling，1999）、旅行费用法（travel cost approach，TCA）、享乐定价法（hedonic price approach，HPA）、条件价值法（contingent valuation method，CVM）（Lee et al.，1998）、适宜性评价法（suitability valuation，SV）、意愿支付法（willingness to pay，WTP）（Lee，1999）、综合价值评价法（Machado，2001）、主成分分析法（Dunteman，1989；Arrowsmith and Inbakaran，2002；Perry et al.，2006）、层次分析法（analytic hierarchy process，AHP）（王世金和赵井东，2011）、模糊数学评价法（谢季坚和刘承平，2000）、观赏型旅游地综合评价法（楚义芳，1989）、价值工程法（苏为华，1998；邱云美，2009）、层次熵分析法（徐菲菲等，2005）、生态系统综合评价法（integrated ecosystem assessment，IEA）、生态系统管理评价法（ecosystem management assessment，E-MA）、生态足迹评价（ecological footprint）（Wackernagel and Rees，1999）、指数表示法等（覃建雄，2002；齐德利等，2004）。随着 GIS 技术的快速发展，其技术成果广泛应用于旅游资源评价研究之中。GIS 技术以其强大的数据处理能力和空间分析手段，为旅游管理和辅助决策提供了有力支持（王莹等，2004）。其中，AHP 法合理地将定性与定量的决策相结合，实现了决策过程的层次化与数量化。自 1982 年 AHP 法引入中国以来，人们不仅将之应用于各种决策与规划分析以及直接用于综合评价排序，而且也将之用于综合评价权数构造之中，目前，已成为赋权最有效的方法之一，应用十分广泛（表1-2）（保继刚和楚义芳，1999；Kang et al.，2002；Tzeng et al.，2002；吴开亚等，2006；胡丽等，2006；Niu et al.，2014）。总之，国内外旅游资源评价大致经历由定性分析趋向定量研究、由单项要素分析趋向综合要素评价转变的发展历程，研究内容主要集中于旅游资源和资源价值的综合评价方面。旅游资源开发潜力评价内容和实践技术操作层面进展显著。然而，在评价技术上，以定性研究多、定量研究少，以主观赋权居多，较少统筹考虑主客观综合赋权；在综合评价内容上，以旅游资源定量评价和价值评价为主，对于旅游地发展潜力评价很少；在综合评价目标上，大部分集中于区位条件、资源条件、市场条件和社会经济条件4个目标层次，且对资源因子赋予最大权重。其中，对于冰川旅游、冰川旅游资源及其旅游地的综合评价研究仍处于空白状态。

表 1-2　旅游资源评价主要指标及评价方法

资源来源	目标层主要评价指标	评价方法
保继刚和楚义芳，1999	旅游资源质量及规模、区域条件、区位特性	AHP 法
李新运等，1997	资源价值、旅游效益、开发条件	AHP 法
毛明海等，2002	景观质量、景观数量、水质、大气质量、客源市场、交通、地区经济条件	AHP 法
李瑞和刘长运，2000 张秀卿，2008	旅游资源质量、资源条件、旅游效益条件、开发利用条件	特尔菲法、AHP 法
齐德利等，2004	可进入性、地方经济能力、接待水平、融资能力、环境质量	AHP 法
杨学燕和戴瑜靖，2005	区位特性、旅游资源、开发条件	AHP 法
魏长晶等，2006	森林风景资源质量、森林公园区域环境质量、旅游开发利用条件	AHP 法
汪侠等，2007	旅游资源价值、旅游资源开发条件、旅游资源开发效益	多层次灰色方法
钟林生等，2009	区域开发综合条件、资源价值、区域环境	专家咨询法
冯雅力和吴忠军，2012	市场、资源、生态因素	AHP 法
Tsaur and Wang，2007	自然生态、社会文化、政治经济	特尔菲法、AHP 法、模糊集理论
Fabac and Zver，2007	资源美感、地理位置、文化遗产、环境	SWOT、AHP 法

由于旅游资源评价主要围绕旅游地旅游资源的本底价值展开，有时会出现禀赋较高的旅游资源却难以开发出有竞争力的旅游产品（朱竑，2005），而在一些传统旅游资源弱势地区，虽然旅游资源赋存及品位并不看好，但由于优惠的旅游开发政策、居民和开发商的积极参与，旅游产品显示了良好的市场发展潜力和竞争力。这些现象使得一些旅游研究者开始对现有旅游资源评价的不足进行思考，如何科学评价旅游地旅游资源的开发潜力日益引起相关学者的关注。然而，旅游地旅游发展潜力评价大多集中于旅游地旅游资源的技术性评价及其综合评价（黄辉实，1986；陈传康和保继刚，1989；邓俊国等，2004；何效祖，2007），其间，涉及与旅游地旅游资源开发潜力评价紧密联系的指标有区位、市场、交通、资源

品位等，但本质上仍然以旅游资源本底价值评价占主体。同旅游资源评价中常用的美学评价或适应性技术评价相比，旅游资源开发潜力评价不仅关注旅游资源质量，而且还将旅游资源开发不可或缺的环境条件和开发效益等纳入评价范畴，因此它是对旅游资源评价的深化。作为开发和规划的重要环节，旅游资源开发潜力评价有助于旅游地树立可持续发展的理念，科学地对旅游资源的开发时序进行安排，从而为旅游地经营管理和决策提供可借鉴的依据。

随着旅游资源所处环境和开发程度的变化，旅游资源自身质量和价值品质，以及旅游客源地游客的旅游动机和需求也呈现一个动态的变化过程，旅游资源开发潜力综合评价体系也应因地制宜，与时俱进。与传统旅游资源评价相比，中国冰川旅游资源开发潜力评价重在反映冰川旅游资源所处的区位特点，已有相关旅游资源评价指标体系的研究主要突出旅游资源的自然属性，往往忽视一些特殊旅游资源的区位特点。中国冰川旅游资源开发潜力评价指标体系与一般旅游资源评价体系差别较大，具有西部特殊区位特点，建立一个具有针对性的中国冰川旅游资源开发潜力评价体系，对中国冰川旅游可持续发展具有重要的现实理论意义。

五、研究思路及其方法

（一）研究思路

中国冰川旅游资源开发潜力综合评价是旅游地评价的内容之一，是在考虑中国冰川资源禀赋（规模、数量、形态等）、冰川区区位、冰川旅游发展概况，以及冰川区经济社会条件的基础上，选取评价目标、指标体系、评价方法、评价模型对中国冰川区 32 个地市州冰川旅游资源开发潜力程度进行评价，而中国冰川旅游资源空间开发则是在统筹考虑当前冰川区区位状况、交通网络、城镇体系、相对独立的冰川分布地域单元，以及冰川旅游发展的基础上，提出的冰川旅游空间规划布局战略。本书遵循"冰川旅游—冰川区概况—评价体系—评价方法—应用研究—政策建议"的理论与应用相结合的研究思路（图 1-3）。

本书在回顾国内外冰川旅游发展进程和旅游资源评价研究进展，以及在中国冰川旅游发展历程与 SWOT 分析的基础上，以中国冰川区 32 个地市州为研究对象，通过 AHP 法、熵权系数法相结合的构权方法，从区位交通潜力、资源环境潜力、开发基础潜力及经济社会潜力 4 个方面出发，构建了适宜冰川旅游发展潜力的综合评价模型，并对中国冰川区 32 个地市州冰川旅游资源开发潜力程度进行了综合评价，按其评价结果进行了功能分区，提出了中国冰川区不同潜力区冰川旅游发展策略。同时，本书在利用"突出中心城市、依托交通干线、巩固重点区域、形成网络市场"的"点-轴系统"和增长极空间结构理论的基础上，提出

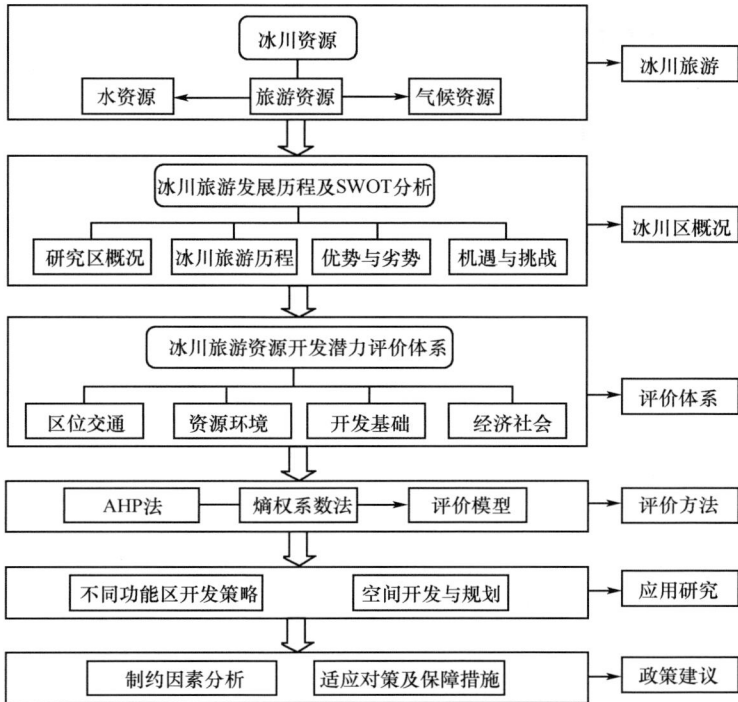

图 1-3　研究框架与技术路线图

了中国冰川旅游资源空间开发与规划战略，并对区域冰川旅游开发模式与冰川旅游地不同海拔梯度冰川和周边景观的组团式开发模式进行了研究。最后，在综合分析冰川旅游发展制约因素的基础上，提出了中国冰川旅游跨越式发展的保障机制。

（二）研究方法

本书采用定性与定量相结合、野外调研与专家咨询相结合、综合与分解相结合、理论研究与实证研究相结合的综合集成研究方法，同时，将文献研究、专家咨询、背景分析、对比分析等方法进行了有机结合。

1）定性与定量相结合。本书在对国内外冰川旅游发展进程和旅游资源评价进行述评的基础上，通过对中国冰川旅游概况及 SWOT 定性分析，建立了冰川旅游资源开发潜力综合评价体系和评价模型。运用 AHP 法、熵权系数法相结合进行综合赋权，并对冰川区区位交通、资源环境、开发基础、经济社会各因子指标进行无量纲化处理，综合评价冰川区各地市州冰川旅游资源的开发潜力水平。

2）野外调研与专家咨询相结合。冰川资源分布于西部内陆高海拔地区，由于进入性较差，进行全方位调研并不现实。因此，对于可达性较强的冰川旅游地实行实地考察调研为主，对于一些可达性较弱的冰川区，实行征询冰川学领域专家或野外工作者意见为主。在此基础上，对中国冰川旅游资源禀赋进行正确评价。对于中国冰川旅游资源开发潜力的综合评价也需要通过野外调研进行整体感知和评价，同时，需要与相关专家进行商榷与评定。

3）综合与分解相结合。根据系统论原理，中国冰川旅游资源开发潜力评价指标体系分为不同层次。在同一层次或不同层次之间，有许多指标都有分解与综合的问题。一个指标只能反映一个侧面问题，如果要综合地反映某个层面，就涉及把本层次各个侧面指标加以综合。如果要建立一个反映某个问题的指标时，若没有现成的指标进行综合，则可以把这个问题进行分解，使之简单化，然后再进行综合。

4）理论研究与实证研究相结合。本书通过对冰川旅游发展历程进行综述，以旅游空间结构理论、可持续发展理论，以及梯度开发理论为指导，根据中国冰川旅游资源开发潜力评价结果，对中国冰川旅游资源开发进行空间规划，并以玉龙雪山冰川旅游开发为典型案例，进行了实证研究，这不仅为中国今后开展冰川旅游提供了理论指导，也为冰川旅游保护性开发提供了实践经验。

第二章　冰川旅游及其景观价值

一、冰川内涵及其特点

冰冻圈（cryosphere）是气候系统五大圈层之一，冰川（glacier）是冰冻圈主体部分，面积近 1600×10^4 km^2。地球陆地表面面积 11% 被现代冰川覆盖，主要分布在极地、中低纬高山和高原地区。冰川是寒区多年降雪积聚、经变质而形成冰川冰，达到一定厚度后，在重力作用下形成的具有一定运动速度的自然冰体。冰川冰是一种浅蓝而透明的、具有塑性的多晶冰体。积累在雪线以上的雪，若未变成冰川冰，则为永久性积雪，而非冰川。冰川以冰川冰为主体，其中包含一定数量的空气、液态物质和岩屑。冰川从积累、运动到消融的全过程中，在动力和热力作用下，贯穿着水分和热量的不断收支变化过程，冰川与大气、基岩相互作用，构成一个复杂的系统（谢自楚和刘潮海，2010）。大气固体降水决定冰川积累，气温决定冰川消融，地形影响冰川形态、规模等，三者相互作用共同决定着冰川的发育、性质和演化过程。冰川发育与存在具有长期性，其形成和积累，需数十年，数百年，甚至更长时间。特别地，由于冰川冰的黏塑性，决定了冰川具有一定流动性。当冰层堆积越来越厚，由于冰体本身重量所形成的压力，再加上重力影响，可使冰川底部沿坡度向下发生流动。冰川运动速度一般来说均很慢。影响冰川运动的因素很多，主要包括地形坡度、冰川厚度与温度、基岩光滑度、融冰含量、河谷形状、冰川挟带岩石碎片等。一般而言，冰川中间流动速度快于两侧，顶部快于底部。冰川运动主要是由两个部分组成，一是冰川内部运动，由下到上递增。二是冰川底部在基岩上的滑动。在运动过程中，冰川底部滑动要大于冰川内部运动。冰川运动一般存在 3 种类型，即冰川冰的形变、冰川底部滑动与冰床变形，但主要是冰川冰的形变与冰川底部滑动（Paterson，1994；施雅风，2005；施雅风等，2011；刘时银等，2014；秦大河等，2014）。

二、冰川发育条件

冰川发育需要地形、地势与气候的有机结合。冰川由两部分组成，上部为冰川积累区，下部为冰川消融区（图 2-1）。冰川上的物质（仅指固态水体）收入与支出代数和称为物质平衡（mass budget）（或水量平衡）。物质收入包括冰川表面的降雪、凝华、再冻结的雨以及风吹雪、雪崩体等，物质支出则包括冰雪融化形成的径流、蒸发、升华、冰体崩解、流失于冰川之外的风吹雪及雪崩。在冷型（大陆型）冰川上，部分融水下渗后重新在粒雪、冰面或冰裂隙中冻结，这部分融水不造成冰川的物质支出，称为冰川内补给。按照物质收支状态，在积累区与消融区之间，年积累量与消融量相等的点的连线为冰川物质平衡线（equilibrium-line，EL），夏末冰川上粒雪与冰的界限称为雪线（snow line），其海拔分别称为冰川物质平衡线高度（equilibrium-line altitude，ELA）和雪线高度（snow line altitude，SLA）。在没有特别说明时，物质平衡线是指年平衡线，即冰川物质平衡年末冰川表面积累和消融量的代数和为零的点的连线。物质平衡线将冰川分为积累区与消融区。冰川上仅当所有物质交换发生于冰川表面且无附加冰时，物质平衡线才与雪线重合。冰川表面任一时间平衡线对应的平均海拔为瞬时平衡线高度。除特别说明，一般而言，平衡线高度指年平衡线高度。

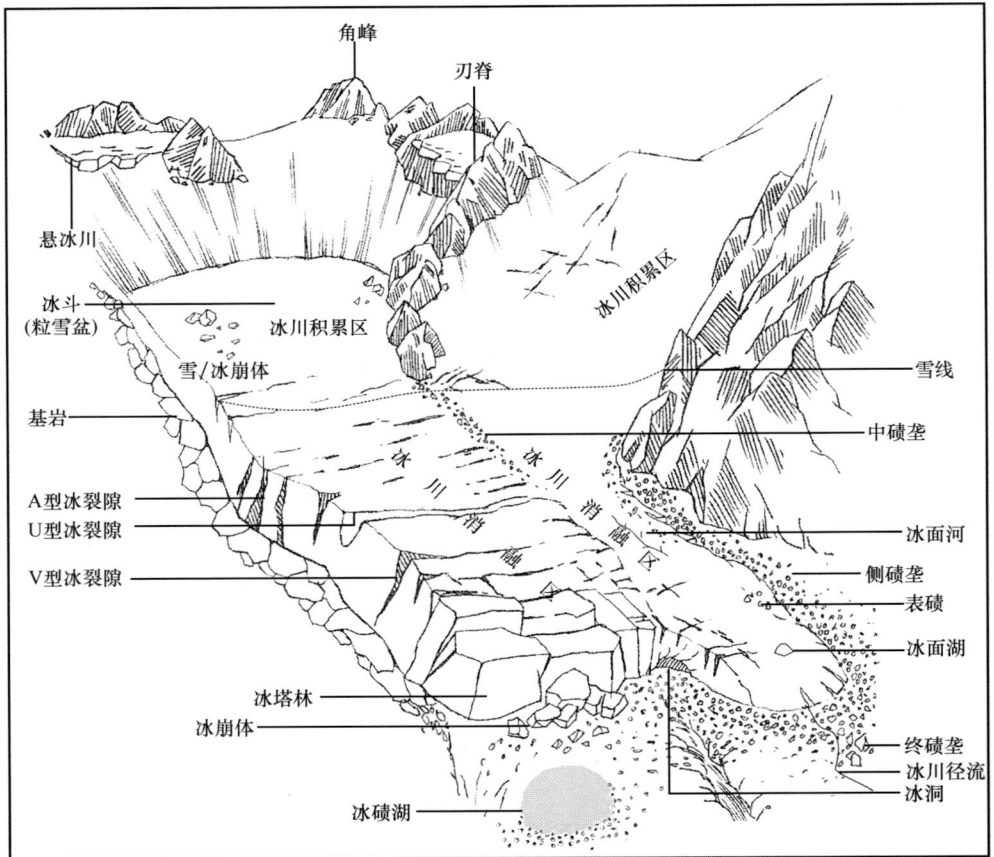

图 2-1 山地冰川系统及其形态草图（据 Ledeniški，2014 重绘）

其中，冰川物质平衡线是冰川发育的枢纽，且控制着冰川的规模和类型，它也是判定某地区冰川发育与否首要考虑的问题。一个地区能否发育冰川取决于 ELA（即冰川作用水准面，图 2-2），若某山地高度低于 ELA，则不会发育冰川（图 2-2）。中国现代冰川发育地形及其规模显示：若冰川作用正差达 300 ~ 500 m，即山地高度比 ELA 高 300 ~ 500 m，可发育以冰斗冰川和悬冰川为主的规模较小的冰川，如祁连山东段冷龙岭地区；若冰川作用正差在 500 m 以上，则可能发育规模较大的山谷冰川，其中，高差在千米以上的山区，可发育长达数十乃至几十千米长的树枝状复式山谷冰川，如天山托木尔峰、喀喇昆仑山 K2 峰等地区（苏珍等，2014）（图 2-2）。

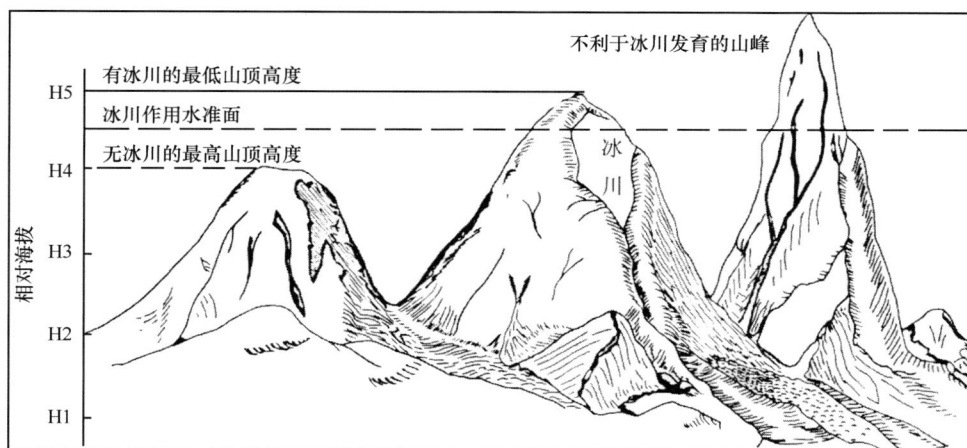

图 2-2　山地地势、地形与冰川作用水准面关系示意图（苏珍等，2014）

雪线主要由年降水量和夏季平均气温决定，雪线处固态降水积累量等于其消融量，积累量由年降水量表示，消融量则由夏季平均气温表征。其中，年均气温为负温是冰川发育的必要条件，而固态降水则是冰川形成的物质条件。冰川学家常用此关系来推算冰川物质平衡线高度，并借此恢复冰川物质平衡及其分量。冰川雪线与气温、降水关系密切，同时，冰川发育还受海拔、地形、坡向和方位等地理条件限制。因冰川发育条件不同，其雪线高度及其变化幅度各异。总体上，雪线高度随中低纬度向两极地区逐渐降低，在南极地区降至海平面，在北极岛屿则降至海拔 100 m 左右。中国冰川最低雪线出现在阿尔泰山哈巴河流域，最低值仅 2800 m（刘潮海和丁良福，1987）。随着纬度的降低，其雪线逐渐升高，且表现出了明显的纬度地带性。在北天山冰川雪线为 4000 m 左右，昆仑山北麓则为 5400 m 左右，而在青藏高原内部山地为 5800 m 左右，在喜马拉雅山北麓冰川雪线则上升至 6000 m 左右（谢自楚和苏珍，1975）。

三、现代冰川类型

依据冰川所处地理位置或环境、形态特征、物理性质等因素，可对冰川类型进行划分，以便从不同时空尺度进行对比研究。不同类型冰川其物理属性、成冰过程、运动特征及其对气候变化的响应等均有显著差异。冰川按其发育条件及其物理性质的分类为冰川物理分类，而按其形态特征和所占据的地形单元的形态而划分的类型为冰川形态分类，两者相互联系，而冰川发育规模则主要与冰川形态有关。冰川类型并非一成不变，而是随外界环境的变化而变化，冰川类型之间不仅相互转化，而且形成了大量的中间过渡类型。总体而言，冰川按其形态、规模和所处地形可以划分为冰盖和山地冰川（图2-3）。冰盖主要分布于高纬度南极和格陵兰，山地冰川零星分布于中低纬度的高山和高原气温在零度以下的地带。冰盖中心区为积累区，边缘区为消融区，其特点是面积巨大、冰层巨厚，分布不受下垫面限制，冰川呈盾形，中部最高，冰体从中央向四周呈辐射状挤压流动，至冰盖边缘往往伸出巨大冰舌，边缘冰体自陆地向海洋延伸，部分漂浮在海岸的大片冰体称为冰架，冰架可视为冰盖的组成部分。冰架主要发育在南极和格陵兰冰盖周边及加拿大北极地区。南极洲和格陵兰是仅存的大陆规模的冰盖实例。冰盖和冰架边缘或入海冰川末端崩解进入水体的大块冰体称为冰山。山地冰川，又称高山冰川，一般由冰川积累区的粒雪盆和沿着山谷向山下运动的冰舌构成（图2-3）。山地冰川规模远不及冰盖，但受山地地形及冰缘冻融、雪蚀、雪/冰崩和寒冻风化作用等综合影响，其类型更为复杂多变，如冰帽、山谷冰川、冰斗冰川、平顶冰川、山麓冰川、宽尾冰川、岩石冰川、再生冰川及其多种组合形态（附录一）。

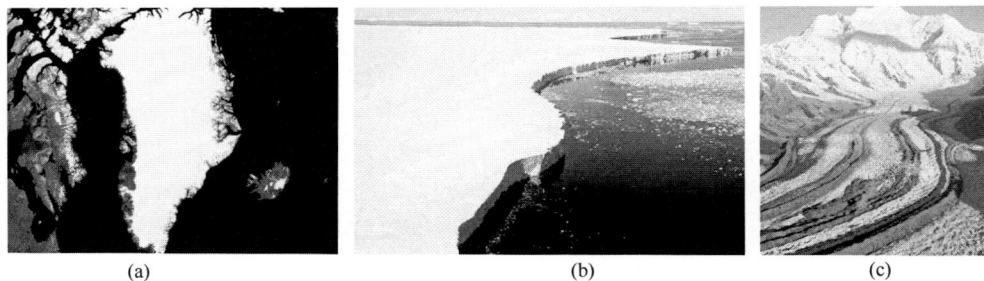

（a） （b） （c）

图2-3 大陆冰川（冰盖）、冰架及其山谷冰川

（a）为格陵兰冰盖；（b）为西南极布伦特冰架；（c）为阿拉斯加兰格尔-圣埃利亚斯国家公园肯尼科特冰川

按冰川温度季节变化层（活动层，冰川表面以下 15～20 m 深度范围）以下冰体的热力特征，可将冰川分为暖型冰川、过渡型冰川和冷型冰川 3 类（Lagally，1932）。暖型冰川是指冰川底部具有相应压力下的冰融点温度，冷型冰

川指冰川活动层以下至底部冰体被低于冰融点的温度所控制，过渡型冰川则指冰川表层是冷型，而冰川底部则达到了相应的压力融点。阿尔曼（Ahlman，1935）按冰体温度物理性质，将冰川分为温带冰川（temperate glacier）、亚极地冰川（sub polar glacier）和高极地冰川（high polar glacier）。温带冰川是指冰面融水渗浸再结晶作用旺盛，且整个冰川冰体温度处于压力融点，只有冬季冰体表层几米处于负温的冰川。极地冰川是冰面至很大深度冰体均为负温，其中，高极地冰川积累区由厚度很大的负温粒雪组成，在夏季通常不发生融化，而亚极地冰川积累区由厚 10 ~ 20 m 的粒雪组成，夏季温度可引起粒雪融化。之后，在此基础上，米勒（Miller，1973）增加了亚温型冰川（sub-temperate glacier）类型（Fahey and Thompson，1973）。亚温型冰川下部为压力融点，中上部温度处于间断性负温状态，分别为 $-1 \sim 3{}^{\circ}\!C$ 及 $-1 \sim 2{}^{\circ}\!C$。表层在冷季为负温，暖季可达到 $0{}^{\circ}\!C$。同样，按冰川温度，阿夫修克将冰川分为干极地型冰川、湿极地型冰川、湿冷型冰川、海洋型冰川、大陆型冰川五类（中国科学院兰州冰川冻土研究所，1998）。施雅风等（2008）综合比较考虑冰川发育水热条件和冰川物理特征，将冰川分为大陆型冰川（continental glacier）和海洋型冰川（temperate glacier）两类，其中大陆型冰川又细分为极大陆型冰川和亚大陆型冰川两类。

按冰川成因，莱特和普里斯特利（Wright and Priestley，1992）将冰川分为四类：补给区占优势的冰川，搬运（运动）区占优势的冰川，径流（消融）区占优势的冰川和补给区、搬运区、径流区相均衡的冰川。之后，冰川分类数量达十余种，分类标准较为混乱。1970 年，由瑞士米勒教授主持的工作组编写的《世界永久性雪冰体资料的编辑与收集指南》一书中（Muller et al.，1977），对40 种冰川参数给予了标准的量测规定。其中，将冰川分为 9 类，具体为不定或混杂的冰川（miscellaneous）、大陆冰盖（continental ice sheet）、冰原（ice field）、冰帽（ice cap）、溢出冰川（outlet glacier）、山谷冰川（valley glacier）、山地冰川（mountain glacier）、小冰川或雪原（glacieret and snowfield）、冰架（冰陆棚）（ice shelf）和石冰川（rock glacier）（UNESCO，1970）。其中，冰原主要分布于南北极地区，与冰盖（冰帽）的区别在于它们没有明显的冰穹区，在面积和厚度上远不及冰盖。冰帽是呈放射状向四周流动的穹形冰川，通常面积小于50 000 km^2。石冰川是含冰的寒冻风化岩（碎）屑或冰碛物，在重力和冻融作用下沿山谷或坡面向下缓慢蠕动的舌状堆积体，含冰是形成石冰川的必要条件。《冰川学辞典》中使用的冰川分类是对米勒教授主要分类的细化，这个分类是将冰川分为覆盖式冰川、山地-覆盖式冰川和山地冰川三大类，其下又细分为若干亚类，这个分类成为《世界雪冰资源图集》中使用的主要依据，同时被中国冰川学者广泛使用（谢自楚和刘潮海，2010）。覆盖式冰川集中于南极大陆、格陵兰岛和北极诸岛屿，主要形态为冰盾和冰穹，是冰川形态类型中规模最大的类型。山地-覆盖式冰川，即覆盖式冰川与山地冰川的过渡类型，冰川规模介于两者之间，其主要形态为冰原（ice field）、盆地冰川和山前（山麓）冰川（piedmont glacier）。其中，山麓冰川是由一条或多条大山谷冰川流至山麓地带，汇流形成的一片宽广冰原，它是山谷冰川向大陆冰川转化的中间环节（图2-4）。本恩和埃文斯（Benn and Evans，1998）则认为冰川可分为受地形控制的冰川、不受地形控制的冰川和海洋性冰川三类。阿姆斯特朗等（Armstrong et al.，1973）则定义和说明了12种冰川类型，分别为：冰盖、内陆冰盖（inland ice sheet）、冰帽、溢出冰川、冰山麓（ice piedmont）、沿岸冰带（ice fringe）、冰边缘，山谷冰川、冰斗冰川、冰流（ice stream）、冰架和冰舌（glacier tongue）。在原苏联冰川编目中，维诺格拉多夫（Vinogradov et al.，1966）则提出33个不同形态类型冰川，而弗拉基米尔·科特利亚科夫（Vladimir Kotlyakov）等则将其冰川类型减少至13种类型，分别为悬冰川、雪凹溢出冰川、坡面冰川、冰斗冰川、冰斗-山谷冰川、空心盆冰川、单一山谷冰川、复式山谷冰川、树枝状山谷冰川、宽尾冰川、山麓冰川、圆锥顶冰川、平顶冰川（Richard et al.，2013）（图2-4，附录一）。

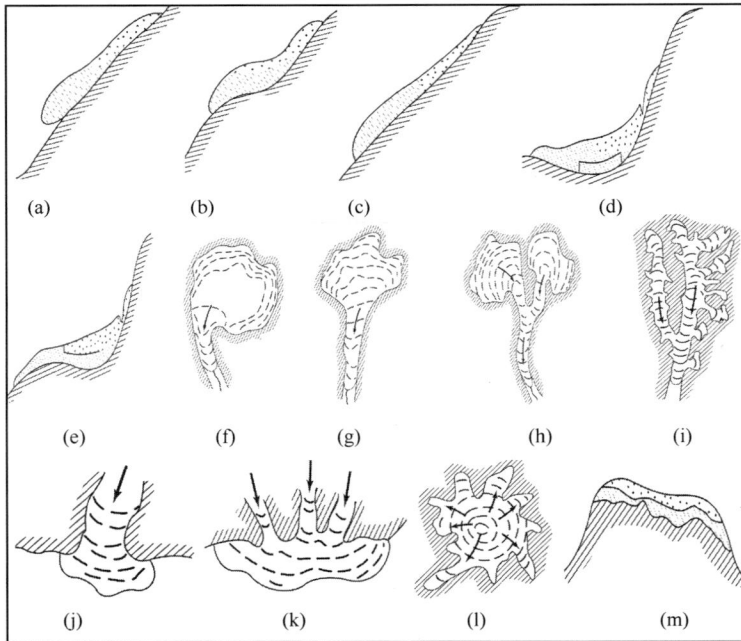

图2-4 冰川类型草图（采用原苏联冰川分类）

（a）～（m）分别为悬冰川、雪凹溢出冰川、坡面冰川、冰斗冰川、冰斗-山谷冰川、空心盆冰川、单一山谷冰川、复式山谷冰川、树枝状山谷冰川、宽尾冰川、山麓冰川、圆锥顶冰川、平顶冰川

山地冰川按其规模是最小的冰川类型，但下属冰川类型却最多，主要有山谷

冰川（valley glacier）、溢出山谷冰川（outlet glacier）、分流冰川（diffluence glacier）和平顶冰川（tabular glacier）。其中，山谷冰川是从粒雪盆流出或山坡雪崩补给形成并流动伸入谷地的冰川，它由位于山谷上游开阔盆地的冰川粒雪盆和山谷中的冰川主体组成。依据冰川纵剖面和前端特征，又可将悬冰川（hanging glacier）和冰斗冰川（cirque glacier）细分为冰斗-悬冰川（cirque-hanging glacier）、冰斗-山谷冰川（cirque-valley glacier）等（图 2-5，图 2-6，附录一）。

其中，悬冰川一般发育在海拔较高的山坡上的不完善的洼地中，小型冰体常悬挂于冰斗口外陡坎，冰川作用差小，易受气候波动而变化。悬冰川是山地冰川中数量最多但体积最小的冰川类型，没有明显的粒雪盆和冰舌。冰斗冰川受风吹雪附加补给的影响，多数发育在背风坡较低的洼地中，短小冰舌常从冰斗口溢出，其规模较小。山谷冰川则很少受山脉坡向的影响，主要发育在高度巨大的山峰或山汇周围，呈现出辐射状分布形态（刘潮海和丁良福，1987）。山谷冰川是山地冰川中发育最早的一种类型，它具有明显而完整的粒雪盆、积累区和消融区。依据冰川粒雪盆所占据的单一盆地（simple basin）、复式盆地（compound basin）和复式流域（compound basins）等指标，又可将山谷冰川分为单一山谷冰川（simple valley glacier）、复式山谷冰川（compound valley glacier）和树枝状山谷冰川（dendritic glacier）。其中，复式山谷冰川是指两条冰川汇合而成的山谷冰川。由若干条山谷冰川汇合而成，其干流、一级支流和二级支流都可能是山谷冰川，整个干支流冰川一起形成树枝状山谷冰川。中国喜马拉雅山、喀喇昆仑山、昆仑山、念青唐古拉山和天山均发育有树枝状山谷冰川。溢出山谷冰川是指山谷冰川溢出山口进入山前倾斜平原，冰川宽度保持成略宽于谷口内原来宽度的山谷冰川。分流冰川是因积累区同源，但下游则分成流向不同的支流冰川。平顶冰川是在平坦的山脊或山地夷平面上发育的冰川。冰川顶面平缓，状如薄饼，坡度较缓，边缘或为冰崖或为坡度不等的凸形坡。有的像白色的冰雪帽子盖在山顶之上，规模较小的又称冰帽，其特点是冰面洁净，无出露冰面山体（图 2-4，图 2-5，图 2-6，附录一）。

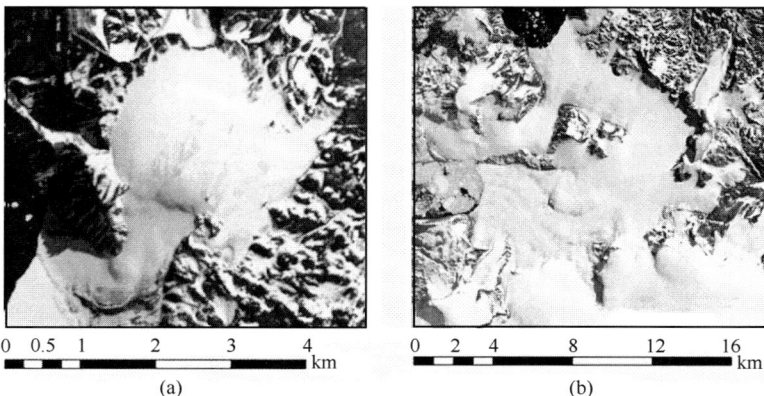

| 0 0.5 1 2 3 4 |
| km |
(a)

| 0 2 4 8 12 16 |
| km |
(b)

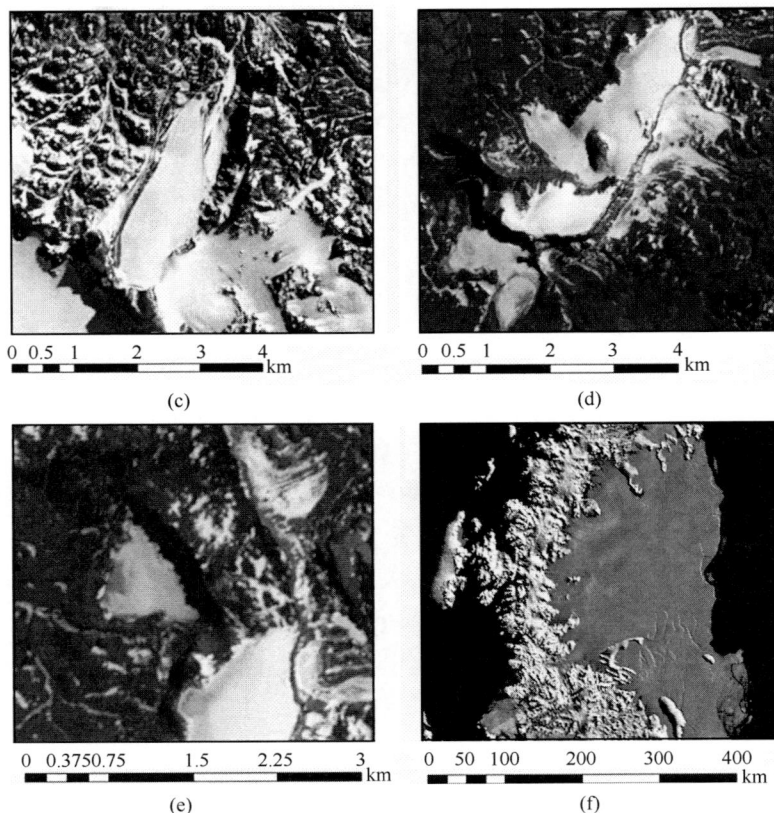

0 0.5 1 2 3 4 km
(c)

0 0.5 1 2 3 4 km
(d)

0 0.375 0.75 1.5 2.25 3 km
(e)

0 50 100 200 300 400 km
(f)

图 2-5 部分不同冰川类型 ASTER 影像（影像来源：GLIMS）

（a）~（f）分别为冰帽、入水冰川、山谷冰川、山地冰川、冰斗、冰架

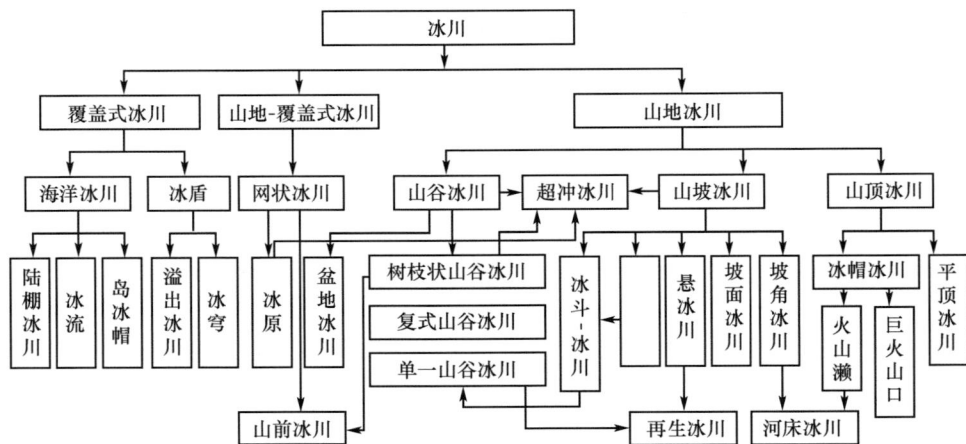

图 2-6 冰川形态分类框图（谢自楚和刘潮海，2010）

四、冰川表面形态景观

冰川不仅类型组合丰富多样，而且表面和内部结构形态万千、蔚为壮观。一般而言，发育成熟的现代冰川都有粒雪盆和冰舌，雪线以上的粒雪盆是冰川积累区，雪线以下的冰舌为冰川消融区。冰川表面形态在物质平衡线上部和下部各异。冰川积累区冰川运动速度较慢，形态变化较弱，冰面坡度较小，其表面形态单一，主要有粒雪盆（冰斗）和雪檐等景观。粒雪盆是冰川积累区呈围椅状的盆地，是冰川发源地。冰川物质平衡线常位于粒雪盆外缘的冰坎位置。雪檐是指因降雪常在背风坡，山脊一侧形成很厚的雪堆，雪堆随时间和降雪次数、降雪量的增加而增厚，在重力作用下，雪层缓慢向前蠕动，进而形成悬挂于山脊一侧的积雪体。当粒雪盆上部坡度较大或雪檐重量过大时，常伴有雪（冰）崩景象发生。冰川消融区冰川流速较快、消融强烈，受地形条件的影响，不同部位冰体流动速度不同，冰川纵横剖面张力和剪切力各异，加之消融区冰面往往分布有大量冰碛物，在太阳辐射下，冰川不同部位表面接受太阳辐射各异，因消融差异，在冰川运动和消融的双重影响下，形成了较积累区更为丰富多样的冰川表面景观。例如，冰瀑布、冰舌、冰面径流（河）、冰面湖、冰川喀斯特、冰下水流（河）、冰川洞穴、冰裂隙、冰川竖井、冰塔林、冰川弧拱、冰蘑菇（冰桌）、冰桥、冰钟乳、冰帘、冰崖、冰芽等景观形态（图2-1，图2-7，附录二）。

(a) (b) (c)

(d) (e) (f)

图 2-7 山地冰川表面形态景观（影像分别由王世金、德里克·甘卫和安里讷·菲利普斯提供）
（a）～（f）分别为贡嘎山海螺沟冰川冰瀑布、玉龙雪山白水河 1 号冰川冰瀑布、玉龙雪山白水河 1 号冰川冰面径流、玉龙雪山白水河 1 号冰川冰裂隙、尼泊尔珠穆朗玛峰昆布冰川末端冰洞及冰下径流、兰格尔-圣伊莱亚斯国家公园盖特冰川—冰洞景观

　　其中，冰瀑布是指冰川在陡坡段冰床形成的状如瀑布的冰体形态，冰瀑布运动速度远高于一般冰川运动速度。冰舌是冰川消融区最外围呈舌状下伸的冰体。冰面径流（河）是冰川消融期在冰川表面形成的水流，冰面湖则是在冰盖和冰川表面因热力作用形成的湖泊。冰川喀斯特是冰川因冰面、冰内、冰下的热力状况不同导致冰体差别消融，以及冰体断裂、流水等作用形成的类似于喀斯特地貌形态的景观，如冰河道、冰洞、冰钟乳、冰笋、冰花、冰蘑菇、冰漏斗等。冰下水流（河）是冰川表面融水沿冰裂隙进入冰下后进行融化和冲蚀，在冰舌两侧或冰床上形成的冰下河道，在冰川末端常形成冰川洞穴和冰下河景观。冰裂隙是指冰川运动过程中，冰层受应力作用形成的裂隙。按其与冰川流向关系可分为：垂直于冰川流向的横裂隙、平行于冰川流向的纵裂隙、与冰川流向斜交的斜裂隙和环粒雪盆分布的边缘裂隙等。冰川竖井是指冰雪融水沿冰裂隙进入冰川内部并与冰下河道相连接的通道。冰塔林是冰川消融区由于差别消融形成的众多塔状或柱状冰体。冰川各部位冰体因运动速度、温度、冰体密度及下垫面各异，冰川表面常形成纵横相间的冰裂隙，随着冰川向下运动，裂隙将冰川分割成一个个冰块，在太阳辐射的影响下，裂隙加快消融，形成一个个独立的冰塔。在冰川末端，往往形成成群的冰塔林，其景观千姿百态、美轮美奂，在太阳光的折射和反射下，光彩夺目、变幻莫测、引人入胜。冰川弧拱是由于冰川消融和积累期冰川运动速度差异在冰川表面形成的淡色和暗色相间的"波浪式"冰体夹层，顺流呈"拱形"状。淡色多泡冰体由积累期积雪形成，冬季融化和再冻结微乎其微；而暗色含有冰碛物和泥沙冰体由消融期冰体融化、积聚、再冻结形成。淡色冰体反照率高，表面消融少；而暗色冰体含有冰碛和泥沙，导热性较高，其融化也较为强烈，进而在冰面上形成凹槽，且在消融期间较多凹槽积聚融水和污泥。由于冰川中流线冰体流速高于冰川两侧，故形成冰川弧拱景观。冰蘑菇（桌）是表面砾石覆盖的冰体与周边无岩屑覆盖的冰体因热力条件不同而产生差别消融，进而形成冰柱支撑状，如蘑菇或桌状砾石的景观，常将这种砾石与冰柱复合体称为冰蘑菇或冰桌。冰崖是冰川在陡坡断裂时形成的类似悬崖的冰墙，或在冰川末端及冰川两侧因坍塌形成的冰墙（附录二）。

　　由于冰川运动、消融，不同类型冰川形成形态各异、千姿百态的冰面地貌和冰下奇观，同时，冰川表面通过反射和折射太阳光，形成五彩斑斓的光影景象，色彩时隐时现、变幻奇特，因而现代冰川也被誉为"水晶宫殿"。现代冰川表面景观具有绝佳的优美度、唯一的奇特度、优良的组合度及较高的科学价值，是人们远足、科考、猎奇探险的最佳对象。

五、冰川遗迹景观

　　冰川是准塑性体，冰川运动包括内部流动、底部滑动与冰床形变3个部分，是高寒地区侵蚀、搬运、堆积并塑造各种地貌形态最积极的因子。冰川与寒冻、雪蚀、雪崩、流水等各种营力共同作用，形成丰富、多姿多彩的冰川遗迹地貌景观。冰川遗迹地貌主要是指因冰川刨蚀和拔蚀作用，在冰川运动过程中形成的诸多冰蚀地貌、冰碛地貌、冰水堆积地貌。冰川发育时，有些地貌景观被冰川所覆盖 [图2-8（a）]，冰川消失后，这些形态独特的景观才得以以真正的面貌示人 [图2-8（b）]（Thompson and Turk，1994；Wicander and Monroe，2009）。同时，冰川融水还将冰川区物质输送至很远的非冰川区。如果说现代冰川展现给游人的是冰川处于生存期时的景观，那么古冰川遗迹则留给游人的是一个想象空间（图2-8）。

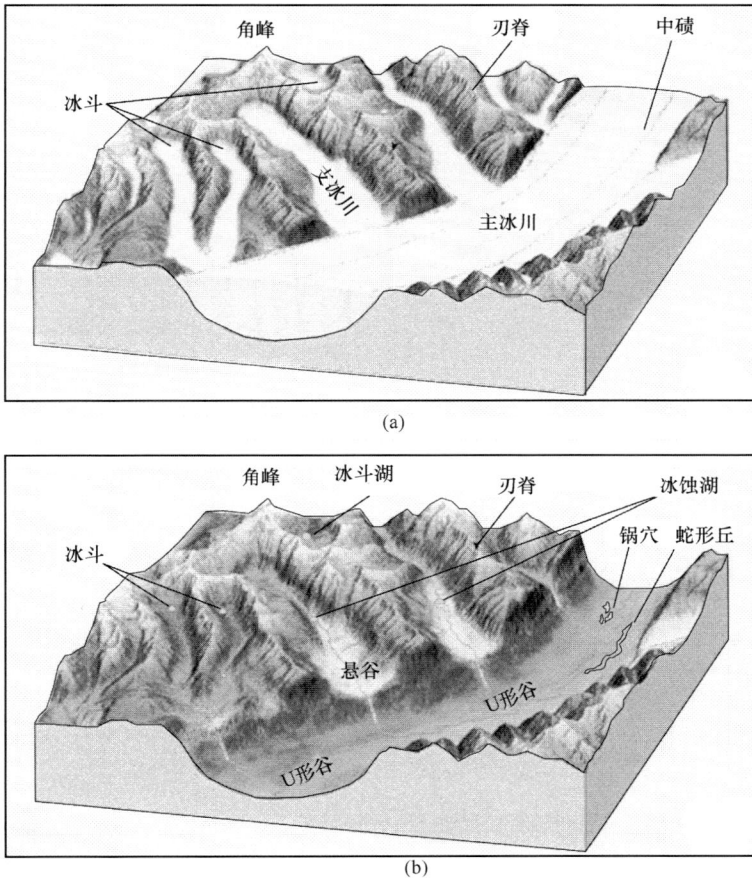

图 2-8　山地冰川存在时与消失后的地貌景观（据 Tarbuck and Lutgens，2009 重绘）

（a）为山地冰川存在时的地貌景观；（b）为山地冰川消失后的地貌景观

（一）冰蚀地貌景观

冰川在运动过程中对地表的侵蚀作用即为冰川侵蚀作用。冰蚀地貌是冰川冰中含有不等量的碎屑岩块,在运动过程中对谷底、谷坡的岩石进行压碎、磨蚀、拔蚀等作用,形成一系列冰蚀地貌形态。例如,冰斗、冰川槽谷("U"形谷)、冰坎、冰蚀悬谷、刃脊与角峰、羊背石、鲸背岩、卷毛岩、冰川磨光面、冰川擦痕与刻槽、冰川三角面、峡湾、冰蚀湖等。其中,冰斗是古冰川粒雪盆所在地,是山地冰川地区常见的地貌现象,是冰川与冰缘过程联合作用的产物。"U"形谷是山谷冰川下蚀和拓宽侵蚀造成的,两侧一般有平坦的谷肩。"U"形谷谷底因岩性差异,软弱岩层处形成冰盆,坚硬岩层处形成冰坎。冰蚀悬谷的形成是来自于主冰川与支冰川侵蚀力的差异。主冰川因冰层厚、下蚀力强,故槽谷较深,而支冰川因为冰层薄、下蚀力弱,故槽谷较浅。当主冰川与支冰川退却后,其支谷就成为悬谷。刃脊和角峰是冰川与冰缘过程联合作用的产物。相邻两冰川槽谷的山坡被侵蚀和剥蚀,形如鱼脊,恰似刀刃,故称为刃脊。3 个冰斗或 4 个冰斗后壁向上侵蚀,就会形成金字塔状的角峰。羊背石或鲸背岩为冰川基床上的一种侵蚀地形,是由基岩组成的小丘,常成群分布,远望如匍匐的羊群,故称为羊背石,或似鲸背,故称鲸背岩。在羊背石上或冰川槽谷谷壁及底部,以及冰碛石表面和大漂砾上,常因冰川磨蚀、刻蚀作用而形成冰川磨光面、冰川擦痕、冰川刻槽、冰川三角面或冰溜面。冰蚀湖则是古冰川流动过程中对岩性较软或破碎岩石挖蚀而成的一种负地形侵蚀地貌。在高纬度地区,冰川常能伸入海洋,海岸被侵蚀成一些很深的"U"形谷,当冰川退缩后,海水沿"U"形谷进入,其"U"形谷便形成峡湾,峡湾上游通常被高山环绕(附录三)。

(二)冰碛地貌景观

若冰川搬运物质的增加超出了冰川的搬运能力,则可能发生沉积。冰川沉积物质称为冰碛物。冰碛物对研究古冰川和恢复古地理环境有重要作用(白明晖,1983)。冰碛地貌主要由冰川搬运或堆积作用形成,冰碛地貌主要有侧碛堤、终碛堤、冰碛丘陵、冰川漂砾、鼓丘、冰碛湖等。冰碛是指冰川冰中所含的岩屑因冰川消融,或冰川底部动力作用而直接沉积下来的堆积物(施雅风等,2005)。国际第四纪研究联合会根据碎屑在冰川搬运和沉积作用发生时的位置、过程等关系,制定了"冰碛物的成因分类方案",即冰碛包括冰上和冰下两类,冰上冰碛主要以冰上融出碛为主,流碛仅在局部出现,而冰下冰碛主要以冰下融出碛和滞碛为主,变形碛和流碛分布范围也很有限(Dreimanis,1989)。总体而言,依据冰碛物所处位置的不同,分别形成冰川表碛(出露在冰川表面)、冰川内碛(夹在冰川内部)、冰川底碛(堆积在冰川底部)、冰川侧碛(堆积在冰川两侧)、冰川中碛(两条冰川汇合后,其相邻的侧碛合而为一,形成中碛)、冰川终碛(堆积在冰川末端)。冰川侧碛堤是由侧碛和表碛在冰川后退处共同堆积而成的,位于冰川槽谷两侧,成堤状向冰川上游可一直延伸至雪线附近,而向下游常和终碛堤相连。终碛堤所反映出的是冰川后退时的暂时停顿阶段，若冰川补给和消融处于平衡状态，则冰川末端可略作停留于某一位置，这时由冰川搬运来的物质，可在冰川末端堆积形成弧状堤，称为终碛堤或终碛垄。终碛垄的数量与规模是判定冰期和冰川进退的重要依据。冰川消融后，原有表碛、内碛、中碛都沉到冰川谷底，和底碛汇合为基碛，这些冰碛物受到冰川谷底地形的影响，堆积成坡状起伏的丘陵，称为冰碛丘陵（图2-1）。冰川搬运作用还可使巨大岩石搬运至很远（高）的地方，这些被搬运的巨大岩块称为冰川漂砾，其岩性和该地附近基岩完全不同。鼓丘是由冰碛物所组成的一种丘陵，约成椭圆形，长轴与水流方向一致，迎冰面是陡坡，背冰面是缓坡。一般认为，鼓丘是由于冰川搬运能力减弱，底碛遇到阻碍所堆积而成的。冰碛丘陵是冰川退缩后谷地中形成的状如墓冢的冰碛物，即冰川强烈消融时，冰舌末端部分区域快速转变为死冰，死冰在差别融化过程中产生漏斗状冰面，使融出岩屑向漏斗集中。如此反复进行，死冰完全融化后形成大片成群的墓堆状堆积。冰碛湖是冰川消退时，冰碛物形成的凹地，或冰碛物阻塞河床、冰川谷潴水而成的湖泊（附录三）。

（三）冰水堆积地貌景观

由冰水搬运后导致的堆积称为冰水沉积。冰水堆积地貌是冰川与冰川融水沉积共同作用的结果，在冰川边缘由冰水堆积物所组成的各种地貌，如冰水扇、冰水冲积平原、冰砾阜、涡穴、冰川蛇形丘、冰川纹泥等。冰川所挟带物质受冰川融水冲刷及淘选，会依照颗粒大小，堆积成层，形成冰水堆积物。当冰川末端融水所挟带大量砂砾堆积在冰川前面的山谷或平原，便形成冰水沉积。若是在大陆冰川的末端，这类沉积物可绵延数公里，在终碛堤的外围堆积成扇形地，则称为冰水扇。数个冰水扇相连，就形成广大的冰水冲积平原。在这些地形上，沉积物呈缓坡倾向下游，颗粒度亦向下游变小。冰砾阜是由有层理并经分选的细粉砂所组成的，形状为圆形或不规则小丘。冰砾阜上部通常有一层冰碛层，冰砾阜是由于冰面湖（河）或停滞冰川的穴隙中的沉积物，在冰川消融后沉落到底床堆积而成，其与鼓丘的不同之处在于冰砾阜的形状很不规则，且为成层状。锅穴是冰水平原上常有的一种圆形洼地，由于冰川耗损时，有些残冰被孤立而埋入冰水沉积物中，等到冰融化后引起塌陷而造成锅穴。蛇形丘是一种狭长曲折的地形，呈蛇形弯曲，两壁陡直，丘顶较狭窄，其延伸的方向大致与冰川的流向一致。冰川纹泥是冰川融水挟带物质在冰川前缘湖泊中缓慢形成的具有明显沉积韵律的沉积物（附录三）［图2-8（b）］。

冰川遗迹景观形态丰富多样，是冰川旅游资源的重要组成部分，也是冰川、地质、地貌、气候学相关专业学生或科研工作者的天然教学课堂，更是冰川科普、环境教育的重要内容之一。例如，四川省凉山州螺髻山因冰川刨蚀和拔蚀作用，在冰川运动过程中形成了诸多冰蚀地貌、冰碛地貌、冰水堆积地貌，目前已开辟为中国第一个以"古冰川遗迹"为主要内容的国家级重点风景名胜区和国家 4A 级景区。

六、冰川旅游及其类型

冰雪、森林与海洋被世界旅游组织认定为是未来旅游业发展的三大重点资源。按国家旅游局《旅游资源分类、调查与评价》（GB/T 18972—2003）对旅游资源的定义，所谓冰川旅游资源是指凡能对旅游者产生吸引力，可以为旅游业开发利用，并可产生经济效益、社会效益和环境效益的各种现代冰川、古冰川遗迹及其相关气候与文化要素，包括不同形态的现代冰川、古冰川遗迹，以及冰川的美学和文化特性。冰川旅游资源具有知识性、美学性、文化性与趣味性于一体的景观特性。按 1997 版旅游资源分类分级系统：冰川旅游资源是属自然旅游资源景系、气候景观景类中的冰雪景型（国家旅游局，2003）。按《旅游资源分类、调查与评价》（GB/T18972—2003）标准，冰川旅游资源则分属地文景观和水域风光两大主类景观，其基本类型包括冰川观光地、冰川堆积体、冰川侵蚀遗迹。较其他旅游资源，冰川旅游资源具有体量大、品位高、原生性强的独特景观价值，具有一定的垄断性旅游价值。

冰川旅游则是以现代冰川、冰川遗迹资源作为主要吸引物而开展的集观光性、体验性、健身性、科考性、科普性与刺激性于一体的高山带旅游活动或项目，是一项回归自然、挑战自我、健身强体、休闲娱乐、科普教育和陶冶性情的高山户外活动。在某种程度上，冰川旅游属于山地旅游（除南极和格陵兰冰盖）、自然旅游和生态旅游范畴。冰川旅游按其季节性功能，可以分为冬季冰川娱乐旅游和夏季避暑旅游两种类型。按旅游方式，冰川旅游可分为冰川观光旅游和冰川体验旅游两种类型。按旅游途径，冰川旅游可分为陆地冰川旅游、海洋冰川旅游和空中冰川旅游 3 种类型。其中，冰川观光旅游方式，可细分为冰川索道观光、冰川航空鸟瞰、冰川游轮巡游、冰川快车观光、冰川栈道（桥）观光、冰川观景台观光等。冰川体验旅游方式，可细分为冰川娱乐、冰川徒步、冰川探险、攀冰、冰川滑雪、冰川雪场雪橇车/雪地摩托体验、冰川狗拉雪橇体验、冰洞体验、冰川露营、冰川摄影、冰川婚礼、冰川地质博物馆体验、冰川及古冰川科考与环境教育、冰川文化体验等（附录四）。另外，不同类型冰川旅游不仅可以自由组合开发，而且冰川旅游还可与登山探险、体育旅游、康体旅游、生态旅游、文化旅游、宗教旅游、休闲度假等其他旅游形式有机结合（Wang et al.，2010）。

七、冰川景观价值

（一）美学观赏价值

美学观赏价值是冰川旅游资源最基本的价值所在，主要指冰川旅游资源景象的艺术特征（形态、色彩等）、地位和意义（如多样性、奇特性、愉悦性和完整性），是冰川旅游吸引力的主要构成因素之一。冰川景观是无法复制和转移的，它具有鲜明的垄断性景观价值。独立的冰川观赏价值主要在于它的雄伟和奇特性，进而给人以强烈震撼和无限遐想。现代冰川是世界上没有或很少受到污染的珍贵资源。由于冰川的运动、消融，形成了千姿百态的冰面和冰下奇观，因而被誉为"水晶宫殿"。冰川除粒雪盆、冰瀑布、冰舌等特殊结构外，还有冰川运动、消融、侵蚀所形成的微景观，如冰裂隙、冰面湖、冰洞等。总体上，冰川雄伟、奇特的美学特征是冰川、气候、地形长期共同作用的结果。同时，冰川区植被物种丰富、区系成分复杂、植被垂直带谱完整。冰川旅游资源的美学观赏价值还需与其他资源相结合进行开发，如森林、草地、峡谷、河流及人文旅游资源，其冰川旅游产品开发需借助冰川摄影、冰川摄像、冰川写生、冰川文学等活动展开。

（二）科学价值

冰川与气候变化关系紧密，是气候变化及其影响的科学研究的重要介质。冰川景观的科学价值是指冰川资源的某种研究功能，作为科考和科普旅游的科学价值，主要表现在以下 3 个方面：①冰川是反映气候变化的记录器和预警器。冰川不仅是气候变化的重要驱动因子之一，而且是反映气候环境变化的记录介质。冰川要素所含的气候和环境信息，在了解过去和预测未来气候的科学研究中作用显著。目前，通过冰川来研究气候变化是学术界常用的一种方法。同样，气候变化模式研究也离不开冰川要素。②冰川是一些自然灾害发生的诱因。冰崩、雪崩、冰雪洪水、冰川跃动，以及冰湖溃决洪水或泥石流是影响寒区交通运输、工农业发展和社区居民安全的重要社会问题。特别地，当冰川消亡且无法对下游河流进行补给时，将导致区域气候干燥、陆地荒漠化等生态灾难的发生（陈勇等，2011）。因此，冰川研究对山区气候、洪水/泥石流、生态等自然灾害的防治具有重要的科学意义。③冰川具有很大的侵蚀（剥蚀）、搬运、堆积作用，是改造地形的主要外引力之一。通过第四纪冰川研究，可以探究冰川遗迹地貌的形成、冰川作用的规律及作用结果等。总体上，冰川景观的科学价值主要体现于冰川研究的科学内涵与科学意义。

（三）生态价值

冰川的相变及低温对生物圈产生了深刻的影响。生命的起源、演变，生物群落的迁徙，生物的多样性等无不与冰川的发育、演变密切相关（谢自楚和刘潮海，2010）。在高山草甸、座垫植被带生态条件极为严酷，暖季中最低气温也常为负温或接近 0℃，土壤水分处于昼夜融冻交替状态，从而形成泥流等特有的融冻现象。高海拔冰川末端主要植被由以小蒿草、冰川黑穗苔草等为主的高寒草甸和以金露梅、蚤缀等组成的座垫植被组成，在个别海拔 6100 m 处，仍可见有个别的高等植物——龙胆，还有一种地衣——耳网衣，雪面上还可见数量极少的"血球藻"类，这些植被的水分则主要依托高山冰雪融水供给。冰川径流不仅与寒区湖泊、沼泽、湿地变化密切相关，而且其变化还影响冰川区水循环过程，进而影响冰川区生态系统与环境的变化。在西北内陆河流域，高山冰川-山前绿洲-尾闾湖泊构成了干旱区典型的流域生态系统。冰川的进退直接影响山前绿洲及其下游生态系统与环境（丁永建，2009）。总体上，冰川变化与中国寒区旱区生态系统稳定性息息相关。

冰川旅游资源的生态价值除表现为与其他自然条件和自然资源一样是人类生态环境的一部分以外，冰川还是生态环境维持生态平衡的基础，也是生态环境水资源供给的重要组成部分，因而其具有特殊的生态价值。中国冰川区地处青藏高原、天山及祁连山冰川区，这些区域不仅是中国重要的生态功能屏障，而且具有防风固沙、水源涵养等功能，对于维持生物多样性、生态环境修复均具有重要作用。冰川资源既作为重要的生态旅游资源而存在，并通过旅游开发而被利用，又作为生态环境和旅游环境的主体之一发挥着关键作用。

（四）水资源价值

冰川储存着全球 68.70% 的淡水资源，虽然只占地球全部水体的 1.70%，但是它的平均周转期可达 1 万年，因此，它对地球上水循环有着举足轻重的作用（王宗太和苏宏超，2003；谢自楚和刘潮海，2010）。特别地，在中低纬度山区，冰川是河流的重要补给源，对河川径流具有天然调节作用，被称为"固体水库"。冰川融水为冰川下游冲积扇草地、林木植被提供了生态水源，为中下游居民和农业提供了饮用水源和灌溉用水（Hock et al.，2005）。在西北内陆河干旱地区，河流径流主要来自于高山冰雪融水，而冰川消融则受控于气候条件。在干旱少雨年份，冰川融水增多；在湿润多雨年份，冰川融水减少。冰川作为稳定的水资源，不仅是绿洲形成、发展和稳定的基础，而且也是山区生态及其环境必要和有机的组成部分。然而，伴随着冰川的持续消融，冰川水资源及其对河流的调节作用将变得越来越小，直至消失（康尔泗，1983；刘时银等，2006；李忠勤等，2010；姚檀栋和姚治君，2010）。冰川发育于高寒、高海拔冰雪地带，远离人类居住区，空气清新，无污染。目前，冰川水作为高档优质饮用水已得到了迅速的商业开发，形成了包括法国依云（Evian）矿泉水、瑞士 Heidiland 矿泉水、美国阿拉斯加冰川水、加拿大艾斯卡（Eska）冰川水、中国 5100 西藏冰川矿泉水和昆仑山矿泉水等在内的多个品牌。水资源价值的另一个表现形式，就是利用冰川径流进行水力发电。例如，在阿尔卑山区和挪威许多冰川槽谷和峡湾修建了星罗棋布的水库，依托充足的冰川水源和较大的比降进行水力发电，进而带动了冰川区工农业和旅游等产业的快速发展。可以说，冰川水资源价值对于冰川区生态建设、工农业发展具有重要意义。

（五）旅游经济价值

冰川以其雄伟壮丽、多姿多彩的形态和清洁的环境，使其成为一种独特的旅游资源。旅游资源的价值更多地体现在它对人类的吸引程度，激发旅游者旅游的动机，满足人类的体验需求，为旅游业所利用，并由此带来一系列的经济社会效益（MeNeely et al.，1990；UNEP，1993）。冰川旅游资源经济价值依赖于冰川资源被开发利用的程度，在被开发利用之前表现为潜在经济价值，随着资源的开发利用和产品的向外推介，潜在经济价值随之转化为现实的旅游经济价值。冰川旅游资源具有巨大的经济价值，首先包含在不同的旅游开发活动之中，或者说可通过旅游开发后从不同的旅游活动方式中获得旅游产品，然后再加以转化，进而产生出巨大的经济效益。例如，阿尔卑斯山瑞士、意大利、法国、奥地利等国均较早地开发了冰川旅游资源，且为各国带来了巨大的旅游经济价值。目前，冰川景观已成为这个时代最具有旅游开发价值的景观之一。

（六）文化价值

文化价值是指能满足人类精神文化和道德需求的资源价值，体现的是一种美学文化艺术价值。文化价值是冰川旅游资源的"潜在价值"。由于长期的历史文化过程，在高山区许多冰雪山峰受到本土宗教和外来教派的影响，都被赋予了精神价值和文化内涵，且都被认为是不同神灵和精神的物质表现，同时形成了山地居民对其特有的理解和崇拜（Cruikshank，2005）。例如，尼泊尔和印度锡金居民将两国边境的世界第三高峰（干城章嘉峰）认为是一个保佑他们生活幸福安宁的无所不能的神。人们每日里向她顶礼膜拜、祈祷，祈求神赐福于他们。中国青藏高原阿尼玛卿雪山、梅里雪山、冈仁波齐等主要雪峰，同样受到本土宗教和藏传佛教的影响，这些山峰也多成为当地的神山而被顶礼膜拜，有些雪峰还成为整个区域和民族的宗教崇拜物。同时，西北冰川区还与绿洲及极端干旱环境共同承载了该区域厚重的丝绸之路历史文化。古代丝绸之路从长安出发，横贯祁连山冰川区南北廊道，进入新疆维吾尔自治区后，分北、中、南三道向中亚行进，北、中、南三道分别途径天山冰川区南北麓、昆仑山冰川区北麓，最后翻越天山西段冰川区、托木尔峰及汗腾格里峰冰川区、帕米尔冰川区，最终进入中亚、南亚、中东乃至欧洲。其中，西天山及帕米尔冰川区在古代丝绸之路交通上具有重要地位。总之，冰川景观的文化价值主要是以山地旅游文化（文化积淀、科研价值、文化景观等）为载体来满足人类精神文化和道德需求时表现出来的价值。特别地，冰川区特殊的气候条件和地域特性还决定了该区域居民独有的民族特性。例如，中国冰川主要分布有西藏自治区、青海、四川和云南省的藏族、纳西族，以及新疆维吾尔自治区的维吾尔族、哈萨克族、柯尔克孜族和甘肃省的裕固族等，这些民族高度依赖于区域自然环境，面对严寒，在历史长河中逐步形成了独自特有的文化景观和历史赋存，且区域文化分异显著。可以说，冰川文化价值的存在为中国冰川旅游的快速发展提供了坚实的文化基础。

（七）科普、环境教育价值

现代冰川景观及冰斗、冰蚀景观、冰蚀悬谷等古冰川遗迹景观景象万千、内容丰富，是天然的"气候、环境、地质地貌露天博物馆"，具有较高的科普、环境教育价值。游客在观赏和体验冰川及其遗迹的过程中，通过旅游宣传和科普教育活动，不仅可以欣赏到多样的冰川及其地貌景观，而且可以了解和认识冰川、古冰川遗迹的形成、演化等自然现象。同时，冰川旅游资源还具有重要的环境教育价值。环境教育模式包括"关于环境的教育"、"在环境中的教育"、"为了环境的教育"3种类型（Lucas，1972）。通过冰川旅游，使游客亲临冰川，现场感受气候变暖对现代冰川强烈消融的影响，从而培养中青年旅游者的环境价值观和环境审美观，并对其生态环境保护行为产生规范和指导作用。另外，冰川地质遗迹和冰川灾害给人们带来的地质环境教育和对人类作用于环境的非理性行为产生约束。通过现代冰川与古冰川遗迹旅游资源开展各类科普与环境教育，寓教育于冰川观赏和体验之中，将是未来冰川体验旅游开发的重要方向之一。

第三章 世界著名冰川旅游目的地

一、世界冰川资源

地球上的冰川几乎全部存在于远离人类聚居区的南极洲和格陵兰，其余极少部分零星分布于高寒、高海拔地带。1989 年，世界冰川监测服务处（World Glacier Monitoring Service，WGMS）出版了《世界冰川目录》（*World Glacier Inventory*）专辑，统计到全球冰川面积为 15 861 766 km²。其中，中国冰川面积为施雅风院士提供的 56 482 km²。道尔古辛（Долгушин，2000）对这一全球冰川面积数字进行了修正，得到全球冰川总面积为 15 953 967 km²，冰储量为 30 301 196 km³。

据《世界冰川目录》和《中国冰川目录》统计，全球冰川超过 130 000 条，面积为 15 865 756 km²。由于冰川发育的气候和地形条件的差异，地球陆地表面冰川分布极不均衡。其中，南极洲和格陵兰岛冰盖集中了全球冰川面积的 96.60% 和冰体积的 99.60%。北美洲和亚洲冰川面积仅占全球冰川面积的 1.70% 和 1.20%，其他各洲数量极少（表3-1，图3-1）。用冰川覆盖度 [冰川覆

表 3-1 世界七大洲冰川资源分布

地区	冰川面积（km²）	占冰川总面积比例（%）	地区	冰川面积（km²）	占冰川总面积比例（%）
北美洲（除格陵兰外）	276 100	1.7	欧洲（包括北极区诸岛）	53 963	0.3
加拿大（包括北极区诸岛）	200 806		挪威	39 360	
美国（包括阿拉斯加）	75 283		冰岛	11 260	
其他	11		其他	3 343	
亚洲（包括北极区诸岛）	189 201	1.2	南美洲	25 908	0.2
中国	59 406		巴塔哥尼亚高原	18 500	
俄罗斯	58 711		其他	7 408	
巴基斯坦-印度	40 000		非洲	10	
其他	31 084		南极洲（包括南极区诸岛）	13 593 310	85.7
大洋洲	860		格陵兰	1 726 400	10.9
总计	15 865 752km²			100%	

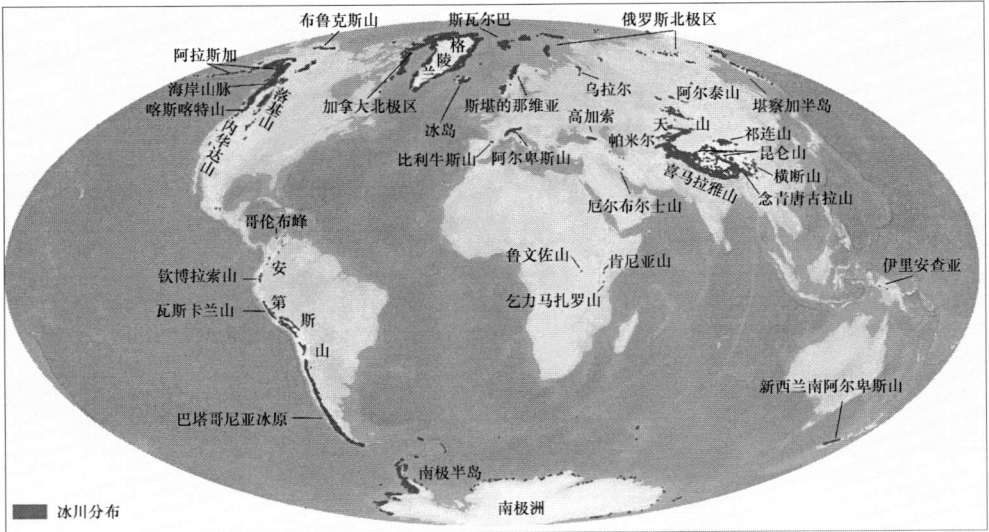

图 3-1 世界冰川空间分布图（据 NASA 图改绘）

盖度是指在某区内，冰川覆盖面积占区域总面积的百分比，（%）]进行对比，则冰川分布的不均衡性更为突出。南极洲的冰川覆盖度为 97.10，格陵兰为 79.30，北美洲为 1.30，欧洲为 0.50，亚洲为 0.40，南美洲为 0.10，大洋洲为 0.01，而非洲冰川分布极少。

世界上的冰川分山地冰川（共 301 594 km²，占 1.90%）和冰盖（共 15 564 162 km²，占 98.10%）两大类（图 2-2）。其中，分布于人类常住地而目前对淡水资源意义最大的是山地冰川。山地冰川 85% 分布在亚洲和北美洲，而其中的 84% 又集中于亚洲高地和北美寒区（刘潮海等，2000；王宗太和苏宏超，2003）。由于南极洲面积（14 051 000 km²）的 96% 被巨大冰雪覆盖，从而使南半球冰川总面积和总体积分别为北半球的 6 倍和 10 倍（谢自楚和刘潮海，2010）。据 IPCC AR5 最新统计（Vaughan et al.，2013），全球山地冰川有 168 331 条，冰川总面积为 726 258 300 km²，冰储量为 113 915×10⁹ ~ 191 879×10⁹ t。总体上，几乎 80% 的冰川集中在南极和亚南极地区、加拿大北极地区、高亚洲地区、阿拉斯加和格陵兰地区（表 3-1）。其中，北半球是全球山地冰川分布最多最广的区域，这里分布有现代冰川 143 450 条，冰川面积为 560 914 500 km²，冰储量为 82 227×10⁹ ~ 141 762×10⁹ t，分别占全球山地冰川总数的 85.22%、77.23% 和 72.20% ~ 73.88%（表 3-1，表 3-2，图 3-1）。

由表 3-2 和图 3-1 可以看出，世界冰川在中低纬度地区数量分布较高纬度地区要多，而冰川面积、冰储量却明显小于高纬度地区（50°）。例如，北半球的加拿大和美国西部、中欧、高加索和中亚中低纬度共计冰川 87 360 条，面积为

137 849 400 km²，冰储量为 9 103×10⁹ ~ 12 900×10⁹ t，而北纬50°以北的高纬地区共分布有冰川 56 090 条，冰川条数少于中低纬度地区，但其冰川面积（423 065 100 km²）和冰储量（72 567×10⁹ ~ 126 759×10⁹ t）却远高于中低纬度地区。南半球中低纬度地区（新西兰和其他低纬地区）共发育冰川 5 613 条，冰川面积为 37 152 200 km²，冰储量为 180×10⁹ ~ 327×10⁹ t，而南纬50°以南高纬度地区则分布有 3 274 条冰川，明显少于中低纬度地区，而冰川面积（132 267 400 km²）和冰储量（27 224×10⁹ ~ 43 772×10⁹ t）则明显高于中低纬度地区。其中，新几内亚地区是亚洲唯一一处位于赤道附近的热带冰川分布区，且主要分布在新几内亚岛查亚峰（大洋洲最高峰，5030 m）周边，截至 2002 年，该地区冰川面积不足 3 km²（Klein and Kincaid，2006）。查亚峰峰顶终年积雪，加之锯齿状石灰岩山体和坚固的岩石北坡，使其成为世界上最难走的徒步线路。非洲冰川分布仅限于低纬度的鲁文佐里山、肯尼亚山和乞力马扎罗山，冰川面积约为 6 km²（Cullen et al.，2006）。

表 3-2 世界各区域冰川资源分布

区域	冰川数量（条）	冰川面积（km²）	占冰川总面积比例（%）	最小冰储量（10⁹ t）	最大冰储量（10⁹ t）
阿拉斯加	23 112	89 267	12.3	16 168	28 021
加拿大和美国西部	15 073	14 503.50	2	906	1 148
加拿大北极北部区域	3 318	103 990.20	14.3	22 366	37 555
加拿大北极南部区域	7 342	40 600.70	5.6	5 510	8 845
格陵兰	13 880	87 125.90	12	10 005	17 146
冰岛	290	10 988.60	1.5	2 390	4 640
斯瓦尔巴德	1 615	33 672.90	4.6	4 821	8 700
斯堪的纳维亚	1 799	2 833.70	0.4	182	290
俄罗斯北极地区	331	51 160.50	7	11 016	21 315
亚洲北部地区	4 403	3 425.60	0.4	109	247
中欧地区	3 920	2 058.10	0.3	109	125
高加索	1 339	1 125.60	0.2	61	72
中亚地区	30 200	64 497.00	8.9	4 531	8 591
南亚西部地区	22 822	33 862.00	4.7	2 900	3 444
南亚东部地区	14 006	21 803.20	3	1 196	1 623
低纬地区	2 601	2 554.70	0.6	109	218
安第斯山　南部地区	15 994	29 361.20	4.5	4 241	6 018
新西兰	3 012	1 160.50	0.2	71	109
南极及亚南极地区	3 274	132 267.4	18.2	27 224	43 772
合计	168 331	726 258	100	113 915	191 879

注：冰川数量及面积数据来自文献 Arendt et al.，2012。冰储量数据来自文献 Huss and Farinotti，2012；Marzeion et al.，2012；Grinsted，2013；Radić et al.，2013；Pfeffer et al.，2014

二、世界冰川旅游资源空间分布

相对于高纬度极地冰川，世界上中低纬度山地冰川具有天然的区位优势与客源市场条件，加之山地垂直景观组合度较高，其冰川旅游开发也较为成熟。大部分著名冰川旅游目的地空间分布基本与冰川资源分布一致，且主要依托于国家公园、自然保护区和滑雪胜地等加以开发。其中，冰川旅游地主要集中于欧洲阿尔卑斯山、冰岛、斯堪的纳维亚半岛，北美洲落基山脉、阿拉斯加，南美洲安第斯山巴塔哥尼亚冰原，亚洲喜马拉雅山脉冰川区、念青唐古拉山、横断山冰川区、帕米尔高原冰川区，大洋洲新西兰南岛库克山冰川区，非洲坦桑尼亚和肯尼亚乞力马扎罗山高山区等。在国家尺度上，则主要集中在美国、加拿大、挪威、冰岛、瑞士、奥地利、新西兰、智利、中国、尼泊尔等（图3-2）。

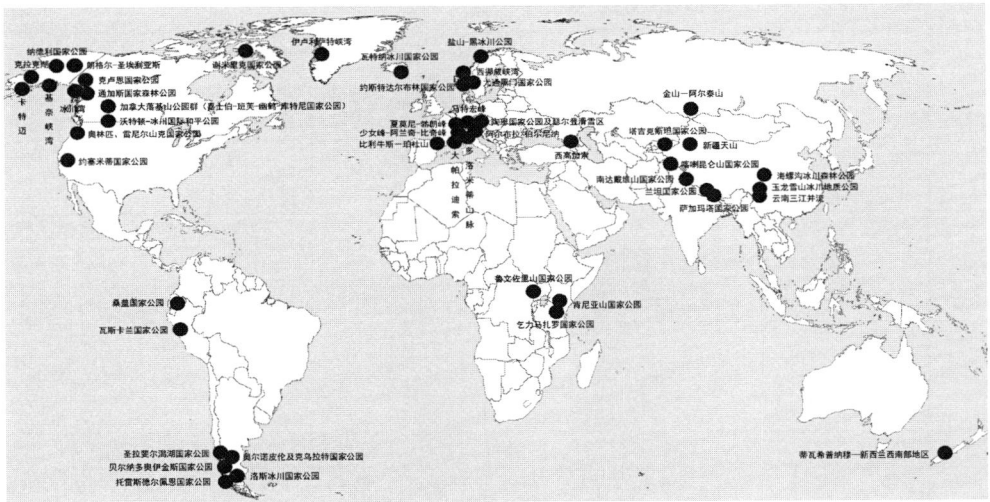

图 3-2　世界上冰川旅游景区空间分布图

冰川旅游地可分为两类：一类是以冰川公园命名的旅游地，如瑞士阿尔卑斯冰川公园、奥地利蒂罗尔冰川公园、美国冰川国家公园、冰川湾国家公园、阿根廷洛斯冰川国家公园、挪威盐山-黑冰川国家公园、冰岛瓦特那川国家公园等。另一类是以冰川为重要吸引物的旅游目的地，如欧洲瑞士阿尔卑斯山少女峰-阿莱奇-比奇峰综合区、马特宏峰冰川景区、阿尔布拉/伯尔尼纳文化景区，奥地利陶恩国家公园，法国埃克兰国家公园，挪威约斯特达尔布林、尤通黑门、哈当厄尔国家公园及西挪威峡湾-盖朗厄尔峡湾和纳柔依峡湾，瑞典拉普兰景区，意大利多洛米蒂山脉、大帕拉迪索国家公园、布雷塞呐冰川滑雪胜地，美国雷尼尔山、奥林匹克、约塞米蒂、麦金莱山、迪纳利、克拉克湖、卡特迈、通加斯、基奈峡湾、兰格尔-圣伊莱亚斯、大提顿国家公园，加拿大沃特顿湖、杰士伯、班芙、幽鹤、谢米里克、古丁尼柏、克卢恩国家公园，智利托雷斯德尔佩恩、贝尔纳多奥伊金斯、奥尔诺皮伦、圣拉斐尔潟湖、阿尔韦托德阿戈斯蒂尼、克乌拉特国家公园，秘鲁瓦斯卡兰国家公园，厄瓜多尔桑盖国家公园，大洋洲新西兰库克山和韦斯特兰国家公园，非洲坦桑尼亚乞力马扎罗国家公园，乌干达鲁文佐里山国家公园，肯尼亚山国家公园，俄罗斯西高加索、金山-阿勒泰山世界自然遗产地，印度南达戴维山国家公园，巴基斯坦喀喇昆仑山国家公园，尼泊尔兰坦、萨迦玛塔国家公园，中国新疆天山及云南三江并流世界自然遗产地、玉龙雪山冰川地质公园、海螺沟冰川森林公园等（图3-2，表3-3）。

表3-3　世界著名冰川旅游景点

冰川景点名称	地理位置	所属景区	景区级别（备注）
敦德柯、卡斯卡乌史冰川	加拿大育空地区	克卢恩国家公园	世界自然遗产
阿萨巴斯卡、天使冰川	加拿大卑诗地区	杰士伯和班芙国家公园	世界自然遗产
伊卢利萨特冰川	格陵兰西部	伊卢利萨特冰湾景区	世界自然遗产
马塔努斯卡冰川	美国阿拉加州	马塔努斯卡冰川国家休憩地	美国驱车最易接近的最大冰川
马拉斯皮纳、白令冰川	美国阿拉加州	兰格尔-圣伊莱亚斯国家公园	世界自然遗产
谬尔、泛太平洋冰川	美国阿拉加州	冰川湾国家公园	世界自然遗产
门登霍尔冰川	美国阿拉加州	通加斯国家森林	世界自然遗产
格林内尔冰川	美国/加拿大	沃特顿-冰川国际和平公园	世界自然遗产
哈伯德、蓝冰川	美国华盛顿州	奥林匹克国家公园	世界自然遗产
瓦特那加库尔冰川	冰岛东南	瓦特那加库尔冰原国家公园	欧洲体积最大、面积第二冰川
约斯特达尔冰川	挪威西南	挪威峡湾	世界自然遗产
斯瓦尔特冰川	挪威诺尔兰郡	斯瓦尔特国家公园	挪威第二大冰川
弗格丰纳冰川	挪威霍达兰郡	弗格丰纳冰川国家公园	挪威第三大冰川
阿莱奇、菲谢尔冰川	瑞士瓦莱州	少女峰-阿莱奇-比奇峰景区	世界自然遗产
戈尔纳冰川	瑞士瓦莱州	马特宏峰冰川天堂	阿尔卑斯山区最大的夏季滑雪区
马尔莫拉达冰川	意大利贝卢诺市	白云石山脉世界自然遗产区	世界自然遗产
佩迪杜山冰川	西班牙阿拉贡区	佩迪杜山国家公园	世界自然遗产
巴斯特泽冰川	奥地利卡林西亚	陶恩国家公园	奥地利和东阿尔卑斯山最长冰川
史度拜冰川	奥地利蒂罗尔州	史度拜峡谷滑雪区	奥地利最大滑雪区

续表

冰川景点名称	地理位置	所属景区	景区级别（备注）
蒂芬巴赫、雷顿巴冰川	奥地利蒂罗尔州	瑟尔登滑雪胜地	世界杯阿尔卑斯滑雪胜地
考纳谷冰川	奥地利蒂罗尔州	考纳山谷滑雪胜地	考纳谷冰川自然公园
皮茨谷冰川	奥地利蒂罗尔州	皮茨山谷滑雪胜地	奥地利最高的滑雪区
辛特宾克斯冰川	奥地利蒂罗尔州	齐勒塔尔国家花园	齐勒塔尔峡谷滑雪胜地
祖格斯皮茨冰川	德国巴伐利亚州	加米斯帕腾基辛滑雪胜地	德国唯一的冰川滑雪区
海冰川	法国阿尔卑斯区	夏莫尼旅游度假区	法国最大冰川
勃朗峰冰川	法国阿尔卑斯区	埃克兰国家公园	国家公园主要景观
兰德莫特冰川	法国阿尔卑斯区	瓦努瓦斯国家公园	法国第一个国家公园主要景点
佩里托·莫雷诺、乌普萨拉、别德马冰川	阿根廷圣克鲁斯省	洛斯冰川国家公园	世界自然遗产
布鲁根冰川	智利麦哲伦省	贝尔纳多·奥希金斯国家公园	智利最大的国家公园
灰冰川、廷德尔冰川	智利麦哲伦省	托雷斯德尔潘恩国家公园	世界生物圈保护区
马里奈丽、帕尼冰川	智利麦哲伦省	阿尔贝托德阿戈斯蒂尼国家公园	世界生物圈保护区
圣金廷、圣拉法埃利冰川	智力艾森省	拉古纳圣拉法利国家公园	世界生物圈保护区
帕斯托琉璃、帕朗冰川	秘鲁安卡甚省	瓦斯卡兰国家公园	世界自然遗产
路易斯冰川	肯尼亚东部省	肯尼亚山国家公园	世界自然遗产
瑞布曼、克勒脱纳冰川	坦桑尼亚乞力马扎罗州	乞力马扎罗山国家公园	世界自然遗产
福克斯、弗朗茨·约瑟夫、塔斯曼冰川	新西兰南岛	蒂瓦希普纳穆	世界自然遗产
大达尔杜林冰川	俄罗斯西伯利亚地区	金山-阿尔泰山	世界自然遗产
恒河冰川	印度乌塔拉坎德邦	恒河国家公园	喜马拉雅山脉最大冰川之一
平达里冰川	印度乌塔拉坎德邦	南达戴维山国家公园	世界自然遗产
孔布、恩沟珠巴冰川	尼泊尔孔布地区	萨迦玛塔国家公园	世界遗产
巴托拉、比亚夫冰川	巴基斯坦吉尔吉特区	喀喇昆仑山国家公园	世界自然遗产
费德钦科冰川	塔吉克斯坦	帕米尔国家公园	世界自然遗产
托木尔冰川	中国新疆维吾尔自治区	新疆天山	世界自然遗产

注：部分翻译参照《英汉冰冻圈科学词汇》一书（秦大河等，2012）

在冰川旅游目的地，一些冰川因独特壮观的景色及其对气候敏感性响应的环境指示意义，其冰川或所属景区已被列入世界生物圈保护区和 UNESCO 世界自然或文化遗产名录，如瑞士阿尔卑斯山少女峰-阿莱奇-比奇峰景区阿莱奇冰川、美加冰川公园马拉斯宾纳冰川（Malaspina glacier）、加拿大洛基山脉国家公园阿萨巴斯卡、阿根廷洛斯冰川国家公园佩里托·莫雷诺冰川、新西兰蒂瓦希普纳穆西南部地区福克斯和弗朗茨·约瑟夫冰川（Franz Josef glacier）、巴基斯坦吉尔吉特红旗拉甫国家公园（Khunjerab national park）巴托拉冰川（Baltoro glacier）及中国新疆天山世界自然遗产中的托木尔冰川等（图 3-2，表 3-3）。

三、世界著名冰川旅游目的地

目前，世界上已形成 100 余处冰川旅游目的地，本书仅选几处冰川旅游地加以扼要介绍，以为中国冰川旅游资源开发提供案例参考。

（一）沃特顿-冰川国际和平公园

沃特顿-冰川国际和平公园（Waterton-glacier International Peace Park）位于美国和加拿大的边境，其北部是加拿大落基山脉自然公园群。该公园由加拿大沃特顿湖国家公园与美国冰川国家公园共同组成。1931 年，根据亚伯达州和蒙大拿州提议，亚伯达州（Alberta）沃特顿湖区国家公园与美国蒙大拿州的冰川国家公园进行合并组成了沃特顿-冰川国际和平公园。1932 年，两个公园合并成为世界上第一个国际和平公园沃特顿-冰川国际和平公园。1995 年，UNESCO 将沃特顿-冰川国际和平公园列入《世界自然遗产名录》。沃特顿-冰川国际和平公园因冰川与冰蚀地貌得名。沃特顿湖是一个冰蚀湖，而冰川国家公园内典型的"U"形谷地形，则是昔日冰川切蚀山谷所留下的遗迹。冰川国家公园（美国国家公园之一）位于蒙大拿州（Montana）与加拿大交界处，被称作"北美大陆分水岭"的落基山脉从北到南贯穿公园中心（图 3-3）。1910 年，冰川国家公园被批为国家公园，面积为 4158.4 km²，因这里曾有 50 条冰川，故得名冰川国家公园。冰川国家公园曾有 150 条冰川，由于全球变暖，如今只剩下 25 条。其中，布莱福特冰川（Braford glacier）位于海拔为 2440 m 的杰克逊山和布莱福特山北坡，是公园最大的冰川，占地约 4.80 km²。冰川国家公园最为人熟悉的景观位于太阳之路（going-to-the-sun road）沿线，包括杰克森冰川（Jackson glacier）、麦当劳湖、圣玛丽湖等。其中，圣玛丽湖长 16 km，是众多湖泊中最美的湖泊，四周为群山环抱。沃特顿湖国家公园位于加拿大亚伯达地区，面积为 4576 km²，邻接美国冰川国家公园，是唯一坐落在落基山和草原交界处的公园。从 200 万年前开始的冰川时期，巨大的冰川刻蚀山岩，形成了两侧岩壁笔直陡峭、底部宽阔的冰川槽谷，以及 650 多个湖泊。沃特顿湖国家公园东南部是沃特顿湖，它因英国自然科学家查尔斯·沃特顿而得名。1865 年，探险家克特奈·布朗发现这一景点。1895 年，这里设立沃特顿国家公园。在沃特顿湖区，冰川侵蚀对地形的塑造起了决定作用，创造出了沃特顿湖区独特的山脉与大草原相连的景观。沃特顿-冰川国际和平公园在近 80 年的发展过程中，冰川-湖泊旅游组团式开发模式已趋于成熟。

图 3-3　沃特顿-冰川国际和平公园（大卫·雷斯蒂沃 摄）

（二）兰格尔-圣伊莱亚斯国家公园和冰川湾国家公园

兰格尔-圣伊莱亚斯国家公园（Wrangell-St. Elias National Park）和冰川湾国家公园（Glacier Bay National Park）位于美国阿拉斯加州东部与加拿大交界处。由于其具有重要的冰川与冰原景观价值，同时又是众多寒带动物，如大灰熊、驯鹿、白大角羊的栖息地，1979 年，与加拿大克卢恩（Kluane）国家公园保护区和塔琴西尼-阿尔塞克国家公园（Kluane, Tatshenshini-Alsek National Park）一起被 UNESCO 列为"世界自然遗产"，总面积达 129 499 km^2。兰格尔-圣伊莱亚斯国家公园和冰川湾国家公园冰川资源众多、规模巨大，其大量的冰川资源和雪峰构成了一幅蔚为壮观的迷人的山地冰雪景致，这里已成为美国和加拿大乃至世界旅游者的向往之地（图 3-4）。

图 3-4　兰格尔-圣伊莱亚斯国家公园冰川景观（梁广俊 摄）

兰格尔-圣伊莱亚斯国家公园位于阿拉斯加州东南部、安克雷奇以东，公园介于兰格尔山脉和圣伊莱亚斯山脉交汇的地方，面积达 53321.16 km²，是美国最大的国家公园，面积是黄石国家公园的 6 倍，公园内最大的冰川——马拉斯皮纳冰川（Malaspina glacier）面积几乎与整个罗得岛州相当。这里还是 3 条山脉的交会处，形成犬牙交错的山峰、美丽的河谷和巨大的冰川群，而从北面延伸而来的巨大的兰格尔山系则是这座国家公园的脊梁，由此，兰格尔-圣伊莱亚斯地区被冠以"北美山国"的美誉。公园内还有美国境内 16 座最高峰中的 8 座，150 多条冰川，有 4 座山峰的高度超过了 4800 m。其中，包括美国第二高峰、世界上最高的沿海山脉圣伊莱亚斯峰（Mount St. Elias, 5500 m）（图 3-4）。从兰格尔-圣伊莱亚斯国家公园到安克雷奇（Anchorage）4 号公路沿途有雪山、冰川、瀑布景观。圣伊莱亚斯山延伸到保护区大部分地区，拥有很多高大山峰，其中包括海拔 5959 m 的落基山脉，其为加拿大境内最高的山脉。湿润的太平洋季风带来了大量降水和降雪，形成了丰富的冰雪资源，如北美最大冰原巴格雷冰原（Bagley icefield），以及著名冰川景观肯尼卡特冰川（Kennicott glacier）与露特冰川（Root glacier）等。

冰川湾国家公园，占地面积为 13000 km²，这里是世界上入海冰川（tidewater glacier）最集中的地方，整个公园包含多条入海冰川，占世界同类冰川总数的一半。海湾东面是奇凯山脉（Chilkat range），西面是菲尔维特山脉（Fairweather range），两者均为冰川源头。1794 年，探险家乔治·温哥华（George Vancouver）到达现今的冰河湾海湾入口处，看到一片冰原。1897 年，自然学家约翰·谬尔（John Muir）发现这片冰原已向北退缩 77 km，1916 年，进一步退缩 28 km，海湾逐年增大。1925 年，此处变为国家纪念公园，目的在于保护冰川环境和当地植被，以用于大众娱乐、科学探索和历史研究。1979 年，冰川湾被 UNESCO 列为"世界自然遗产"。1980 年，冰川湾升格为国家公园。1986 年，此处又被 UNESCO 列为"世界生物圈保护区"，面积为 13 287 km²，这里拥有丰富的自然景观和完整的生态系统，典型的冰川作用形成了迷人的地貌景色。绵延高山、环抱着避风港的海滩和峡湾，以及入海冰川都是这一地区的特色景观（图 3-5）。

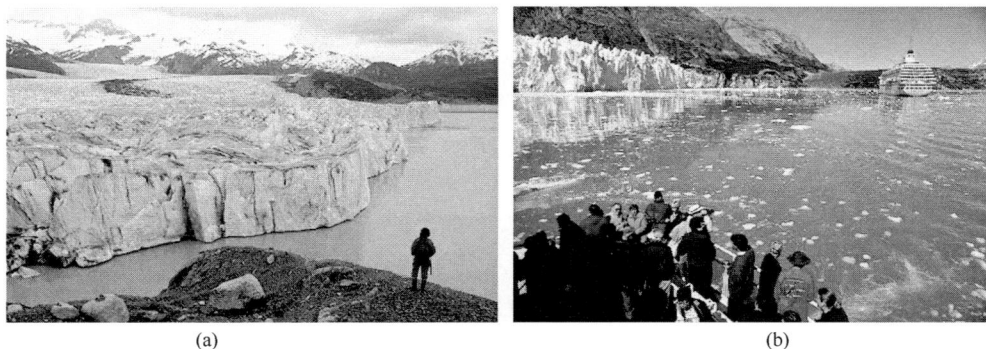

(a)　　　　　　　　　　　　　　　　(b)

图 3-5　冰川湾国家公园冰川景观（金·赫克斯 摄）

冰川湾是一个深入内陆长达 105 km 多岔的大峡湾，两岸高山林立，其间针叶林密布。山顶终年积雪，从高山留下 16 条数千米长的冰川。在最近的地质年代中，公园经历了 4 次大的变化。两个世纪以前，该湾曾经是大西洋冰川，在 200 年的时间里，它以前所未有退缩速度消失了近 95 km。冰川的消融产生了 20 多个分离的小型支冰川。整个冰川湾国家公园拥有 18 处冰川、12 处海岸冰川地形、著名冰川景点，如泛太平洋冰川（Grand Pacific glacier）、马杰瑞冰川（Margerie glacier）和谬尔冰川（Muir glacier）（图 3-5）。其中，谬尔冰川位于冰河湾内，在阿拉斯加北端突出的地方，它是以科学家谬尔的名字命名的。冰川湾边缘地带还分布有更多小的峡湾。随着冰川的持续后退，退缩迹地很快被多样植被替代。除冰川外，冰川湾野生动物也深深吸引着游客。冰川湾国家公园道路较少，主要游览方式是通过游船或飞机游览，尽管如此，平均每年参观冰川湾国家公园的游客仍然达到 30 万人次，冰川旅游项目有冰川徒步、冰川游轮巡游、冰川高空鸟瞰等。

（三）加拿大落基山脉自然公园群

加拿大落基山脉自然公园群（Canadian Rocky Mountain Parks）坐落于加拿大段落基山脉，包括 4 个加拿大国家公园：班芙（Banff）国家公园、杰士伯（Jasper）国家公园、库特尼（Kootenay）国家公园、幽鹤（Yoho）国家公园，以及汉博（Hamber）省立公园、阿西尼博因山（Mount Assiniboine）省立公园、罗伯森山（Mount Robson）省立公园。1984 年，由于其众多的山峰、冰川、湖泊、瀑布、峡谷、石灰岩洞穴、化石资源与自然景观，7 个公园被 UNESCO 联合列为"世界自然遗产"。

班芙国家公园建于 1885 年，面积为 6680 km²，坐落于落基山脉北段，隶属于加拿大阿尔伯塔省，是加拿大第一个和历史最悠久的国家公园。班芙国家公园以冰峰、冰原、冰川、湖泊、高山草原和温泉而著称，公园拥有数量众多的大型冰川和冰原，其中有不少冰川可以通过冰原公路到达。瓦普堤克冰原（Waputik icefield）和瓦普塔冰原（Wapta icefield）则位于班芙和幽鹤国家公园边界，从冰原公路还可以看到鸦爪冰川（Crowfoot glacier）、赫克托冰川（Hector glacier）和佩托冰川（Peyto glacier）。加拿大太平洋铁路是早期通往班芙国家公园的游览方式，太平洋铁路集团在公园内建造了班芙温泉酒店和路易斯湖城堡酒店，吸引了大量游客前往。班芙国家公园是阿尔伯塔省最受欢迎的旅游地点，也是北美洲游客最多的国家公园之一。20 世纪 90 年代中期，加拿大公园管理局启动了一个为期两年的研究项目，颁布了一系列措施，试图控制游客数量，以保护生态环境。目前，公园管理策略已从开发转向了环境保护。杰士伯国家公园则位于落基山脉最北边，占地面积高达 10878 km²，1930 年，通过了加拿大国家森林规定成为国家公园。2004 年，共有 190 万名游客到访杰士伯国家公园。"冰原大道"（icefield parkway）（93 号公路）是连接班芙、杰士伯、幽鹤 3 个国家公园的必经之路，被视为北美最美丽的公路之一，沿途可以看到雪峰、冰川、瀑布、湖泊、草原等自然景观的景象变化，也可以观赏野生动物，其景色景致美轮美奂。

哥伦比亚冰原位于班芙、杰士伯国家公园交汇处，共有 8 条冰川，最为人熟识的便是"冰原大道"西侧的阿萨巴斯卡，长为 5.30 km，落差为 600 m。阿萨巴斯卡冰川与游客中心距离冰原大道不足 1.60 km，遥遥相望。阿萨巴斯卡冰川是北美唯一开放、让游客转搭雪车（冰原探险号）去一睹芳泽的冰川，游客可以观赏冰瀑，还可以进行履冰体验（附录四）。目前，哥伦比亚冰原旅游、攀冰及滑雪旅游已经成为落基山脉最为著名的游览项目。其中，在阿萨巴斯卡坡面上 5 km 的冰川徒步探险旅游是加拿大杰士伯公园最为流行的旅游项目，旅游者可以看到令人惊叹的冰裂隙和冰面细流（Hall and Higham，2005）。

（四）阿根廷洛斯冰川国家公园

洛斯冰川国家公园（Los Glaciers National Park）位于阿根廷圣克鲁斯（Santa Cruz）省西南部的安第斯山区巴塔哥尼亚冰原，除南极洲和格陵兰外，这里是世界上最大的终年积雪地，公园占地 2600 km²，分布有 300 余条冰川，公园以现代冰川、冰蚀湖景观为特征，其中 13 条冰川融水流向大西洋。洛斯冰川国家公园距离圣克鲁斯省卡拉法特（Calafate）80 km，卡拉法特有通往首都布宜诺斯艾利斯（Buenos Aires）的航班。其中，佩里托·莫雷诺冰川（Perito Moreno glacier），长约 30 km，总面积达 257 km²，是人类可直接抵达和近距离观赏的少数冰川之一（图 3-6）。佩里托·莫雷诺冰川犹如一条巨大冰舌，伸进巴塔哥尼亚高原上的阿根廷湖（Argentina Lake）。阿根廷湖面积为 1414 km²，最深达 250 m，是阿根廷最大的冰湖泊。阿根廷湖清澈如镜，附近雪峰环抱，山坡森林茂密，景色雄伟壮丽，为世界上著名的冰川-湖泊旅游度假胜地。阿根廷湖以浮冰景观而闻名，来自周边 150 多条冰川的冰崩体在湖面千姿百态，恰似洁白玉立的冰山雕塑。在阳光下，闪烁耀眼、透明晶莹。在冰川公园，最为出名的旅游项目是在阿根廷湖隔岸欣赏佩里托·莫雷诺冰川宽 5 km、高 74 m 的末端冰崩胜景（相当于 20 层楼高）。冰川公园最大冰川乌普萨拉冰川（Uppsala glacier）（除极圈外世界上最大冰川，长约 70 km）。游客可乘坐游轮直达乌普萨拉冰川前端，同时，可以骑马或乘坐当地乌尼莫克（用于各种地面行走的专用车）行至冰川观景台，一览乌普萨拉冰川的风貌。乌普萨拉冰川延伸至阿根廷湖北端，常有澄蓝的巨大冰体流入湖中。公园比较出名的景点还包括别德马冰川（Viedma glacier）、斯佩加西亚冰川（Spegazzini glacier）和别德马湖（Viedma Lake）等。

1937 年，阿根廷政府颁布法令，在这里建立国家冰川公园。1971 年，正式

图 3-6 阿根廷佩里托·莫雷诺冰川及冰墙景观（www.embark.org）

限定了目前冰川国家公园的地域范围。1981 年，UNESCO 根据其独特的自然景观以及冰川学、地貌学价值和淡水资源价值，正式将其列为《世界自然遗产》。世界遗产委员会描述：冰川国家公园风景秀美，峰峦叠嶂，冰湖泊星罗棋布，其中包括长达 160 km 的阿根廷湖。在遥远的源头，三川汇流，奔涌注入奶白色冰水之中，将硕大的冰块冲到湖里，冰块撞击如雷声轰鸣，蔚为壮观。冰川公园佩里托·莫雷诺冰川是世界上为数不多的对普通游客开放的冰川，游客可直接登临冰川，感知和体验冰川的神奇奥妙。冰川国家公园管理处主要提供了两条不同的冰川观赏路径。一是，通过巨大的吊车把游客载到高达 300 m 高处的佩里托·莫雷诺冰川观景台。此时，巨大的冰川仿佛迫在眼前，一些冰山从身边飘浮而过。冰川末端陡峭的令人难以置信，冰川内部因承受巨大的压力而出现了许多的断裂（图 3-6）。二是，在佩里托·莫雷诺冰川前进方向的一条绝壁上攀登，冰川公园服务机构在这一地区设置了几条人行便道，以便游客领略不同位置冰川的壮美景观。经过人行道还可使游客近距离观赏冰川底部和内部景观，同时，还可以登临冰川表面，进行履冰体验。

（五）瑞士少女峰-阿莱奇-比奇峰综合区

少女峰-阿莱奇-比奇峰综合区（Swiss Alps Jungfrau-Aletsch）位于瑞士伯尔尼及瓦莱州南部伯尔尼高地，是欧洲阿尔卑斯山区最大的冰川区。该区分布有 9 座山峰，海拔超过 4000 m，冰川面积达 350 km²。少女峰（Jungfrau，4158 m），欧洲著名山峰，位于瑞士伯尔尼省境内，属阿尔卑斯山脉部分，这里是游客一年四季赏雪的最佳地点之一。1811年，少女峰首次被征服。1912年，少女峰齿轮火车（Jungfraubahn）通车，电车采用斯特伯（Strub）齿轨铁路，最大坡度高达250‰，四分之三左右路段是在冰川底下隧道岩壁里通过。火车终点站为少女峰站（Jungfraujoch），它为全欧洲海拔最高的火车站，海拔为3454 m，下车处有一块"欧洲之巅"（top of Europe）的立牌，吸引许多人在此地留念拍照。少女峰齿轮火车最主要的路段是海拔2016 m小谢尔德格至少女峰站9.30 km路段，两站之间高度相差1393 m。1996年，少女峰启用了欧洲最高的观景台及瑞士最快速的升降机（110 m垂直高度，25 s抵达）。游人可搭乘升降机直上海拔3571 m的史芬克斯观景（Sphinx observation）大厅与平台，那是全欧洲最高的天文台（图3-7）。在此观景台，游客可以远眺法国境内的孚日雪山（Vosges）及德国境内的黑森林（black forest）。冰川铁路与升降机新技术的使用，极大地改进了冰川旅游设施，使得每年运送大批游客登临山顶。目前，少女峰上部还建有冰川餐厅、夏季滑雪与各式雪上运动乐园、犬拉雪橇、气象观测站、研究站等旅游配套设施。在斯芬克斯和普拉特观景台，可观赏阿尔卑斯山惊心动魄的全景图——阿莱奇冰川（Great Aletsch glacier），长为23.50 km，覆盖面积达130 km²，雄奇壮观，它是阿尔卑斯山中最大最长的冰川，从少女峰地区一直延伸到罗纳山谷，宽阔的冰川，与岸边树林、鲜花相映成趣，从而构成了世界上最美的阿尔卑斯山高山带风景。在这里，游客还可以亲身前往在冰川下凿建出来的超级冰宫，体验冰川内部世界。

图3-7 少女峰-阿莱奇-比奇峰综合区
山顶建筑为史芬克斯观景大厅，前方为阿莱奇冰川

2001年，UNESCO把少女峰-阿莱奇冰川-比奇峰综合区列为"世界自然遗产"。2007年，扩大其范围，并更名为"瑞士阿尔卑斯少女峰-阿莱奇-比奇峰综合区"。世界遗产遴选的主要理由如下：①综合区是阿尔卑斯冰蚀现象最显著的区域，对于研究冰川历史和形成过程，特别是相关的气候变化具有重要的科学意义。②壮观景色在欧洲艺术和文学中占有重要的一席之地，是登山运动的良好场地，为旅游事业的发展提供了无数的机会。美丽的阿莱奇冰川吸引了来自世界各地的游客，它成为世界公认的最佳观光山区之一。朱自清先生曾慕名到此，并写

文章称颂："起初以为有些好风景而已，到了那里才知道无处不是好风景。"目前，少女峰-阿莱奇-比奇峰综合区已成为欧洲乃至全世界游客到欧洲的必到之处，主要旅游项目包括滑雪、登山、冰川游览、冰川体验、冰洞体验及冰川滑雪等。

（六）丹麦格陵兰伊卢利萨特冰湾

伊卢利萨特冰湾（Ilulissat icefjord, or Sermeq Kujalleq）位于丹麦格陵兰岛的西海岸，北极圈以北约250 km。该冰湾是少数几个通过格陵兰冰盖入海的冰川出海口之一，也是世上最活跃的冰川之一。2004 年，它被列为"世界自然遗产"。伊卢利萨特冰湾长40 km，从格陵兰内陆冰帽向西流到接近伊卢利萨特市镇的迪斯科湾。巨大的冰层从雅各布港冰川（Jacobshavn glacier）中崩裂分离，被公认为是世界上最漂亮和最让人难忘的地方之一（图3-8）。伊卢利萨特冰湾较容易抵达，其冰川旅游已成为该地区主要的经济支柱产业。伊卢利萨特是格陵兰的第三大定居地，人口约4000 人。市镇在格陵兰西岸的中部，北纬69°，北极圈以北200 km。伊卢利萨特的丹麦语名字雅各布港也广为人知。伊卢利萨特按格陵兰语直译是"冰山"。伊卢利萨特是格陵兰最受欢迎的旅游地点，因为附近有绚丽的伊卢利萨特冰峡湾。著名极地探险家克努兹·拉斯穆森（Knud Rasmussen）生于伊卢利萨特，他在定居地中心的童年住所，现在是他的纪念博物馆。

图3-8　格陵兰岛伊卢利萨特冰湾景色（www. greenland. com）

伊卢利萨特冰湾在东面的源头是雅各布港冰川，它像一条狭长的冰舌沿格陵兰岛西海岸向海洋延伸开去，它是北半球流量最大的冰川。冰川每天流动20～35 m，每年200 亿 t冰山崩裂并排出峡湾。这些冰山很多都很庞大，有时要等待多年才被峡湾上游流出的冰川和冰山的力量冲破。破裂冰山流出大海后，初时顺着海流往北，再转向南流入大西洋。较大的冰山通常要到北纬40°～45°才融化

（比英国更南）。冰川外流了格陵兰岛冰盖的大部分水源，其对世界海平面上升贡献巨大。据 IPCC（2013），格陵兰冰盖自 1992 年以来物质亏损率呈加速态势，平均物质亏损率很有可能从 1992~2001 年的 34Gt[①]/a（-6~74GT/a）[海平面当量，0.09mm/a（-0.02~0.20mm/a）] 增加到了 2002~2011 年的 215Gt/a（157~274Gt/a）[0.59mm/a（0.43~0.76mm/a）]。巨大的格陵兰冰原，以及快速移动的冰流，流入被冰山所覆盖的峡湾，这是只有在格陵兰岛和南极才能看到的景象。此外，在此还可以进行冰川远足，参观世界遗址——冰峡湾（icefjord），或乘坐狗拉雪橇，抑或乘船游览冰川等旅游活动。伊卢利萨特冰湾为科学家和游客提供了近距离观察和研究冰川从冰原上崩解至流入峡湾全过程的条件。

（七）尼泊尔萨迦玛塔和兰坦国家公园

萨迦玛塔国家公园（Samarghata National Park）位于尼泊尔加德满都东北部、世界最高峰珠穆朗玛峰南麓，面积为 1244 km²。公园大部分海拔高于 3000 m，地形崎岖，有雪峰、冰川、峡谷，当地人称该区域为"昆布（Khumbu）"，这里是有名的夏尔巴人的故乡。当地夏尔巴人常协助许多登山队登临珠穆朗玛峰及周边山峰，他们主要从事登山和探险旅游产业，现已成为他们生计的支柱。萨迦玛塔国家公园气候宜人，夏无酷暑，冬无严寒，终年阳光灿烂，四季如春。四周群山气魄雄伟，冰峰林立。1951 年，该区域成立国家公园。1979 年，尼泊尔萨迦玛塔国家公园被 UNESCO 列为首批"世界自然与文化遗产"，它更是尼泊尔的旅游胜地，北部与中国珠穆朗玛峰国家级自然保护区相连。"萨迦玛塔"是"珠穆朗玛峰"的尼泊尔名称，意思是"高达天庭的山峰"，那里还有伸入深谷规模巨大的冰川。萨迦玛塔国家公园除珠穆朗玛峰外，还有洛子峰（Lhotse，世界第四高峰，8516 m）、卓奥友峰（Cho Oyu，世界第六高峰，8201 m）等海拔超过 7000 m 的 7 座高山，同时，分布有数量众多的冰川深谷，成为世界上海拔最高的国家公园。公园主要景点包括珠穆朗玛峰、昆布冰川（Khumbu glacier）、恩沟珠巴冰川（Ngozumba glacier）（尼泊尔最长最大冰川）、洛子峰、马卡鲁峰，以及日照金山和佛光普照等景象。

兰坦（又称朗塘）国家公园（Langtang National Park）位于尼泊尔加德满都以北喜马拉雅山南坡高山带，是尼泊尔两大水系翠苏里河（Trisuli）和逊科西河（Sun Kosi）的上游区域。公园最高至朗塘峰 7225 m，有许多冰川末端伸到海拔 4000 m 左右，接近或伸入森林带。最低海拔至 1500 m 峡谷，冰川融水经翠苏里河、逊科西河流入恒河。兰坦国家公园南缘距加德满都约 40 km，是距离首都最近的高地公园，占地为 1710 km²，与其他喜马拉雅山自然公园一样，对兰坦公园

---

① 1 Gt＝10⁹ t。

的欣赏主要用徒步来完成。据研究（郑本兴，1984），兰坦国家公园现有现代冰川约110条，面积为307.78 km²，占本区山地面积的19%，属于海洋性冰川。其中，兰坦河谷的冰川有30条，面积为170.08 km²，包括7条悬冰川，1条坡面冰川，9条冰斗冰川，4条峡谷冰川，7条山谷冰川和2条平顶冰川。本区超过5 km长的冰川共10条，最大的为兰坦冰川（Langtang glacier），它发育于希夏邦马峰（海拔8012 m）西面海拔7205 m高峰之南坡，长为20 km，末端海拔为4400 m，粒雪线海拔为5560 m，冰川面积为58.87 km²，由6条支冰川直接汇入，多以雪崩方式补给冰川，并带来许多岩屑物质。喜马拉雅山南坡降水多，据日本设在康景的冰川站（海拔3840 m处）资料，1985~1986年的年降水量达941 mm。在中低山的最大降水带，年降水量可达3000~4000 mm。山区森林茂密，四季山花竞放，飞泉瀑布，自然景观多样，从热带雨林、常绿阔叶林、针阔混交林、针叶林、高山灌丛草甸带直到冰雪带均有分布。兰坦国家公园以翠苏里河上游兰坦谷地为主，面积为1710 km²。兰坦谷地居民主要为舍番族。从加德满都（海拔1310 m）一天可达边境重镇栋切（海拔1950 m），然后，步行4日经过夏布鲁-马拉饭店-兰坦村，到康景村（海拔3749 m），在此可以到附近冰川观光、体验。目前，兰坦国家公园已成为国际登山、探险、科考和旅游观光的重要目的地。

四、中国典型冰川旅游目的地

（一）"七一"冰川旅游景区

祁连山是中国最早进行系统冰川考察研究的山区，而"七一"冰川是中国冰川研究的发源地。"七一"冰川位于甘肃省嘉峪关市西南约150 km的张掖市肃南县祁丰藏族乡的祁连山腹地。早在1912年时，马尔克·奥莱尔·斯坦因（Marc Aurel Stein）和俄国探险家也曾到过祁连山主峰一带探险考察，在他们的探险笔记里曾有对其的记述。1958年，中国科学院高山冰雪利用研究队首次发现位于祁连山讨赖河支流柳沟泉源头的"七一"冰川，因正值中国共产党诞辰纪念日，故名。"七一"冰川的发现和考察，标志着中国填补了一项科学研究的空白，其有着特殊的意义。祁连山有大小冰川3000多条，冰川储量达11 454×10⁸ km³，而"七一"冰川是祁连山众多冰川中离城市最近的冰川之一，有着极大的旅游开发价值。1986年，嘉峪关市将"七一"冰川列为旅游景区，占地为10 km²。其中，4 km²的冰川面积可进行旅游观光，其开发为冰川旅游景点已有20余年历史，是中国第一个早期开发的冰川旅游点。"七一"冰川曾以"亚洲距离城市最近的可游览冰川之一"被编入了部分高等院校旅游专业的教科书（图3-9）。"七一"冰川海拔为4300 m，冰川面积约 5 km²，平均厚度约 70 m，是中国典型的大陆型山谷冰川。"七一"冰川景观独特，远似银河倒挂、白练悬垂，近看则冰舌斜伸、冰墙矗立。夏秋季节，冰舌处雪消融，水流四注，瀑布飞泻，声震山谷。由于冰川海拔较高，游客登临时常在一日之内遇阴、晴、雨、雪等天气。

图 3-9　甘肃省嘉峪关市"七一"冰川景观（王政德 摄）

随着西部大开发进程和西部旅游的快速发展，嘉峪关市政府投资修筑从省道 S215 至山脚下高山营地（海拔 3700 m）约 10 km 的砂石路，修建了 1000 m² 的停车场和 180 m 的步行台阶，并对近 2 km 登山道路进行了修缮。游客从高山营地向前行进 5 km 即可到达海拔 4300 m 的冰川末端。冰川末端树立着"青山不老，为雪白头"的纪念碑。游客可从专门登山小道登临冰川。同时，政府在高山营地修建了占地 545.80 m² 的"冰川环保探险旅游服务中心"，内设接待室、急救室、工作室、厨房、餐厅和客房，配备有发电机和全套的住宿接待设施，使冰川景区基础设施和接待服务功能得到了初步改善。近几年，嘉峪关市政府对"七一"冰川旅游区道路等基础设施进行进一步提升，对其产品进行了深度开发和包装，其已成为丝绸之路甘新段登山探险、猎奇览胜、避暑休闲、科考研究等旅游活动的重要场所，更是嘉峪关市旅游产业体系的重要组成部分。"七一"冰川现以它雄伟气势和独特风姿吸引着国内外越来越多的旅游者前来拜访。

（二）贡嘎山海螺沟冰川森林公园

海螺沟冰川森林公园，位于四川西南横断山脉的贡嘎山，是国家重点风景名胜保护区。贡嘎山区共有现代冰川 74 条，面积为 255.10 km²，超过 10 km 长的冰川有 5 条。东坡海螺沟冰川长为 13.10 km，末端海拔为 2940 m，冰川面积为 23.7 km²，中部有高差达 1080 m 的大冰瀑，冰瀑坡度为 22°~42°，冰瀑脚下形成波浪式的"冰川弧拱"，大冰瀑与冰川弧拱是该冰川的一大奇观（图 3-10）。冰面上有冰桌、冰蘑菇、冰井等冰川雕塑。冰下河道直达冰川末端，形成一个融水汹涌外流的大冰洞。冰川下部绕行于原始森林中，成为青藏高原东部最大的海洋型冰川。贡嘎山地区因其特殊地质背景和地理位置、大规模的季风海洋型冰川群和原生性很强的高山生态系统等因素，历来为国际地学界及生物学界所瞩目。自19世纪下半叶以来，先后有司希尼（Szeeheny，1877～1880年）、莱德（Ryder，1878年）、叶长青（1922～1923年）、韩墨（Heim，1930年）、维斯曼（Wissmann，20世纪30年代）、魏大明（1930年）、伯索尔（Burdsall，1932年）、任乃强（1934～1935年）、安德森（Anderson，1937年）、李承三与郭令智（1938年）、崔之久（1957年）、陈富斌（1973年，1980年，1982年，1984～1996年）、李钟武、王明龙（1980年）等科学家到贡嘎山地区进行地学调研和考察，并取得了一系列重要的科研成果。1981年，由中国科学院兰州冰川冻土研究所和兰州大学地理系人员组成的青藏高原综合考察队冰川组对贡嘎山冰川、冻土、积雪、古冰川遗迹等做了历时4年的野外调查和定位观测。1979～1980年，中国科学院成都山地灾害与环境研究所组织了贡嘎山地理考察（钟祥浩，2002）。由于贡嘎山生物群落和生态系统的多样性和复杂性具有的重要科学价值，中国科学院成都生物研究所刘照光、印开蒲研究员等分别于1979年、1981年提出了建立贡嘎山自然保护区的建议。

图 3-10　四川省甘孜州海螺沟冰川森林公园海螺沟冰川（王世金 摄）

1984年，中国科学院成都山地灾害与环境研究所陈富斌研究员提出了"把贡嘎山建成完善的高山旅游系统，在主峰周围建立东坡的海螺沟冰川、西坡的贡巴冰川观赏地"的建议。1985年，四川省泸定县人民政府致函中国科学院成都山地灾害与环境研究所进行《泸定县海螺沟旅游资源考察评价报告》的调研与撰写。1986

年，四川省政府将其审定为省级重点风景名胜区，并申报国家级风景名胜区，翌年派出由省旅游局与省住房与城乡建设委员会联合组成的开发考察组作出了科学规划、积极开发的决定。1987 年，中国科学院成都山地灾害与环境研究所开展了多项有关贡嘎山（海螺沟）资源合理利用与环境保护的专题研究。1988 年，中国科学院批准成立了"中国科学院贡嘎山高山生态系统观测试验站"。同年，国务院批准建立贡嘎山国家级自然保护区和贡嘎山国家级重点风景名胜区。1998 年，贡嘎山现代冰川有限公司与甘孜州政府共同开发了海螺沟冰川公园，遵循"高速度、高起点、高标准、高品位"的开发原则，对公园进行了大规模的基础设施和旅游服务设施建设。同年，二郎山隧道正式贯通，使以往一直制约冰川公园发展的交通瓶颈障碍得以解决。2001 年，经国家旅游局评审认证，它被列为国家首批 4A 级旅游区之一。2002 年，由四川省政府出面协调，成立了新的海螺沟冰川公园管理委员会。海螺沟冰川森林公园是贡嘎山风景名胜区的主景区，公园雪山、冰川、原始森林和大流量的沸、热、温、冷泉是其四大特色。海螺沟冰川公园作为全国少数几个冰川国家公园之一，其旅游资源特色鲜明，品位极高，冰川旅游开发在国内较早且较为成熟。目前，海螺沟冰川旅游资源开发已经具有一定规模，初步形成了奇特的冰川旅游文化，且开辟了雪山冰川观光游、索道冰川观光、原始森林游等旅游项目，对促进当地经济社会发展起到了积极作用。

（三）玉龙雪山冰川地质公园

雄伟的玉龙雪山和相伴其旁奔腾而过的金沙江，以其壮丽的高山景色与丰富的植物资源吸引了近代中外学者和旅游者慕名前来探奇览胜。19 世纪 70 年代，法国作家保尔西首次赴丽江这块旅游处女地，对玉龙雪山植物资源等自然景观进行了描述，成为第一个亲临玉龙雪山的西方人士。1922 ~ 1935 年，美籍植物学家约瑟夫·洛克在美国《国家地理》发表记录玉龙雪山、梅里雪山等地的文章。1933 年，美籍英国作家詹姆斯·希尔顿（James Hilton）出版《消失的地平线》，后经好莱坞搬上银幕，其雪山、冰川、森林、高山草甸、湖泊、峡谷、喇嘛寺景观美轮美奂，使藏东南、滇西北香格里拉生物功能圈，包括西藏自治区林芝地区，云南省迪庆藏族自治州（简称迪庆州）、丽江市，四川省甘孜藏族自治州、凉山彝族自治州和阿坝藏族羌族自治州（简称甘孜州、凉山州和阿坝州）世界闻名。之后，一些学者和探险家，如英国植物学家金顿·瓦尔德（Ward，1937 年，1960 年）、约瑟夫·洛克（Rock，1947 年）就到此进行探险和考察并报道了玉龙雪山现代雪线位置以及某些冰川末端的高度和形态（约瑟夫·洛克，1994；Rock，2006）。20 世纪 50 ~ 60 年代，中国学者任美锷、罗来兴等科学家开始对玉龙雪山冰川进行了比较系统的考察并报道了玉龙雪山现代冰川和第四纪地貌。1959 年，南水北调综合考察队到丽江进行冰川、水资源、森林资源、地貌、气候等自然资源的科学考察。1981 ~ 1983 年，中国科学院青藏高原综合科学考察队到横断山地区进行了多学科的科学考察，并出版了系列专著（张荣祖等，1997）。1982年，中国科学院青藏高原综合科学考察队冰川组对玉龙雪山的现代冰川、气候、积雪、古冰川遗迹等进行了比较系统的野外考察和短期定位观测（李吉均和苏珍，1996）。1991年，玉龙雪山冰川旅游开发正式开始，中共丽江地区党委和丽江地区行署成立了玉龙雪山旅游领导小组，对玉龙雪山国家级风景名胜区1033 km² 区域内的旅游资源做了有史以来的第一次普查，并编制了《玉龙雪山度假区规划》和《玉龙雪山开发区建设可行性报告》。1992年，云南省政府批准丽江玉龙雪山旅游开发区为省级开发区。1994年，成立玉龙雪山省级旅游区旅游开发总公司。1996年，丽江玉龙雪山省级旅游开发区管理委员会宣告成立。1997年，《玉龙雪山冰川公园旅游资源调查、规划和深层次开发》项目研究正式启动，针对本地冰川旅游开发需要，中国科学院地质研究所项目组对玉龙雪山地区的现代冰川分布，第四纪古冰川作用、地貌特征、变化及冰川旅游价值进行了较详细的总结研究。1998年，玉龙雪山旅游索道投入运行，使冰川景观正式展现在了游客眼前。

2001年，玉龙雪山景区被评为国家首批4A级景区，并与瑞士阿尔卑斯山马特宏峰结为姊妹峰。2004年，玉龙雪山省级旅游区旅游开发总公司改制为玉龙雪山旅游区旅游开发有限责任公司，并在深圳证券交易所成功上市，成为云南旅游第一股。2006年，玉龙雪山省级旅游开发区管理委员会和中国科学院寒区旱区环境与工程研究所共同建立了"玉龙雪山冰川与环境观测研究站"，其台站以中国季风海洋型冰川和低纬度高山生态环境观测为主，同时兼顾玉龙雪山冰川旅游资源的保护性开发研究，对于了解全球变化的区域冰川动态响应、冰川水资源保护、生态环境演变等具有非常重要的意义（王世金等，2008）。2007年，玉龙雪山景区实现首批国家5A级景区的创建目标，并获得云南省"海内外游客最向往的景区"、"欧洲人最喜爱的中国十大景区"等50多项荣誉。2008年，景区推出"大玉龙"旅游品牌，整合周边6个景点的经营权。同年，景区被列为国家级重点风景名胜区环境综合整治免检单位和云南省"科普教育基地"。2009年，玉龙雪山景区被国土资源部列为国家冰川地质公园。1998年以来，玉龙雪山已逐步开发成为中国规模最大的、可与欧洲阿尔卑斯山媲美的冰川旅游胜地（图3-11）。

图3-11　云南省丽江市玉龙雪山冰川公园局部（影像由玉龙雪山冰川与环境观测研究站提供）

第四章　中国冰川旅游资源开发基础

一、中国冰川区范围

（一）西部地区

随着近代工业和海上交通贸易的迅速发展，中国东西部发展差距逐渐扩大，20世纪初至30年代，张相文、张其昀、竺可桢、胡焕庸等及一些国外学者开始对东西部进行了界线划分。50年代，因编制中国自然区划和经济区划的迫切需求，东西部划分被提上议事日程，但分区方案甚多，有大兴安岭至西藏波密附近一线，或至云南红河峡谷一线，或至雪峰山一线。80年代，自然与经济区划中又出现西部界线的多个方案，但最北端都以大兴安岭为准，中段多沿内蒙古高原和青藏高原东侧通过。界线南段或止于滇藏边界，或把西藏山南和察隅地区划入东部区域。其中，最有影响的是国家计划委员会提出并由第六届全国人民代表大会第四次会议确定的东、中、西3个经济带的划分，其西部范围包括四川、贵州、云南、西藏、陕西、甘肃、青海、宁夏、新疆9个省（自治区）（图4-1）。1997年，重庆设立直辖市，西部地区就变成了10个省（自治区、直辖市）。

西部地区疆域辽阔，人口稀少，明显特征是远离海洋、地处内陆腹地，绝大部分区域位于中国第一、第二阶梯的寒旱区，生态脆弱，但西部地区在中国具有举足轻重的生态安全保障功能。特别是西部冰冻圈是亚洲大江大河的发源区，也是亚洲重要的水源区，孕育包括印度河、恒河、澜沧江（湄公河）、怒江（萨尔温江）、额尔齐斯河、鄂毕河、叶尼塞河、伊犁河、塔里木河、长江、黄河流域在内的约26亿人口。同时，西部地区经济欠发达，是亟须加强经济开发的地区。中国尚未实现温饱的贫困人口大部分分布于西部地区，该区域也是中国少数民族的主要聚集区。

（二）中国冰川区范围

中国冰川区范围略小于西部地区（国家计划委员会提出并由第六届全国人民代表大会第四次会议确定的东、中、西3个经济带的划分），其西部范围包括四川、贵州、云南、西藏、陕西、甘肃、青海、宁夏、新疆9个省（自治区）（图4-1），其地理范围北起新疆维吾尔自治区阿尔泰山（49°10′N），南达云南省玉龙雪山（27°40′N），东自四川省西北松潘以东的岷山雪宝顶（103°45′E），西达东帕米尔高原中国与塔吉克斯坦边境地带（74°30′E）（图4-2）。

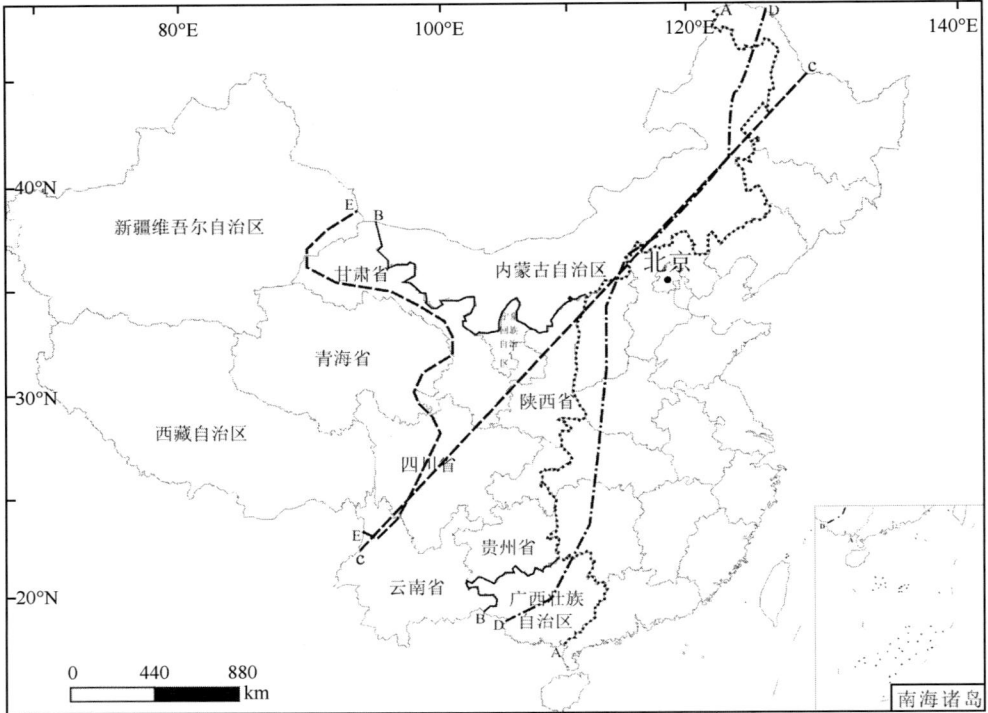

图 4-1　中国东西部界线

AA 为西部大开发确定的西部地区，BB 为 20 世纪 80 年代西部经济带与东、中部界线，CC 为胡焕庸
人口分布线（1953 年），DD 为大兴安岭-雪峰山线，EE 为中国冰川区界线

　　中国冰川区主要指目前发育有现代冰川的地市州（本书暂未考虑古冰川遗迹所属地区），具体包括新疆维吾尔自治区乌鲁木齐市、伊犁哈萨克自治州、昌吉回族自治州、克孜勒苏柯尔克孜自治州、巴音郭楞蒙古自治州、博尔塔拉蒙古自治州、阿勒泰地区、阿克苏地区、哈密地区、吐鲁番地区、喀什地区及和田地区 12 个地市州，青海省海北藏族自治州、果洛藏族自治州、玉树藏族自治州和海西蒙古族藏族自治州 4 州，四川省甘孜藏族自治州与阿坝藏族羌族自治州 2 个州，西藏自治区拉萨市、山南地区、日喀则地区、那曲地区、阿里地区、昌都地区和林芝地区 7 地市，云南省丽江市、迪庆藏族自治州和怒江傈僳族自治州 3 个市州①，甘肃省武威

---

　　①伊犁哈萨克自治州、昌吉回族自治州、克孜勒苏柯尔克孜自治州、巴音郭楞蒙古自治州、博尔塔拉蒙古自治州、海北藏族自治州、果洛藏族自治州、玉树藏族自治州、海西蒙古族藏族自治州、甘孜藏族自治州、阿坝藏族羌族自治州、迪庆藏族自治州和怒江傈僳族自治州在以下内容中分别简称伊犁州、昌吉州、克孜勒苏州、巴音郭楞、博尔塔拉、海北州、果洛州、玉树州、海西州、甘孜州、阿坝州、迪庆州和怒江州。

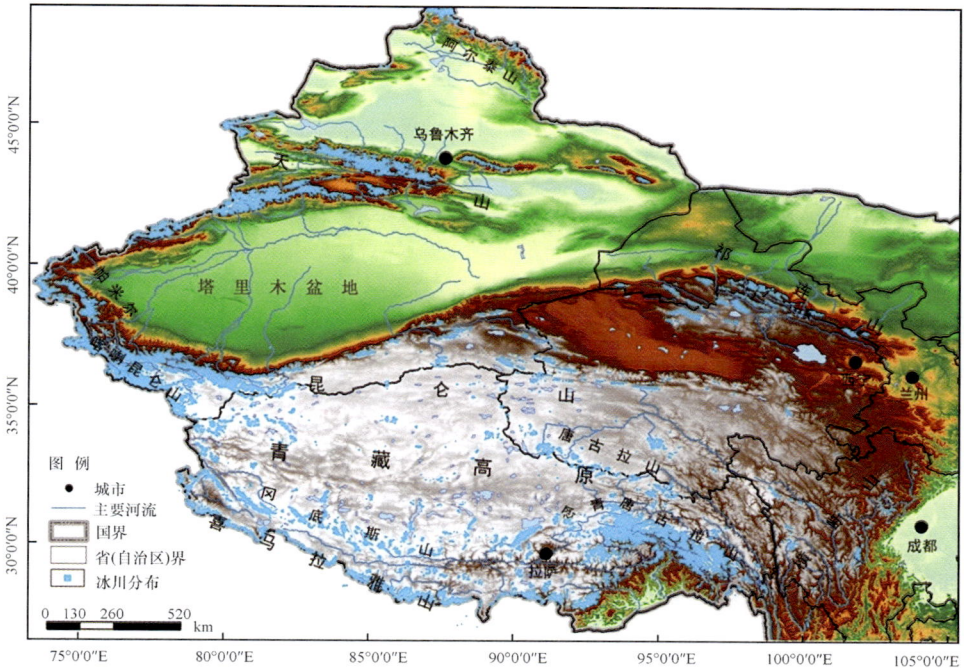

图 4-2   中国冰川区分布范围图

市、张掖市、酒泉市和嘉峪关市 4 市，共计 32 个地市州（图 4-2）。中国冰川区疆域辽阔，人口稀少，地处内陆腹地的西部寒区，生态脆弱，是中国重要的水源涵养、土壤保持、防风固沙的生态功能区（环境保护部和中国科学院，2008），其生态安全战略意义重大。特别地，中国冰川区大部分地处中国主体功能区规划中的限制或禁止开发区，这意味着中国冰川旅游将是未来该区生态产业的一个重点发展方向。鉴于此，未来冰川旅游发展必须要衔接好中国生态功能区规划与国家主体功能区规划方案，确定合理的生态保护与建设目标，制定可行的、适合中国冰川区发展的生态产业方案和具体措施，以促进西部生态系统的恢复，增强生态系统服务功能，为西部生态安全和区域可持续发展奠定生态基础。

二、中国冰川区概况

（一）自然环境概况

（1）地势

中国冰川区位于中国第一、第二级阶梯，喜马拉雅山、冈底斯山、念青唐古拉山、唐古拉山、横断山、阿尔金山、昆仑山、喀喇昆仑山、天山、阿尔泰山、祁连山横贯其中。这些极高山或高山大都呈东-西或西北-东南走向，其间分布有准格尔盆地、塔里木盆地、柴达木盆地、吐-哈（吐鲁番-哈密）盆地、塔克拉玛干沙漠、雅鲁藏布江河谷等。

地球上最高的喜马拉雅山脉自西北向东南延伸，呈向南突出的弧形展布在青藏高原的南缘，与印度及尼泊尔和不丹毗邻。喜马拉雅山高山区终年积雪，平均海拔超过6000 m。喜马拉雅山脉以北为雅鲁藏布江谷地。谷地以北，群山蔚起，海拔大都在6000 m左右，总称为冈底斯山脉。冈底斯山脉向东延至拉萨以北的念青唐古拉山，念青唐古拉山横贯西藏中东部，为冈底斯山向东的延续，全长为1400 km，平均宽为80 km。海拔5000～6000 m，是青藏高原东南部最大的冰川区。青藏高原极高的地势造就了该区人类聚居的高海拔特性。例如，西藏自治区山南地区朗卡子县普玛江塘乡政府所在地海拔为5373 m。冈底斯山以北为羌塘高原，是青藏高原的一部分，多为牧草很少的寒漠区。羌塘高原以北是昆仑山脉，昆仑山脉是中国西部山系的主干，西起帕米尔高原东部，横贯新疆、西藏自治区，伸延至青海省境内，全长约为2500 km。昆仑山脉以东经81°为界，可分为东西两部分，西昆仑山由一主要山脉组成，有很多山峰海拔超过7000 m，山顶分布有冰川。东昆仑山由很多平行山脉组成，长约数百千米。平行山脉之间常被山间盆地或洼地分开。其中，可可西里山便是东昆仑山的余脉，平均海拔为5000 m。西昆仑山以南是喀喇昆仑山，喀喇昆仑山呈西北-东南走向，长约400 km，平均海拔为6000 m以上，共有19座山峰超过7260 m，8个山峰超过7500 m，其中4个超过8000 m，诸山峰通常具有尖削、陡峻的外形，多雪峰及巨大冰川，是世界上中纬度最大的山地冰川发育地区。昆仑山北侧为塔里木盆地和柴达木盆地，两个盆地之间为阿尔金山（海拔约4500 m）。塔里木盆地以北为天山山脉，其基本构造可分为北弧和南弧，两弧之间有许多构造谷和盆地。天山山脉是世界著名山系之一，中国境内长约1900 m。天山山脉以北为阿尔泰山，其间为准格尔盆地。青藏高原东北缘是祁连山，祁连山是由一组平行排列的褶皱-块断山脉组成，呈西北—西南走向（中国科学院自然区划工作委员会，1959 a）。青藏高原东南部经由横断山脉联结邻国缅甸和中国云南高原，并且与亚热带湿润的四川盆地毗邻，其范围以哈巴雪山、大雪山、夹金山、邛崃山及岷山的南麓和东麓为界，包括大渡河与伊洛瓦底江上游间的所有山岭，平均海拔为4000 m。

总体上，中国冰川区地域辽阔，自然地理条件复杂，地势多变，山川交错，重峦叠嶂，山地、高原、丘陵、盆地、沙漠、戈壁等各种地貌相互交织，构成了冰川区宏观的地貌格局，发育了山地冰川、森林、草原、隔壁、沙漠、绿洲、湖泊、湿地等复杂多样的自然景观。

（2）气候

中国冰川分布区多处于寒温带和青藏高原众多气候类型区，而以干旱和高寒气候最广。中国冰川区东南部属东部季风区，主要为亚热带季风高原山地或湿润气候，具有气候温和、冷热同季、降水丰富、湿度大、无霜期长、雨量多、降水时间多集中在 4~9 月等特点。青藏高原腹地年平均气温低于 0℃，比东部同纬度低 10~15℃。中国冰川区因远离海洋，水热条件不足，降水受地形影响显著，西部冰川内陆区早在 6500 万年前的白垩纪末就已陷入干旱环境，青藏高原的隆升又进一步加剧了干旱程度。除西南地区和东南小片地区降水量为 1000~1500 mm 外，中国冰川区大部分降水稀少，青藏高原东部年降水量为 500 mm 以上，新疆维吾尔自治区东部及塔里木盆地和青海西部柴达木盆地年降水量低于 50 mm，祁连山、天山阿尔泰山降水量为 200~400 mm，且表现出蒸发量高、温差大、风力强等特征。同时，冰川区降水在季节分配上明显不均，全区大部分降水量集中在夏季，占全年总降水量的 50% 以上，且暴雨频繁、强度大、历时短。中国冰川区降水的另一显著特点是年际变率非常大（秦大河，2002；王绍武和董光荣，2002）。按平均气温和降雨量，西藏自治区属于高原气候，干燥寒冷、长冬无夏、日照充足。青海省属大陆性高原气候。甘肃省兼具温带季风和大陆性气候的特征。新疆新疆维吾尔自治区南部属于温带大陆性气候，北部属于大陆性干旱半干旱气候。云南省西北属于热带高原性季风气候。四川省西北属于亚热带湿润气候。特别地，中国冰川区气候的海拔垂直分异也很明显，其气候类型多种多样。例如，沿雅鲁藏布江自东而西上溯，由林芝地区波密县易贡乡经林芝县、山南地区泽当镇、拉萨市至日喀则地区日喀则市、江孜县，这几个城镇纬度较为接近，由于海拔逐渐升高，无论年平均气温还是最冷月平均气温都呈下降趋势。又如，在念青唐古拉东段和横断山区，即使在一个小范围内，山麓一带往往为热带亚热带气候，从山麓到山顶几千米或几十千米范围内，随海拔的增加，往往可经历"山下开花山上雪"的不同季节性景观。

研究表明，1961~2006 年，青藏高原年平均气温以 0.27℃/10a 的速率呈明显上升趋势，冬季增温（0.43℃/10a）更为明显。青藏高原主体部分的升温率在 0.2~0.4℃/10a，其中，青藏高原北部的升温率大于青藏高原南部。近 46 年（1961~2006 年），青藏高原年降水量以 1.4 mm/10a 的速率在微弱增加，春季降水量增加幅度最大，达 2.8 mm/10a。整个青藏高原年降水量整体在增加，其中，青藏高原南部增加幅度大于青藏高原北部地区（余莲，2011）。在新疆维吾尔自治区，近半个世纪以来地区气温升高，降水量增多，干旱指数总体下降，大量研究表明新疆维吾尔自治区气候由暖干转向暖湿（苏宏超等，2003；姚玉碧等，2009），气候方面的变化导致冰川的消融。在青藏高原东部的横断山区，近 50 年气温呈现统计意义上的变暖趋势（0.15℃/10a），升温幅度表现出随纬度增高而加大的趋势。横断山区年降水量同样呈现一个微弱增加的态势（9.09 mm/10a），降水表现出由西南向东北和由南向北递减的趋势（李宗省等，2010）。总体而言，中国冰川区气温上升明显，降水量呈微弱增加态势。水（降水）、热（气温）及其组合是影响冰川发育和演化的主要气候因子。温度的升高导致冰川的消融，而降水的增加则有利于冰川的积累（中国科学院兰州冰川冻土研究所，1988）。该区升温趋势较明显，而该区的降水量虽有增加，但其趋势没有升温明显。

（3）自然资源

中国西部地区自然资源丰富，类型多样，由于受气候环境和区位条件限制，开发力度较小，但具有一定开发潜力。中国冰川区青藏高原拥有较为丰富的植被资源，其植被从东南到西北随着自然条件的水平、垂直分布及坡向等变化，依次出现森林、草甸、草原和荒漠稀疏植被类型，其植物区系分属泛北极植物区中的两个不同的亚区：草甸、草原和荒漠属于青藏高原植物亚区与各类森林属中国-喜马拉雅森林植物亚区。青藏高原区植物种类十分丰富，多集中在喜马拉雅山区和横断山区，据粗略估计高等植物可达 1500 属，12000 种以上（李文华和周兴民，1998）。同时，青藏高原陆栖脊椎动物种类分属 4 个纲，31 个目和 95 个科，总计 799 种动物（张继承，2008）。中国冰川区西南部受热带、亚热带季风气候影响，雨水充沛、林草繁茂。西北部则由于自然环境复杂、气候条件多样，因此为种类繁多的动植物提供了繁衍生息的独特条件。由于自然条件独特，开发较晚，中国冰川区大片区域生物多样性保存较好，是中国以及世界生物资源的宝库，中国已在该区域建立了多处国家级自然保护区。

中国冰川区矿产资源种类多、储量丰富、品位高。在已探明储量的矿种中，铬、锂、铜、钴、铷、菱镁矿、硼砂等 10 余种金属矿藏与刚玉、盐矿、硫、硼、云母、石棉、白云母、砷、泥炭等非金属矿藏的储量在全国名列前茅，且某些矿产分布高度集中，便于开发利用。需特别指出的是，西藏自治区的地热资源、青海省的盐类资源及天然气能源、新疆维吾尔自治区的石油天然气能源、甘肃省河西走廊有色金属矿产资源及其风能、太阳能清洁能源在中国具有一定的比重，且在西部大开发中起着举足轻重的作用。中国冰川区农牧业优势明显，是中国重要的商品粮产区和棉花调出区。滇西北和川西虽人均耕地面积少，但森林资源丰富，有中国木材蓄积量最大的西南林区。中国冰川区拥有丰富的水力资源，但由于受地形、气候、自然地理和地质条件的影响，区域水资源分布极不平衡，相差悬殊，西北少、西南多。西北地处干旱、半干旱地带，生态环境脆弱，水资源贫乏。滇西北和川西多高原山地，降水充沛，地表水和水能资源丰富。

（4）生态环境

中国冰川区地处中国最高的第一、第二阶梯之上，独特的自然地域单元、地理位置、地质结构、气候特征，独特的生态资源，以及以冰川雪峰、高寒草甸、草原与荒漠等生态系统为特色的自然环境表现出了特殊性和不稳定性，加之热量不足、土层发育年轻、土壤贫瘠、抗侵蚀能力弱、植物生长缓慢、自然生产能力低下，从而导致该区生态环境表现出了脆弱性（胡自治，2000；汪诗平，2003）。土地类型以生产能力低下的高寒干旱土地为主，其中难以利用的土地数量较大，大多土地没有生产能力。除藏东南、青海省东部及新疆维吾尔自治区河谷、祁连山北麓河西走廊及南麓河湟谷地外，中国冰川区冰川、沙漠、戈壁、石山、高寒荒漠等面积分布极为广泛。

目前，该区域冰川后退、雪线下降、湖泊面积增大、水系变迁、土地荒漠化、草原退化等生态问题日趋严重。其中，因放牧超载导致草地退化，以及鼠害致使植被载畜能力大幅下降，加之自然生态系统的自我调节和修复能力弱，该区生态环境迅速恶化（王根绪等，2001）。该区域大部分属于老、少、边、穷地区，降水稀少、气候干旱、土地贫瘠、水资源匮乏，自然及交通条件不便，致使该区域经济水平较低。同时，该区域极端气候事件频发，常伴有洪涝、霜冻、大风、暴风雪、沙尘暴、冰雪洪水和泥石流等自然灾害，这也加剧了中国冰川区生态环境的恶化，从而对西部经济社会发展构成了潜在威胁。中国冰川区大部分为高山地貌，加之青藏高原高寒环境，不仅严重制约了西部土地的农牧业开发与利用，而且对西部城镇建设、资源开发、基础建设等均造成了很大影响。中国冰川区生态环境脆弱，干旱气候显著且年际变率大，这些对区域经济社会发展造成重大影响。特别地，中国冰川区是中国长江、黄河、澜沧江、怒江、雅鲁藏布江等大江大河的发源地，正是由于它具有水源涵养、水土保持、防风固沙的功能以及独特的第三极环境效应，才致使它成为中国重要的生态安全屏障，从而使它在中国整个自然生态环境中占有重要地位。可以说，中国冰川区自然环境的差异性决定了中国冰川区生态安全屏障建设的必要性和重要性，同时也要求西部国土开发与经济发展须因地制宜。

（二）社会经济状况

（1）区位交通

中国冰川区地处祖国内陆，同时，又与许多亚洲国家接壤，这在一定程度上带来了与中亚、南亚和东南亚的陆路交通联系。总体上，中国冰川区交通运输业相比中国东中西显得较为落后，这极大地限制了冰川区的社会经济发展。其中，中国冰川区目前的交通运输仍以公路为主要依托，初步形成了一定的交通运输网络。国道主要有 312 线、109 线、219 线、317 线、318 线、214 线、215 线、216 线、315 线等，省道及县道则连接了区内大多数县城及乡镇。其中，312 国道由上海市至新疆维吾尔自治区伊宁市霍尔果斯口岸，在甘肃省和新疆维吾尔自治区里程约 2 500 m；青藏公路（109 国道）由西宁市到拉萨市，区内全长 2122 km；新藏公路（219 国道）由新疆维吾尔自治区叶城县到西藏自治区阿里地区狮泉河镇，区内全长 1179 km；川藏公路（317 国道）由成都市至拉萨市，区内全长

2413 km；滇藏公路（318 国道）由云南省大理市到芒康县城，区内全长 315 km。214 国道起点为青海省西宁市，终点为云南省景洪市，全程 3256 km。215 国道（红格公路）起点为甘肃省红柳园，终点为青海省格尔木市，全程 641 km。216 国道起点为新疆维吾尔自治区阿勒泰市，经乌鲁木齐市，翻越天山胜利达坂，终点为新疆维吾尔自治区和静县巴仑台镇，全程共 857 km。此外，由拉萨市至日喀则地区樟木口岸的中尼国际公路国内段全长为 736 km。315 国道起点为青海省西宁市，终点为新疆喀什市，全程为 3063 km。然而，在中国冰川区腹地的偏远村镇及游牧民居住地，居民仍主要依靠牦牛、骆驼、大车等交通运输工具。被誉为青藏高原"天路"的青藏铁路于 2006 年 7 月全线通车，正式把青藏高原西藏自治区纳入到了中国铁路网络之中。中国冰川区航空运输主要以国内为主，以乌鲁木齐市、西宁市和拉萨市为中心，开辟了至北京、成都、重庆、敦煌、广州、昆明、上海、深圳、香港等地的 10 多条国内航线，以及拉萨、拉萨市至韩国首尔、中亚各国、土耳其伊斯坦布尔、尼泊尔王国首都加德满都等国际航线。

　　据中国统计年鉴（中国统计局，2013），2012 年，中国铁路营业里程、公路里程、高速公路里程及旅客周转量分别为 $9.76×10^4$ km、$423.75×10^4$ km、$9.62×10^4$ km、33 383.10$×10^8$人·km。西部地区铁路营业里程为 $3.73×10^4$ km、公路里程为 $168.57×10^4$ km、高速公路里程为 $2.92×10^4$ km、旅客周转量为 $6957.80×10^8$ 人·km，分别约占中国的 38.22%、39.78%、30.35%、20.84%。其中，西部地区旅游周转量明显低于东部地区和中部地区。西部地区若扣除内蒙古自治区、宁夏回族自治区、广西壮族自治区、陕西省、贵州省，湖南省湘西土家族苗族自治州、湖北省恩施土家族苗族自治州，以及四川省、云南省、甘肃省三省非冰川区各地市州，中国冰川区陆路交通里程数及旅客周转量将在西部地区基础上减少一半左右（表4-1）。虽然，中国冰川区公路里程较从前有很大改变，但与东部相比，交通仍显落后。对于铁路交通运输，中国冰川区仅分布青藏铁路和陇海线兰新铁路干线，以及新疆南疆、昆明至丽江段部分铁路。特别是高速公路，中国冰川区除了横断山区部分市县、新疆天山经济带和京藏高速兰州西宁段有零星高速公路外，其他冰川区高速公路里程几乎为零。总体而言，中国冰川区区位优势不明显，交通基础建设滞后，区际经济和旅游合作不紧密，这也是制约未来中国冰川区经济社会发展的瓶颈所在。

表 4-1　2012 年中国不同区域交通运输业发展状况

区域	铁路营业 里程（10^4 km）	公路里程 （10^4 km）	其中，高速公路 里程（10^4 km）	旅客周转量 （10^8人·km）
全国	9.76	423.75	9.62	33 383.10
东部地区	2.24	103.86	3.05	11 040.50
比重（%）	23.00	24.51	31.70	38.90

续表

区域	铁路营业里程（10⁴ km）	公路里程（10⁴ km）	其中，高速公路里程（10⁴ km）	旅客周转量（10⁸ 人·km）
中部地区	2.24	115.54	2.62	8 286.20
比重（%）	22.90	27.27	27.30	29.20
西部地区	3.74	168.57	2.92	6 957.80
比重（%）	38.32	39.78	30.30	24.50
东北地区	1.54	35.78	1.03	2 072.80
比重（%）	15.80	8.44	10.71	7.30

（2）人口与经济社会

2012 年，中国冰川区人口数达到 0.40 亿，较 1997 年的 0.34 亿，增加了 17.65%，增速较为平缓。2012 年，中国人口，东部人口，中部人口，东北、西部人口分别约达到 13.54 亿人、4.77 亿人、4.03 亿人、1.09 亿人和 3.64 亿人，相比 1997 年，分别增加了 9.53%、14.64%、2.98%、3.81% 和 12.55%。同期，中国、东部、中部、东北、西部国内生产总值分别为 518 942.10 亿元、295 892.00 亿元、116 277.70 亿元、50 477.30 亿元、113 904.80 亿元，较 1997 年，分别增加了 597%、534%、609%、560%、722%。然而，中国冰川区总体上人口稀少，土地广阔，少数民族聚居，经济相对落后。中国冰川区人口增长率略高于中部和西部地区，2012 年人口仅占中国人口总数的 14.23%，人口密度较小，在阿里地区和羌塘高原每平方千米不足 1 人（表4-2）。

表4-2　1997 年、2012 年中国不同区域人口、国内生产总值与农民人均收入变化

区域	1997 年	2012 年	1997 年	2012 年	1997 年	2012 年
	人口（万人）		国内生产总值（亿元）		农民人均收入（元）	
全国	123 626.00	135 404.40	76 956.61	576 551.84	2 253.42	7 917.00
东部地区	41 619.00	47 713.00	39 058.81	295 892.00	3 258.21	10 817.00
中部地区	39 125.00	40 290.50	16 387.76	116 277.70	959.54	7 435.00
东北地区	10 517.00	10 973.40	7 645.43	50 477.30	2 265.00	8 846.00
西部地区	32 365.00	36 427.50	13 864.61	113 904.80	1 632.31	6 027.00
中国冰川区	3 442.00	4 047.77	3 965.66	11 592.77	1 541.71	3 878.00

注：西部人口数及生产总值包括四川、甘肃和云南全部地区

资料来源：《中国统计年鉴》（中国统计局，1998，2013）

中国冰川区人口稀少，土地充沛，但自然条件严酷，土壤贫瘠，土地承载力低，特别是西北河西走廊内陆河流域、新疆维吾尔自治区伊犁谷地、南疆绿洲、藏东南等地区，土地承载力已处于满负荷状态。中国冰川区少数民族聚居，56 个民族中，46 个少数民族分布在西部，约占少数民族个数的 83.64%。2012 年，西部地

区少数民族人口则占中国少数民族人口总数的 71.46% 。2012 年，中国冰川区国内生产总值为 11 592.77 亿元，较 1997 年的 3965.66 亿元，增幅约达 192.33% ，增速低于中国的 596.92% 、东部的 533.54% 、中部的 609.54% 和西部的 721.55% 。中国冰川区经济基数很低，其国内生产总值远不及同期广东省的 31 084.40 亿元、山东省的 25 965.91 亿元和江苏省的 25 741.15 亿元，而仅与浙江省（18 780.44 亿元）的国内生产总值相当。其中，2012 年，中国冰川区农村居民家庭人均纯收入达 3878 元，较 1997 年，约增加 151.54% （中国统计局，2013）。虽然中国冰川区经济总量在中国范围很低，但总体上表现出了较为强劲的发展态势（表 4-2）。

（三）旅游发展状况

西部地区与十多个国家接壤，陆地边境线长达 12 747 km，如此长的陆地边境线，无疑为西部地区发展旅游业和边境贸易提供了明显的地缘优势，特别是历史上穿越西部地区的"丝绸之路"、青藏线的古代"唐蕃古道"，以及川滇藏线"茶马古道"，现已成为西部地区旅游经济发展重要区域。同时，伴随着陇海线兰新段复线以及青藏铁路的全线贯通，西部旅游更加展现了它强劲的发展态势。2005 年，中国共接待旅游人数 133 229.23 万人次、旅游外汇收入达 256.10 亿美元。截至 2012 年，中国共接待旅游人数增至 308 940.53 万人次，旅游外汇收入增至 500.28 亿美元，分别约增加 131.89% 和 95.35% 。其中，2005 年，国内旅游收入仅 528.86 亿元，2012 年增至 22 706.22 亿元，8 年间，旅游收入增加了 40 余倍（图 4-3，图 4-4）。

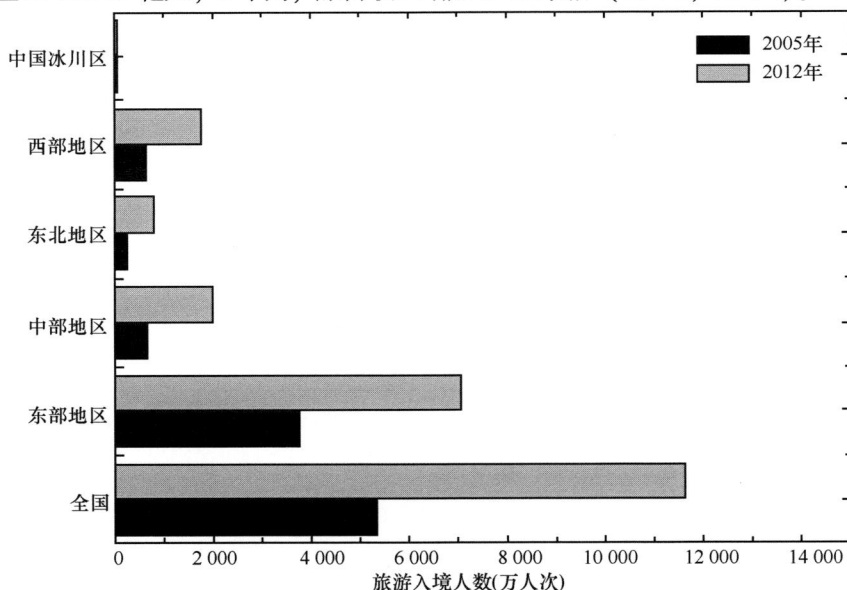

图 4-3　2005 年、2012 年中国游客接待量的地区分配

中国冰川区数据仅指西藏自治区，新疆维吾尔自治区和青海省 3 个省（自治区）数据，下同

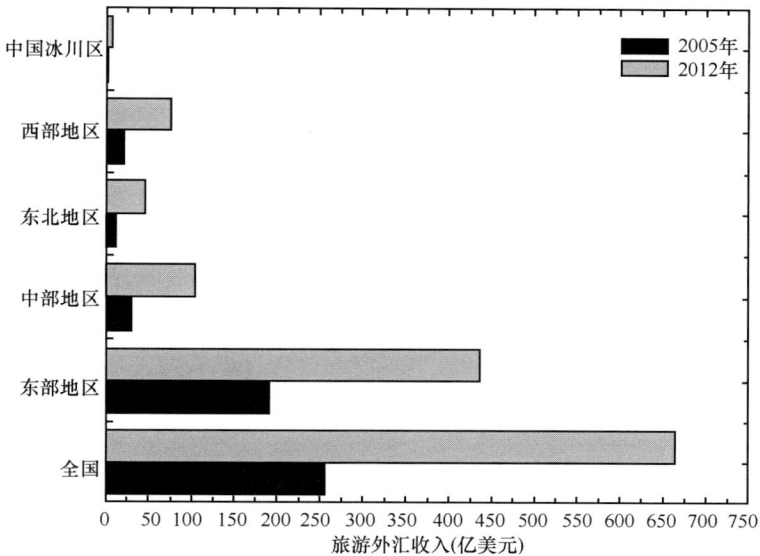

图 4-4　2005 年、2012 年中国旅游外汇收入的地区分配

　　总体上，2005 ~ 2012 年，中国东、中、西地区旅游发展迅速，但东部地区旅游发展增速明显高于中西部地区。2005 年，西部地区共接待入境游客 655.55 万人次，旅游外汇收入达 22.32 亿美元，而中国冰川区入境游客和外汇收入分别为 48.76 万人次、2.14 亿美元。2012 年，西部地区入境游客数和外汇收入分别增至 1 764.28 万人次，76.67 亿美元，增速分别约达到 169.13% 和 243.50%。同期，中国冰川区旅游入境游客数和外汇收入分别增至 86.71 万人次、7.03 亿美元，增幅分别达到 77.83% 和 228.50%（中国统计局，2006，2013）（图 4-3，图 4-4）。

　　2012 年，西藏自治区共接待游客 1058.4 万人次，实现旅游总收入 126.47 亿元，分别增长 21.70% 和 30.30%，旅游接待人次突破千万大关、旅游总收入突破百亿元大关，其中，旅游总收入相当于全区 GDP 的 18.18%，旅游发展迅速。2012 年，新疆维吾尔自治区共接待旅游人数 4860.64 万人次，旅游总收入为 576 亿元。其中，入境游客、国内游客数和旅游总收入分别为 150 万人次、4710.64 万人次和 540 亿元。青海省接待国内外旅游人数 1108.6 万人次，比上年增长 22.50%。国际旅游外汇收入 2432 万美元，较上年下降 8.540%。国内旅游总收入为 60.15 亿元，较上年增长 26.6%。2012 年，甘肃省共接待国内外游客 7834.46 万人次，实现旅游综合收入 471.08 亿元，分别比去年同期增长 34.25% 和 41.17%。2012 年，旅游综合收入在 2007 年 115.91 亿元基础上，实现了五年翻两番，年均增长 32.37%，对 GDP 贡献率达到 8.46%。2012 年，云南省共接待海外游客 457.8 万人次，同比增长 15.80%；接待国内旅游者 1.963 亿人次，同比增长 20.20%。全年旅游业总收入达 1702.5 亿元，同比增长 31.20%，占 GDP 的比重约为 6.50%。由此可见，中国冰川区部分省区旅游发展态势良好，为下一步冰川旅游的快速发展奠定了坚实基础。

三、冰川资源空间分布

中国冰川主要分布和发育在青藏高原及若干荒漠盆地周边的高山带，零星分布于青藏高原腹地的中昆仑山、唐古拉山、羌塘高原等地。以冰水资源应用的经济类型为标准，中国冰川可划分成 3 个区：青新荒漠绿洲区、川藏谷地农林区、藏北草原牧业区，简称青新区、川藏区和藏北区。藏北区与青新区南北相接，以空喀山口—红柳滩—昆仑山—阿尼玛卿山为界。藏北区与川藏区西北东南向相邻，以冈底斯山—念青唐古山主峰—那曲—唐古拉山口—杂多—玉树—玛曲为界。在 3 个分区中，青新区的冰川数量最多，冰川水资源的意义最大。

（一）省际空间分布

中国是地球上中低纬山地冰川较发育的国家，也是世界第四大冰川国，面积约占亚洲冰川总面积的一半。中国冰川资源仅分布于新疆、青海、甘肃、四川、云南和西藏 6 省（区）的极高山地和亚高山地。其中，西藏自治区冰川数量最多，面积最大，但新疆单个冰川规模大，冰储量最多。云南省冰川只有零星分布在玉龙雪山、梅里雪山、哈巴雪山，其冰川数量少，面积也不大。青海省冰川主要分布于祁连山、西部昆仑山、南部唐古拉山，其数量和规模仅次于西藏自治区和新疆维吾尔自治区，位居第三。甘肃省冰川主要分布于甘肃省西部祁连山区，数量和规模均小于青海省（表4-3，图4-2）。

表4-3　西北6省区冰川数量分布

省（区）	冰川条数（条）	所占比例（%）	冰川面积（km²）	所占比例（%）	冰储量（km³）	所占比例（%）	冰川平均面积（km²）
新疆	18 499	39.96	25 342	42.66	2 696	48.23	1.37
甘肃	1 613	3.48	866	1.46	36	0.64	0.54
青海	2 965	6.4	3 675	6.19	265	4.74	1.24
西藏	22 468	48.53	28 645	48.22	2 533	45.31	1.27
四川	684	1.48	715	1.2	48	0.86	1.05
云南	69	0.15	163	0.27	12	0.21	2.36
总计	46 298	100	59 406	100	5 590	100	1.28

资料来源：施雅风，1998

（二）流域、山系空间分布

《中国第一次冰川目录》显示，中国共发育冰川 46 377 条，面积为 59 425.18 km²，

冰储量为 5600.25 km³。《中国第二次冰川编目》显示，目前中国西部冰川共
48571 条，总面积为 51 480 km²，估计冰储量为 4 494 km³。两期冰川编目显
示，冰川条数在增加，而冰川面积及冰储量却在明显减少。其中，约90%面
积的冰川分布于新疆维吾尔自治区和西藏自治区，同时，雅鲁藏布江和塔里
木河流域的冰川分别占中国冰川总面积的30%和34%，西北内陆干旱区的
冰川面积占全国冰川总面积的2/3（Guo et al., 2014；刘时银等，2015）。
中国冰川面积占全球冰川（冰盖）总面积（约 15 865 756 km²）的 0.40%
（王宗太和苏宏超，2003），占世界山地冰川（410 700 km²）和亚洲山地冰
川面积（124 900 km²）的 14.50% 和 47.60% 。

　　全球范围，中国冰川似乎微不足道，但在冰川发育较少的中低纬度国家和地
区，中国冰川面积却占其中的30%，是中低纬度冰川最多、规模最大的国家，
又是世界荒漠区和贫水国中冰川最多的国家。中国西部自北向南依次分布有阿尔
泰山、天山、帕米尔、喀喇昆仑山、昆仑山和喜马拉雅山等 14 座山系。其中，
天山、喀喇昆仑山、昆仑山、念青唐古拉山和喜马拉雅山 5 座山系的冰川面积和
冰储量分别约占中国相应冰川总量的 79% 和 84%（表4-4），并分布有规模巨大
的现代冰川群，极具旅游开发潜力。

表 4-4　中国各山系的冰川资源数量分布

山系	山地面积（km²）	最高峰海拔（m）	冰川条数（条）	所占比例（%）	冰川面积（km²）	所占比例（%）	冰储量（km³）	所占比例（%）	冰川覆盖度（%）
阿尔泰山	28 800	4 374	403	0.87	280	0.47	16	0.28	0.97
穆斯套岭	4 400	3 835	21	0.05	17	0.03	1	0.01	0.38
天山	211 900	7 435	9 035	19.48	9 225	15.52	1 011	18.06	4.36
帕米尔	23 800	7 649	1 289	2.78	2 696	4.54	249	4.44	11.33
喀喇昆仑山	26 600	8 611	3 563	7.68	6 262	10.54	692	12.36	23.42
昆仑山	478 100	7 167	7 697	16.60	12 267	20.64	1 283	22.91	2.57
阿尔金山	56 300	6 295	235	0.51	275	0.46	16	0.28	0.49
祁连山	132 500	5 827	2 815	6.07	1 931	3.25	93	1.67	1.46
羌塘高原	441 900	6 822	958	2.06	1 802	3.03	162	2.90	0.41
唐古拉山	141 300	6 621	1 530	3.30	2 213	3.72	184	3.28	1.57
冈底斯山	158 300	7 095	3 554	7.66	1 760	2.96	81	1.45	1.16
念青唐古拉山	110 600	7 162	7 080	15.27	10 700	18.01	1 003	17.91	9.68
横断山	356 300	7 556	1 725	3.72	1 579	2.66	97	1.73	0.44
喜马拉雅山	202 500	8 844	6 472	13.96	8 418	14.17	712	12.72	4.15
总计	2 373 300	8 844	46 377	100.00	59 425	100.00	5 600	100.00	2.50

资料来源：施雅风，2005

冰川面积和山地面积的比值称作冰川覆盖度。中国各山系冰川覆盖度平均为2.50%，大于此值的有天山、帕米尔、喀喇昆仑山、昆仑山、念青唐古拉山和喜马拉雅山，在这些山系的高大山峰四周，呈放射状分布着巨大的山谷冰川，形成了如乔戈里峰、汗腾格里－托木尔峰山、昆仑峰、念青唐古拉山东段诸高峰和公格尔峰等冰川作用中心（王宗太和刘潮海，2001），冰川覆盖度增大到20%～46%，属半覆盖的冰川作用区。特别值得注意的是，以克里雅河为东界的西昆仑山体高大而宽展，发育有冰川6580条，总面积为10 844 km²，是中国最大的冰川作用区，面积大于100 km²的冰川有10条，它们分布在该山区的昆仑峰周围。珠穆朗玛峰区最大的绒布冰川面积仅85.40 km²，未能进入面积超过100 km²的大冰川之列。喜马拉雅山虽然非常高峻，但山脊较狭窄，从而限制了冰川的扩展（表4-4）。

按流域统计，西北和青藏高原内流域共有冰川26 894条，面积为35 390 km²和冰储量为3565 km³，分别占中国相应总量的58.09%、59.57%和63.78%。外流域共有冰川19 404条，面积为24 016 km²和冰储量为2025 km³，分别占中国相应总量的41.91%、40.43%和36.22%。其中，中国东亚内流域、恒河流域、青藏高原内流域冰川资源富集，冰川条数和面积分别为19 298条、25 584.3 km²，13 008条、18 102.14 km²，5341条、7836.1 km²，分别占中国相应总量的41.61%、43.05%、28.05%、30.46%、11.52%、13.19%。长江流域、黄河流域冰川相对较少，冰川条数和面积分别为1332条、1895 km²和176条、172.41 km²，仅占中国冰川相应总量的2.87%、3.19%和0.04%、0.03%（施雅风，2005）。

（三）不同类型冰川空间分布

根据冰川发育条件及物理性质的差别，中国冰川可划分为3类：海洋型冰川、亚大陆型冰川和极大陆型冰川（图4-5）（施雅风，2005；Li et al.，2008；Shi et al.，2008）。海洋型冰川物质平衡线夏季平均气温为1～5℃，冰层温度高于-1℃，接近0℃，因而冰川消融强度大，运动速度快。海洋型冰川上部雪/冰崩频繁，一般都有宽广的粒雪盆、冰斗、角峰、刃脊等冰蚀地貌。冰川槽谷中的岩盆都比较深，大都有湖泊发育，冰碛物中粉砂与黏土含量较高（尤联元和杨景春，2013）。

中国海洋型冰川（温冰川）主要分布在青藏高原东南部的横断山、喜马拉雅山的东段和南坡，以及念青唐古拉山的东段和中段，行政上主要隶属于中国西南部的西藏自治区、云南省和四川省。根据中国冰川编目统计，中国境内有海洋型冰川有8607条，冰川覆盖面积为13 203 km²，分别占中国冰川总条数和总面积的18.60%和22.20%（Su and Shi，2002）。海洋型冰川较其他两类冰川具有比较优越的可进入性，冰川蜿蜒之下、山涧森林密布、鲜花常开、风景优美、气候宜人。亚大陆型冰川和极大陆型冰川物质平衡线较高，气温较低，一般冰川规

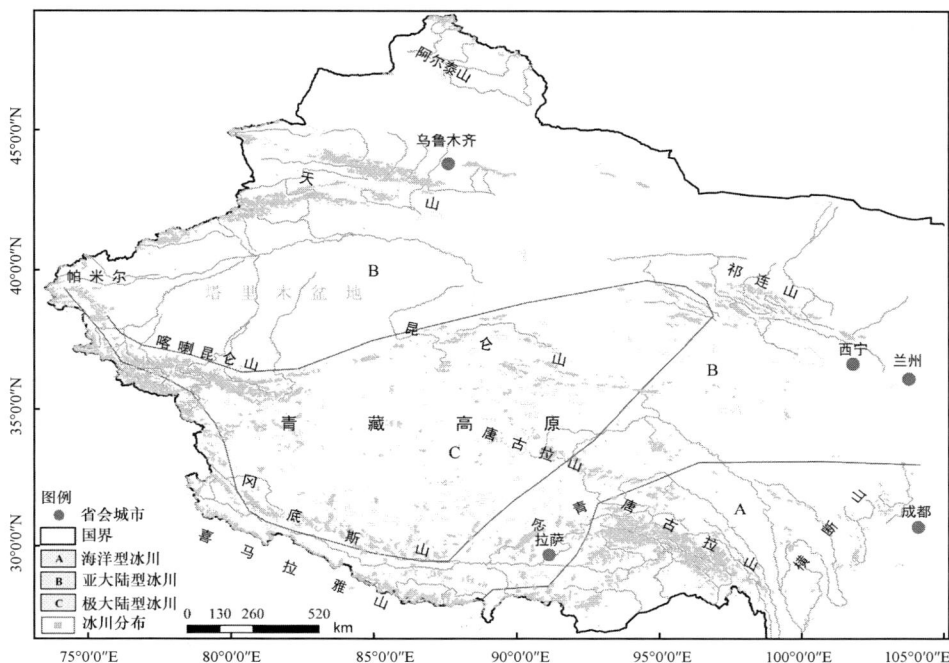

图 4-5　中国三大类型冰川分布图

模较大，但可进入性较差。亚大陆型冰川和极大陆型冰川的主要特点：冰川物质平衡线高度处降水量为 500~1000 m，年平均气温为 -12~-6℃，夏季 6~8 月气温为 0~3℃，冰层温度在 20 m 活动层深度以内为 -10~-1℃，冰川运动速度较慢，消融较弱，冰川侵蚀作用也较小，冰斗及槽谷较为宽浅，冰碛物中黏土含量较少。亚大陆型冰川主要分布在阿尔泰山、喜马拉雅山中西段北坡、喀喇昆仑山北坡，面积为 25 390.53 km²，约占全国冰川面积的 46%。极大陆型冰川或极地型冰川的主要特点：冰川物质平衡线高度较高，高度可达森林带的 1000 m 以上，甚至达到 1500~2000 m，高山裸岩范围广大，冰川外围遗迹景观清楚；冰川物质平衡线高度处年降水量为 200~500 mm，年平均气温低于 -10℃，在极干燥寒冷环境下，冰川热量支出以蒸发为主，消融很弱，冰流迟缓，冰川刨蚀和堆积作用差，冰斗和槽谷大多开阔平缓，冰碛物多为块石和沙砾，粉砂和黏土含量很少（尤联元和杨景春，2014）。极大陆型冰川主要分布于中国中西昆仑山、羌塘高原、帕米尔高原东部、唐古拉山西段和祁连山西部，面积为 18 685.54 km²，约占中国冰川总面积的 32%（Kang et al.，2004）。

（四）重点冰川空间分布

按冰川形态，中国冰川以悬冰川和冰斗冰川居多，77% 的冰川个体面积小于

1.00 km^2。随着冰川长度和面积的等级增大，冰川数量随之减少，但相应的冰川规模增大。据《简明中国冰川目录》(2005)，中国面积大于 10 km^2 的冰川有 815 条，占冰川总条数的 1.80%，但其面积和冰储量却占中国冰川相应总量的 37.60% 和 64.50%。其中，面积大于 100 km^2 的冰川有 33 条（附录五），面积和冰储量分别为 6167.38 km^2 和 1475.27 km^3，分别占中国冰川相应总量的 1.40% 和 26.30%。面积大于 100 km^2 冰川中天山分布 6 条，且全部集中于托木尔峰和汗腾格里峰冰川区，喀喇昆仑山 5 条、西昆仑山 11 条、念青唐古拉山 4 条、帕米尔高原 2 条、唐古拉山 1 条、羌塘高原 4 条。与中国第一次冰川编目结果相比，目前面积大于等于 100 km^2 的冰川减少了 5 条，分别是南伊内尔切克冰川、西昆仑冰川、克亚吉尔冰川、其木干冰川和鱼鳞川冰川（刘时银等，2015）。其中，最大冰原为普若岗日冰川，面积达 422.85 km^2；最大冰帽为崇测冰川，面积达 163.06 km^2；完全在中国境内面积居前三名的山谷冰川依次为喀喇昆仑山的音苏盖提冰川、天山托木尔冰川和土盖别里齐冰川，其面积均超过 300 km^2（施雅风，2005）。这些超大和大冰川气势磅礴、景象壮观，在旅游景观价值上具有明显的垄断性地位，是未来冰川旅游开发的重点吸引物，其冰川旅游发展潜力巨大。

在中国冰川区，最东端冰川区位于四川省岷山主峰雪宝顶，海拔为 5588 m，分布冰川 8 条，多为悬冰川。其中，最大冰川雪宝顶冰川，面积为 1.20 km^2。中国最南端冰川区位于云南省玉龙雪山，现分布冰川 13 条，最大冰川白水河 1 号冰川。最北端冰川区则位于新疆维吾尔自治区阿尔泰山主峰友谊峰，属于中国纬度最高，且是唯一的北冰洋水系的冰川分布区。中国第二次冰川编目显示，2009 年，该区域冰川有 273 条，其末端海拔为 2600～3000 m（姚晓军等，2012）。其中，喀纳斯冰川末端海拔最低，达 2420 m，面积为 28.74 km^2，是阿尔泰山最大的复式山谷冰川，也是中国末端海拔最低的冰川。其他低海拔冰川包括：西藏自治区念青唐古拉山阿扎冰川（末端海拔 2520 m）、卡钦（恰青）冰川（末端海拔 2800 m），云南省梅里雪山明永冰川（末端海拔 2800 m）和贡嘎山海螺沟冰川（末端海拔 2900 m），新疆维吾尔自治区伊犁州哈尔克山阿尔恰勒特冰川（末端海拔 2720 m）等（末端海拔处于变化之中，可能与一些文献有一定出入）。其中，卡钦冰川，长度为 33 km，为西藏自治区最大冰川，也是中国最大的海洋型冰川。念青唐古拉东段及横断山一带冰川属海洋型冰川，冰川末端在 3500 m 以下的冰川颇多，森林上限可达 4300 m。漫长的冰川可延伸至针阔混交林带，末端常分布有冰碛湖，湖畔多分布有村庄、农田、牧场，使自然界大气圈、冰冻圈、生物圈、岩石圈和人类圈在此交汇，其景观组合蔚为壮观。念青唐古拉东段及横断山一带，冰川末端较低，冰川进入性较强，加之该区绝佳的气候和水热条件，以及较近和较大的客源市场，所以应尽早进行冰川旅游商业开发，以满足普通游客求新、探奇和休闲度假的消费需求。

四、冰川旅游景点空间分布

中国冰川资源绝大多数集中于西部内陆腹地高海拔地区，区位条件不便，生态环境恶劣，开发基础薄弱。中国冰川旅游发展始于早期的科学考察和探险活动。按严格意义，中国冰川旅游以 1986 年甘肃省祁连山"七一"冰川被列为旅游景点为开端。中国冰川旅游资源丰富，类型多样，但冰川旅游发展缓慢，政府部门重视不够。目前，冰川开发较为成熟的景区（点）包括可进入性较好、水热条件优越、客源市场较近的有 10 余处，如横断山玉龙雪山白水河 1 号冰川、梅里雪山明永冰川、贡嘎山海螺沟冰川、燕子沟冰川、达古雪山达古冰川、岷山雪宝顶冰川、祁连山"七一"冰川、喜马拉雅山卡若拉冰川、念青唐古拉东段米堆冰川、来古冰川、嘎瓦隆冰川。其他一些冰川则处于零星开发状态，如横断山白茫雪山冰川，祁连山透明梦柯冰川（老虎沟 12 号冰川）、岗什卡峰冰川、"八一"冰川、岗纳楼 5 号冰川，天山乌鲁木齐河源 1 号冰川、黑沟 8 号冰川、木扎尔特冰川，帕米尔高原奥依塔克河源其克拉孜冰川、慕士塔格冰原羊布拉克冰川，阿尔泰山木斯岛冰川，喜马拉雅山绒布冰川、枪勇冰川，昆仑山玉珠峰冰川、阿尼玛卿山哈龙冰川等（附录六）（图 4-6）。

总体上，中国冰川旅游资源和潜在冰川旅游资源主要集中于冰川区中心城市周边，兰新线、南疆线、兰青线、青藏线铁路交通干线，兰新线、新藏线、兰青线、青藏线、川藏线、滇藏线公路干线，以及天山北麓旅游资源富集区、川西旅游资源富集区、滇西北旅游资源富集区等。中国冰川旅游资源在空间分布上具有明显的区位交通特性，且主要集中于世界自然遗产地、国家级重点风景名胜区、国家自然保护区和国家地质公园。中国冰川区国家级景区数量比较少，冰川旅游资源依托的国家级景区也很少，相关冰川旅游资源的国家级景区（点）更少，且仅占中国总数的 3.04%。相关冰川及冰川遗迹旅游资源的国家级景区大多分布于水热条件优越、客源市场较近的横断山区，而西北地区分布较少，且较为分散。其中，开发较为成熟的景区包括玉龙雪山冰川地质公园、梅里雪山国家公园、海螺沟冰川森林公园、西昌·凉山螺髻山国家公园等。

截至 2014 年上半年，中国世界自然遗产共 10 处，涉及冰川旅游资源的共 3 处，分别为"三江并流"、"新疆天山"、"四川黄龙风景名胜区"，占中国总数的 30%。其中，云南省"三江并流"景区拥有梅里雪山及白茫雪山冰川区、"新疆天山"则包括托木尔-汗腾格里、博格达峰在内的多处现代冰川区、"四川黄龙风景名胜区"背靠岷山主峰雪宝顶冰川区。国家地质公园共 182 处，作为现代冰川、第四纪冰川遗迹旅游资源所在地的共 9 处，占中国总数的 4.95%，分别为四川省海螺沟、黄龙、四姑娘山国家地质公园，西藏易贡国家地质公园，青海久治年宝玉则、

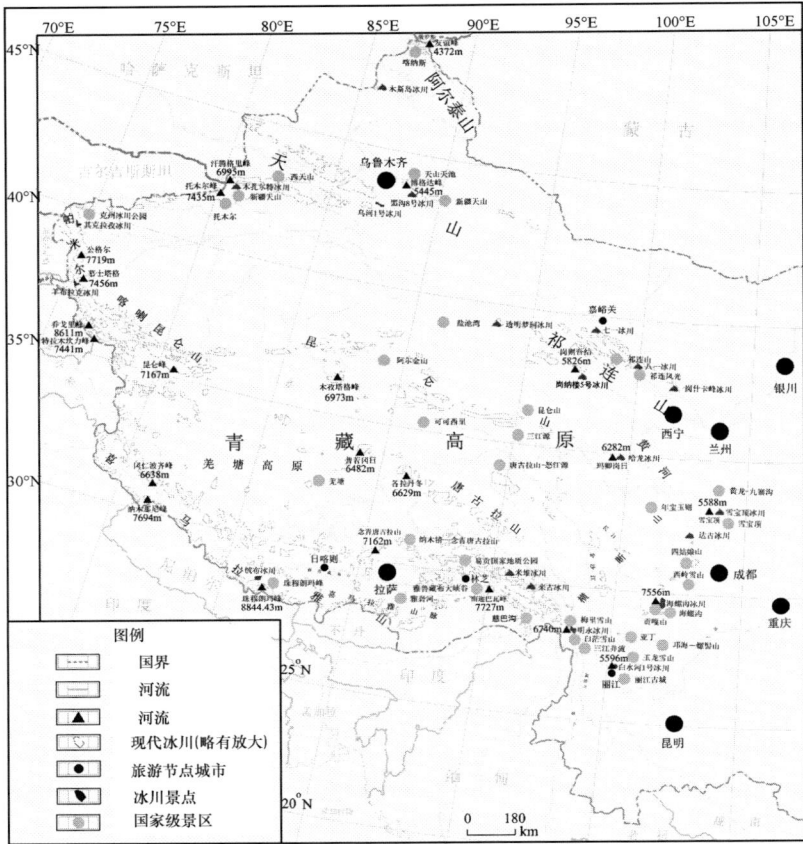

图 4-6 中国冰川旅游景区空间分布图

格尔木昆仑山国家地质公园，云南丽江玉龙雪山冰川国家地质公园，新疆昌吉州阜康市天山天池国家地质公园、阿勒泰地区布尔津喀纳斯湖国家地质公园。国家级重点风景名胜区共 225 处，相关冰川旅游资源的景区共 10 处，占中国总数的 4.44%，包括新疆维吾尔自治区天山天池国家级风景名胜区，四川省贡嘎山、四姑娘山、黄龙寺-九寨沟、邛海-螺髻山国家级风景名胜区，云南省"三江并流"、丽江玉龙雪山国家级风景名胜区，西藏自治区雅砻河、唐古拉山-怒江源、纳木错-念青唐古拉山国家级风景名胜区。其中，邛海-螺髻山国家级风景名胜区拥有丰富的第四纪古冰川遗迹旅游资源，如角峰、刃脊、冰斗、冰坎、冰碛湖、冰川刻槽、冰川擦痕等。国家级自然保护区共 407 处，其中，涉及冰川旅游资源的保护区包括四川省九寨沟、小金四姑娘山、贡嘎山、雪宝顶国家级自然保护区，云南省白茫雪山国家级自然保护区，青海省可可西里、三江源国家级自然保护区，西藏自治区珠穆朗玛峰、羌塘、雅鲁藏布大峡谷、察隅慈巴沟国家级自然保护区，甘肃省祁连山、盐池湾国家级自然保护区，新疆维吾尔自治区阿尔金山、巴音布鲁克、托木尔峰、西天山、喀纳斯国家级自然保护区共 18 处，占中国总数的 4.42%，主要特色为高山、现代冰川、冰川遗迹、高山生态系统（图 4-7）。

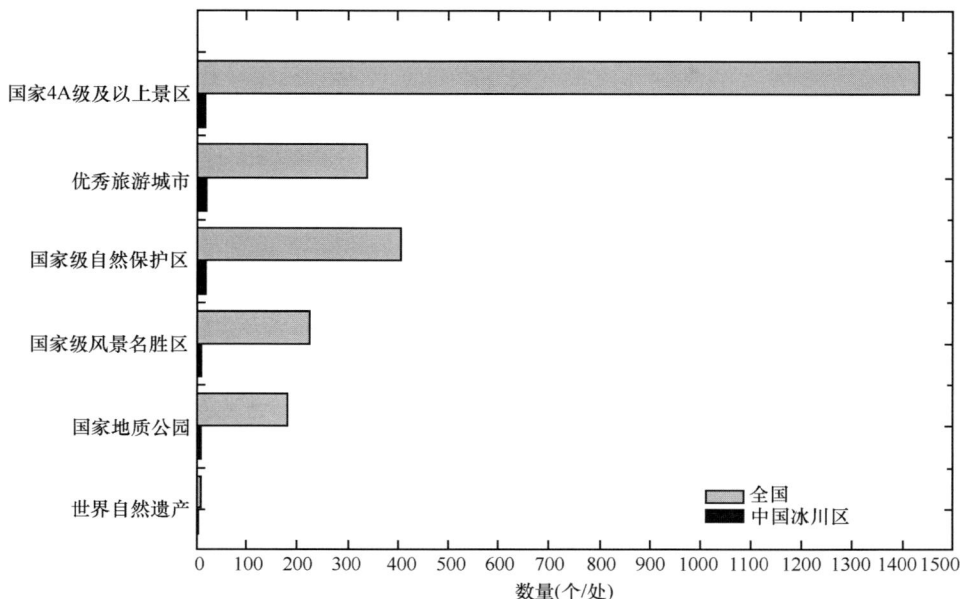

图 4-7　中国冰川区不同类型景区及旅游城市（含冰川旅游资源）数量

国家优秀旅游城市共 339 处，其中，临近中国冰川区的有 21 处，占中国旅游城市总数的 6.19%。国家 4A 级及以上景区共 1433 处，涉及冰川旅游资源的共 14 处，分别为四川省黄龙风景名胜区、泸定海螺沟冰川森林公园、小金四姑娘山、凉山州螺髻山旅游景区，云南省丽江玉龙雪山旅游度假区、迪庆州梅里雪山景区，西藏自治区珠穆朗玛峰国家级自然保护区、雅鲁藏布江大峡谷旅游景区，青海省格尔木昆仑旅游区、果洛州久治县年宝玉则景区、海北州青海祁连风光旅游景区，新疆维吾尔自治区天山天池风景名胜区、阿勒泰地区布尔津县喀纳斯风景名胜区、克孜勒苏柯尔克孜自治州阿克陶县克州冰川公园。其中，新疆维吾尔自治区天山天池风景名胜区、喀纳斯景区、云南省丽江玉龙雪山景区、四川省阿坝藏族羌族自治州松潘县黄龙风景名胜区同为 5A 级景区（图 4-7）。

五、中国冰川旅游 SWOT 分析

目前，中国冰川旅游发展具有众多优势，同时也存在诸多问题和困难，面对当前国际国内旅游发展的大好时机，中国冰川区应抓住机遇，迎接挑战，适时适地高效利用开发价值高、区域景观组合度好的冰川旅游资源，在西部大开发、国家主体功能规划和生态功能区划的背景下发挥出应有的生态、经济、社会效益。SWOT 分析法又称为态势分析法，是由美国旧金山大学管理学教授韦里克于 20 世纪 80 年代初提出来的。"SWOT" 4 个英文字母分别代表优势、劣势、机会、威胁（S，strength；W，weakness；O，opportunity；T，threat）。所谓 SWOT 分析（Kajanusa et al.，2004；马耀峰和陶丽莉，2004；李卫朋等，2010），即态势分析，就是通过调查和研究，将与研究对象密切相关的各种主要内部优势、劣势、机会和威胁等一一列举出来，并依照矩阵形式排列，然后用系统分析思维，把各种因素相互匹配，并加以分析，从中得出一系列相应的结论，而结论通常带有一定的决策性。本书利用旅游学常用的 SWOT 方法，系统分析了中国冰川区旅游发展的优、劣势，以及所面临的机遇和威胁。

（一）优势与劣势

（1）优势

中国冰川旅游发展有着明显的三大优势，一是区位优势，二是资源优势，三是国家战略优势。除青海和四川省外，中国冰川区均属边疆省区，与周边蒙古、俄罗斯、哈萨克斯坦、吉尔吉斯斯坦、塔吉克斯坦、阿富汗、巴基斯坦、印度、尼泊尔、锡金、不丹 11 个国家接壤。在自然景观、风土人情、民族信仰、政治制度等方面均存在明显的同质和差异之处。正因为这种区位特征，构成了西部冰川区特有的地缘优势和市场区位优势。同时，中国冰川区地域辽阔、历史悠久、民族风情独特、文化底蕴深厚，从而为冰川旅游产品开发提供了坚实的文化基础。

中国冰川旅游资源禀赋优势明显。一方面，中国是世界上山地冰川最为丰富的国家之一，冰川资源不仅体量、规模巨大，而且冰川景观类型多样。对大多数游客而言，冰川资源具有明显的稀有性和区位的难进入性，冰川非常神秘，且很难亲临，进而加大了普通游客对其的好奇感和神秘感。另一方面，中国冰川旅游资源优势还在于它与不同地域的自然旅游资源、文化旅游资源的绝佳组合。在自然旅游资源方面，特殊地形地貌和气候类型，将冰川旅游资源展现出一种粗犷雄伟、威慑震撼的大自然豪气。雪山、冰川、森林、草原、沙漠、戈壁和海市蜃楼等自然景观的组合，堪称世界奇观。在文化旅游资源方面，特殊的历史遗迹和绚丽的民族风情，将冰川旅游资源展示出一种悠久遥远、深邃莫测的神奇与神秘。历尽沧桑的唐蕃古道、丝绸之路及茶马古道，给游客以深思、遥想。还有中国冰川区多样的、古朴淳厚的少数民族及其遗留下的历史文化遗存和多姿多彩的民族民俗风情，构成了中国冰川区特有的文化旅游资源。

中国冰川区边疆省份，享有民族立法权和财政经济自主权在内的优惠待遇和政策。同时，自西部大开发以来，中国冰川区各级政府加大了公共基础设施的建设力度，许多基础工程项目对改善中国冰川区旅游交通状况和旅游环境有着重要的支撑作用，这些政策优势和后发优势为中国冰川区未来边境旅游、冰川旅游的快速发展提供了政策支持。历史上，中国冰川区曾是连接东西方的一条重要的商贸通道，考古已发现证实西部地区曾有富庶的城镇、繁荣的文化。曾经盛极一时的古代"丝绸之路"就贯穿于中国冰川区，它是连接古代中国与西方国家的一条非常繁荣的贸易通道。

当前，由于国家扩大对外开放，以及随着欧亚大陆桥的贯通，西北冰川区地缘经济优势地位日益凸显，为中国冰川区发展边境贸易展现了诱人的前景。另外，中国冰川区地处祖国西部腹地，其生态功能作用巨大，在国家实施主体功能区划和国家生态功能区划战略中，将其大部分地区作为限制性开发区域和水源涵养及防风固沙功能区。因此，中国冰川区可以借助西部大开发及国家的战略规划，大力发展包括冰川旅游在内的各类生态产业，以响应国家生态安全屏障建设目标的实施。伴随着中国旅游的快速发展，中国冰川区必将成为普通大众向往和前往的重要旅游目的地。

（2）劣势

在冰川旅游的发展之中，中国冰川区也有其明显的劣势，这些劣势制约着冰川旅游的快速发展。中国冰川区平均海拔为 4000 m 以上，紫外线强、空气稀薄，冬季空气中含氧量极低，普通游客会有不同程度的高原反应，海拔超过 6000 m 以上的高山区，如不经过适应性训练和不携带必要设备，普通大众将很难到达。同时，冰川区冰雪灾害频发，进而对冰川旅游环境构成了一定的威胁。冰川区恶劣的气候环境限制了部分旅游者的进入。

大部分中国冰川区处于西部欠发达地区，进出交通线路较少，且离京津冀、长三角、珠三角、成渝等中远域客源市场较远，其旅游成本较高，难以形成大众市场。即使在冰川区内部省份，各城市之间的距离偏远，冰川区及其周边近域客源市场亦然受阻，如新疆维吾尔自治区主要城市之间的平均距离都在 500 km 以上，这些因素严重阻碍着冰川区冰川旅游的快速发展。中国冰川区经济落后、基础设施建设滞后，这些已成为冰川旅游跨越式发展的最大障碍。除乌鲁木齐、巴音郭楞州、伊犁州、嘉峪关市经济条件优越外，其他中国冰川区地市州经济基础相对薄弱。同时，冰川区城市化率依然很低，除乌鲁木齐市外，超过 50 万人口的城市寥寥无几。冰川区基础建设相对滞后。在铁路方面，除青藏铁路、陇海线兰新段、南疆铁路外，西部再无铁路干线。在高速公路方面，仅分布有连霍高速甘心段、乌鲁木齐至库尔勒、兰州至西宁、西宁至格尔木、拉萨机场高速公路。由于经济水平落后，导致潜在冰川旅游目的地道路等基础设施投资不足、可进入性较差、旅游营销推介投入过低，最终难以形成大规模的主体客源市场，即使在一年两度"长假期"中也很难出现特别突出的旅游高潮。同时，由于历史原因造成了在资源开发利用和经济受益等方面尚存在多方矛盾，这些矛盾也不利于冰川旅游资源的开发和管理。

中国冰川区冬季长、夏季短，舒适便利的旅游时间非常短暂。一般而言，中国冰川区旅游旺季主要集中于 7~9 月，旺季过短，淡季极为突出。另外，旅游人才与旅游服务业人力资源劣势也是制约中国冰川旅游发展的另一重要因素。旅游人才的来源不仅包括外部人才的交流，而且也包括本地受教育程度较高的人才的过渡。然而，2012 年，中国冰川区（这里仅统计新疆维吾尔自治区、西藏自治区、青海省数据）未上过学、小学、初中、高中、中专及以上程度的人数分别为 2068 人、7976 人、7972 人、2845 人、2794 人，分别占全国的 1.87%、1.42%、0.93%、0.84%、1.26%，特别是大专以上学历人数，仅为东部地区的 5.91%，差距悬殊，这将是未来中国冰川区旅游人才发展和培育中的瓶颈所在。中国冰川区不仅旅游人才非常稀缺，同时中国冰川旅游未来发展还面临着旅游服务业从业人员严重不足的问题（中国统计局，2013）。

（二）机遇与威胁

（1）机遇

首先，国内外旅游发展新趋势。随着世界经济社会的发展和世界旅游市场的不断成熟，旅游者的消费需求发生了很大变化。从全球角度来看，旅游者更加追求自然旅游、探险旅游、生态旅游、文化旅游、背包旅游等特殊旅游，更愿意到大众市场尚未涉足或旅游者人数较少的新的旅游目的地。在此背景下，国内旅游方式也经历着重大变化，正由以往的观光旅游向探险旅游、自驾车旅游、体验极限旅游、体育养生旅游以及反季节、反传统的新旅游方式转变。这些新的消费需求趋势为中国冰川区提供了更加广阔的客源市场。其次，国家对西部地区政策的倾斜。实施西部大开发战略，加快中西部地区发展，是 21 世纪以来党中央高瞻远瞩、总揽全局作出的重大决策。2000 年，中共中央、国务院印发《关于转发国家发展计划委员会〈关于实施西部大开发战略初步设想的汇报〉的通知》和《关于实施西部大开发若干政策措施的通知》。之后 10 年，以青藏铁路、西气东输、西电东送为标志，西部大开发战略将基础设施建设作为重点，先行建设，适当超前，西部地区基础设施建设取得了突破性进展。同时，以退耕还林、退牧还草等六大生态环境保护工程为标志，将生态环保作为切入点，西部地区脆弱的生态环境逐步改观。以能源及化学工业、优势矿产资源开采及加工业、特色农牧产品加工业、旅游产业等六大产业为特色，西部地区将资源优势成功转化为经济优势，逐步形成不可替代的特色优势产业。

同时，国家主体功能区规划、生态功能区划、西部天然林保护工程等一系列西部战略规划和生态工程的实施，有力地促进了中国冰川区冰川旅游的发展。另外，边境省份的国际间合作越来越紧密。近年来，在上海合作组织和中亚区域经济合作组织（CAREC）的推动下，中亚区域合作步伐加快，中国与中亚地区国家的合作更加密切。目前，上海合作组织已成为地缘政治格局中一个重要力量，积极推动了能源、交通、电信、贸易等领域的合作与交流。2002 年，由亚洲开发银行倡导建立的中亚区域经济合作组织围绕交通、能源、环境保护、自然资源管理、自然灾害预防和传染疾病防控等重点领域开展了密切的合作。特别是，2013 年，国家主席习近平提出建设"丝绸之路经济带"的战略构想，推进欧亚经济一体化（唐立久和穆少波，2014）。同年，"新疆天山"申遗成功，成为中国西北地区迄今为止唯一一处世界自然遗产。2014，中哈吉三国"丝绸之路：起始端和天山廊道的路网"成功申遗，为丝绸之路跨国经济带冰川旅游发展注入了新的活力。2014 年年底，兰新高铁全线通车，作为中国首条在高海拔地区修建的高速铁路，将甘肃、青海、新疆三省（区）紧密联系在了一起，这必将促进和带动丝绸之路旅游带甘新段冰川旅游的快速发展。另外，中国与巴基斯坦、印度签订了关于作为中国公民出境旅游目的地国的协议。2006～2014 年，中印相继开展了友好旅游年活动，双方都在对方国开展了大型的旅游促销活动。2012 年，俄罗斯在中国成功举办"俄罗斯旅游年"，2013 年，中国则在俄罗斯成功举办"中国旅游年"。

（2）威胁

一方面，国内旅游竞争日益加剧。目前，西部地区越来越多的地方将旅游业作为地方经济发展主导产业乃至支柱产业，都在加大旅游投资建设，开发新项目，推出新产品，增加市场营销手段，千方百计地提高市场竞争力和区域知名度。因此，中国冰川区内部旅游竞争也将变得越来越激烈。从跨国区域合作看，尽管中亚和南亚区域合作取得了一定进展，但从其外部、内部环境看，还面临着许多障碍，国际地区旅游合作仍任重而道远。

国际关系的敏感性也将造成跨国冰川旅游政策的不稳定。由于中国冰川与多国接壤，这既是优势，也是劣势。边境游或跨国旅游和商贸是国家关系与国际形势的晴雨表。在相邻国家关系正常的情况下，跨境就相对容易些，关系好的时候，双方政策会宽松得多。相反，国家关系不明朗，国际关系不稳定的情况下，人员跨境活动控制就会严格一些，甚至会加以限制。从外部环境来看，由于中亚和南亚的特殊战略地位，一直备受西方世界（特别是美国、俄罗斯）的关注，围绕中亚和南亚市场的能源竞争早已开始，而且有加剧之势。从内部条件来看，中亚和南亚区域合作存在社会制度、文化理念、政策法规、交通运输、信息沟通等方面的有形限制，同时存在思想观念、地缘政治和国际环境等方面的无形障碍。另外，目前，中亚和南亚国际合作多集中在国际安全、能源等方面，旅游合作还未真正列入重要议程。

（三）发展战略

根据轻重缓急和影响程度大小，将以上各因素进行排序，可构建 SWOT 矩阵。表 4-5 显示：中国冰川旅游存在多方面因素的影响。两两组合后，可以采取 S-O 战略、S-T 战略、W-O 战略、W-T 战略等多种旅游发展战略（宁建新，2000）。S-O 战略是依靠内部优势去抓住外部机会的战略，两个有利因素相互促进，也叫杠杆效应；S-T 战略是利用自己拥有的优势，去避免或减轻外部威胁打击的战略；W-O 战略是利用外部机会来改进内部弱点的战略；W-T 战略就是直接克服内部弱点和避免外部威胁的战略。

表 4-5　中国冰川旅游 SWOT 分析矩阵

内部资源 营销战略 外部环境	优势-S	劣势-W
	S_1 资源禀赋富集	W_1 环境劣势
	S_2 地缘优势	W_2 区位劣势、经济落后
	S_3 国家战略优势	W_3 旅游人才缺乏
	S_4 后发优势强劲	W_4 投入不足、管理落后
机遇-O	S-O 战略-杠杆	W-O 战略-抑制
O_1 西部政策的倾斜	借国家战略机遇开发国际品牌冰川景区	加大基建投入，改善区位劣势；积极引进人才，改善软性环境
O_2 边境区域合作机遇	依托资源和后发优势，着力开展冰川体验旅游项目	加强跨境旅游、经贸、文化等领域的合作与交流
O_3 旅游方式的转变	发挥冰川区地缘优势，加大边境冰川旅游合作	以体验探险旅游为目标，开发冰川高端产品
威胁-T	S-T 战略-脆弱	W-T 战略-问题
T_1 区域同质冰川旅游竞争激烈	依托富集冰川资源，使区域间冰川旅游产品多样化，通过平衡区际旅游利益，实施冰川旅游精品战略	加强区域资源整合，积极申报中国冰川旅游景区
T_2 国际旅游合作任重道远	利用后发优势和地缘优势，通过旅游的优势互补功能，加强边境旅游合作，促进边境冰川旅游的快速发展	深度开发，提升冰川景区品牌优势，实施错位竞争

按 SWOT 战略矩阵，首先，中国冰川旅游未来应选 S-O 发展战略，即凭借富集冰川资源禀赋和国家西部大开发、生态功能区规划、主体功能区规划、丝绸之路经济带建设等国家战略优势，发挥中国冰川区旅游的后发优势和地缘优势，通过冰川观光旅游向冰川体验旅游方式转变，力争开发并建立几处具有国际品牌的冰川旅游目的地。其次，中国冰川旅游应采取 S-T 发展战略，即依托

富集的冰川资源，选择几处开发条件优越、规模较大的冰川，进行冰川旅游深度开发，使区域冰川旅游项目和产品多样化，通过平衡区际旅游利益，实施冰川旅游精品战略。同时，利用后发优势和地缘优势，通过旅游优势互补功能，加强边境旅游和商贸合作，促进边境冰川旅游的快速发展。再次，中国冰川旅游应利用外部机遇去改进冰川旅游发展劣势（W-O 战略）。利用国家对西部政策的倾斜机遇，加大冰川区交通基础建设力度，改善冰川区的可进入性，同时，积极借助边境区域合作机遇，加强跨境旅游、经贸、文化等领域的深入交流与合作，以及冰川旅游品牌形象的对外营销和推介，进而促进冰川旅游的快速发展。最后，各区域应以"共赢"理念，加强区际旅游合作，积极申报国家级跨区域冰川景区，实施冰川旅游深度开发及错位竞争战略，避免跨境和区际冰川旅游同质竞争现象的发生（表 4-5）。

总体而言，中国冰川区各地市州与十多个国家接壤，陆地边境线长达 12747 km，如此之长的陆地边境线，无疑为中国冰川区旅游业和边境贸易发展带来了契机，特别是历史上穿越西部地区的"丝绸之路"、青藏线的"唐蕃古道"，以及川藏、滇藏线的"茶马古道"，现已成为西部地区旅游发展的重要经济增长区域。同时，伴随着陇海线兰新段第二双线的建成和兰新高铁的通车以及青藏铁路的全线运营，这些将为未来中国冰川旅游跨越式发展提供有利时机和坚实基础。

第五章　中国冰川旅游资源开发潜力评价体系

科学地建立冰川旅游资源开发潜力评价体系，对当前中国冰川旅游资源进行客观评价，是未来中国冰川旅游资源合理开发利用，挖掘其潜力，促进冰川旅游健康发展的重要基础。中国冰川旅游资源丰富多样，开发空间广阔，潜力巨大。随着全面建设小康社会进程的日益推进，国民经济的持续增长，城乡居民收入的稳定增加，国民休假制度的不断完善，以及带薪休假制度的全面落实，中国冰川区将形成巨大的休闲度假旅游消费市场。然而，中国已开发冰川旅游目的地仅10余处，这与巨大的冰川资源禀赋形成了鲜明对比。基于此，本书借鉴国内外冰川旅游资源开发案例，参考中国冰川旅游发展基础，以中国冰川区32个地市州为研究对象，以以往旅游地竞争力评价及资源开发潜力评价为基础，构建了冰川旅游资源开发潜力评价体系，其目的在于指导中国冰川区各地市州冰川旅游空间的开发方向和目标，以促使各区冰川资源观赏价值、旅游价值及经济社会效益最大化。

一、评价原则

科学合理的指标体系是系统评价准确可靠的基础和保证，也是正确引导系统发展方向的重要手段。中国冰川区是中国重要的生态功能区，依托其丰富的冰川旅游资源，开展山地冰川旅游活动，是落实国家生态功能区划和主体功能区规划战略的必然需求，也是当前和未来中国冰川区资源开发和生态产业发展的重要方向。冰川旅游资源开发潜力评价是对冰川资源是否具备发展旅游条件并获取经济、社会和环境效益的可能性评价，其评价不仅要着眼于冰川旅游资源的本体价值，还应关注对冰川旅游资源开发不可或缺的环境条件和开发基础的评价等。同时，评价体系还需考虑冰川旅游影响因素的综合性、复杂性、系统性等，其评价体系建立需要遵循以下原则。

（一）科学性与实用性原则

中国冰川资源大部分深处西部内陆腹地，旅游发展较为缓慢，指标体系确定必须考虑其特殊区位、交通、资源特色和开发现状，在此基础上，进行科学合理的冰川旅游资源开发潜力评价指标体系的建立。同时，指标体系要客观实用，应客观反映冰川资源未来开发潜力程度，另外，指标要目的明确、定义准确，指标内容要简明、易懂，反对模棱两可、含糊不清指标的出现。

（二）系统性与层次性原则

指标体系应全面反映未来冰川旅游资源开发潜力的众多方面，既要反映冰川资源、旅游环境、市场条件和经济社会各子系统发展的指标，又要反映子系统之间相互协调发展的指标。同时，根据指标体系结构，还应分出层次，并将指标体系进行分类，便于使用。指标体系的内容要简单明了、准确、具有代表性。指标数量不宜过大，指标数目应尽可能压缩，以易于操作。

（三）稳定性与动态性原则

评价指标体系应该在一定时期内保持相对稳定，以利于比较和分析不同区域冰川旅游资源的开发潜力及趋势。同时，中国冰川旅游资源、外部环境是一个动态的、变化发展的系统。因此，指标体系建立是一个持续改进的过程，设计应充分考虑系统的动态变化，综合反映开发现状和发展趋势，以利于有效协调、控制、预测与管理。

（四）可比性和可操作性原则

中国冰川旅游资源开发潜力评价指标体系要有统一量纲，以利于形成冰川旅游资源开发潜力程度的时间序列，分析其发展速度和效果，又可以在空间范围上比较不同区域冰川旅游发展潜力水平，同时，还有利于找出与冰川旅游业发达地区的差距，借鉴其先进经验，从而促进冰川旅游潜力区的快速发展。另外，统计指标要含义明确，口径一致，符合国际标准、国际规范和国内现行统计制度的要求。

（五）定性与定量相结合原则

中国冰川旅游资源开发潜力评价是一项较为系统的工作，如果对指标逐一量化，则缺乏科学依据，在实际操作过程中，就需要通过不同学科背景的专家咨询，对一些指标进行定性分析。因此，定性指标不可或缺。在定性评价方法的基础上，适当选取一定评价标准及模型，将评价指标予以客观量化，力求定量或半定量评价。在不同区域，尽量采用统一的定量评价方法，以便评价结果在区域上具有可比性。

二、评价因子筛选

旅游资源评价较为系统，其指标选取也比较复杂，且因人而异，或强调旅游资源自身条件，或强调旅游资源开发条件，或强调旅游环境条件。旅游资源自身条件包括规模体量、美学价值、文化价值、科考价值、旅游功能等，而开发条件则包括区位条件、客源因素、自然环境、社会经济状况、资源开发条件等。较其他旅游资源，冰川旅游资源有其自身的独特性和特殊性，在评价时既要强调近期区位条件，又要兼顾未来资源禀赋条件。

中国冰川旅游资源开发潜力评价应以区位条件、冰川资源禀赋，以及区域经济社会发展为重点研究内容，其评价应遵循主导性、区域性和全面性原则。在综合评价因子的选取和确定上，要特别注重区位交通条件、冰川资源禀赋、距离衰减规律、自然环境、旅游开发基础、知名度与美誉度、经济发展条件等因素。中国冰川区大部分地处祖国内陆腹地，其冰川旅游发展将会受到自然环境、区位条件、基础设施、经济社会条件的综合影响，其冰川旅游资源开发潜力综合评价因子的选取一定要考虑中国冰川旅游资源的特殊性。

1）世界冰川主要分布于高纬度或中低纬度高海拔的地区，因而赋予了冰川特殊的区域特性，这不仅造就了冰川资源的高纬度和高海拔特性，而且极大地限制了冰川旅游的开发进程。

2）中国冰川区经济基础落后、基础条件滞后，这些已成为冰川旅游发展的瓶颈所在，虽然西部大开发加大了中国冰川区的基础设施投资力度，但目前交通条件仍显落后。

3）中国冰川区自然环境恶劣、生态脆弱、天然草场退化等生态环境恶化日益严重，人为因素对其生态环境的影响起着越来越重要的作用。

4）在较短时间尺度上，着重考虑冰川旅游地的区位因素，在较长时间尺度上，应考虑冰川旅游资源禀赋的自然属性。

5）中国冰川区大部分地处边远地区，它们大多属于旅游非优区（类似于旅游阴影区，包括旅游资源非优区、旅游区为非优区、旅游经济非优区、旅游环境非优区等）（Ross，1993；Andrew，1997；许春晓，1993，2000），这既是劣势，也是优势。劣势在于旅游发展基础落后，优势在于它属于旅游后发优势区。随着当前旅游市场结构的改变和交通运输的发展，中国旅游业发展的空间格局正在发生深刻的变化，即在空间尺度上，国内短线旅游将与长线旅游并驾齐驱成为发展的主流；在空间位置上，冷点乃至温点地区逐渐向热点地区转化。这就意味着中国冰川区旅游非优区的发展面临着前所未有的良机。

6）中国冰川旅游主要受到交通因子、经济因子、自然环境因子、人文社会环境因子、客源市场因子，以及国家政策环境因子的影响，其开发潜力评价要综合考虑这些要素。

三、评价体系构建

中国冰川旅游资源开发潜力综合评价是根据近期冰川编目及其他社会经济调

查资料来对冰川区各地市州冰川旅游资源开发潜力水平进行综合评价。通过综合评价，旨在明晰冰川区各地市州冰川旅游发展存在的问题，并为区域冰川旅游空间开发与规划提供科学依据。具体综合评价步骤可以分为冰川旅游资源开发潜力评价目标的确定、评价指标体系的确定、评价方法和模型的确定、搜集评价数据、实施综合评价、对评价结果进行评价与检验、综合潜力评价结果分析，具体评价过程如图5-1所示。

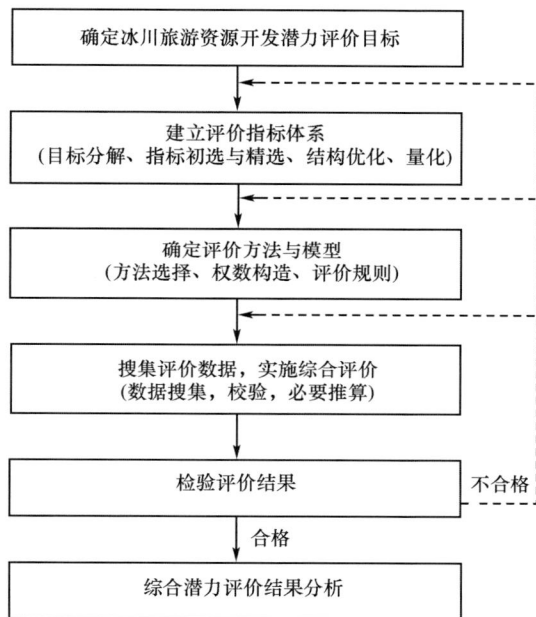

图5-1 中国冰川旅游资源开发潜力综合评价基本过程

中国冰川区旅游地旅游发展潜力的综合评价的难点之一是评价指标的遴选，评价指标不全面、不准确，会直接影响评价结果的科学性和合理性，进而影响到相应旅游地旅游规划、旅游发展和旅游战略的实施。目前，尚无一个较为成熟的、全面的旅游资源开发潜力评价指标体系。鉴于此，本书在借鉴国内外研究成果的基础上，根据全面性、层次性、可比性、可测性、可行性原则，综合历史文献（郭来喜等，2000；陈鹰，2006；汪侠等，2007）研究成果和中国冰川区实际情况，遴选出60项评价冰川旅游资源开发潜力的预选指标，运用因子分析方法对预选指标进行筛选，同时，参考各指标的专家咨询结果，最终遴选和确定包括26项评价因子在内的中国冰川旅游资源开发潜力评价指标体系。

中国冰川旅游资源开发潜力评价是对冰川区冰川旅游资源、区位条件、市场条件，及社会经济发展状况的综合评价。根据中国冰川旅游资源开发潜力评价体系的构建思路，将整个评价体系分为一、二、三级指标，一级指标包括区位交通潜力、资源环境潜力、基础开发潜力和社会经济潜力四部分。其中，区位交通潜力重在反映冰川旅游发展中的区位优劣势状况和通达性条件，包括旅游地区位与区域区位两类。资源环境潜力包括冰川资源禀赋、观光游憩价值、科学文化价值、旅游环境条件4类。基础开发潜力包括冰川旅游基础条件和市场潜力两类，说明冰川区冰川旅游开发现状及客源优劣势状况。社会经济潜力包括冰川旅游开发的经济条件和社会条件两类。总体上，冰川旅游资源开发潜力评价体系包括4项一级指标（目标层 B），10项二级指标（准则层 C）和26项三级指标（因素层 D）。其中，因素层包括17项软性指标和9项硬性指标，软性指标通过相关专家利用1~5级模糊评价法赋值，硬性指标则通过冰川编目、统计年鉴或区域社会经济公报获得，具体指标及其说明见表5-1。

表5-1 中国冰川旅游资源开发潜力评价指标体系基本框架

目标层（B）	准则层（C）	因素层（D）	指标说明
中国冰川旅游资源开发综合潜力指数（A）	区位交通潜力（B_1）		
	旅游地区位（C_1）	冰川景区通达性（D_1）	距冰川基地距离，说明冰川进入性程度
		冰川区地缘优势（D_2）	边境国家数量，接壤国家越多表明地缘优势越明显
	区域区位（C_2）	区域交通便捷程度（D_3）	航空、高速公路、铁路、省级公路交通通达条件
		冰川区区位条件（D_4）	冰川旅游地距省会城市距离
	资源环境潜力（B_2）	旅游资源禀赋（C_3）	典型冰川长度（D_5）	表明已开发或待开发典型冰川的规模大小
			冰川规模与丰度（D_6）	每100km² 冰川面积，表明区域冰川的规模大小
			冰川景观的组合开发潜力（D_7）	如冰川+古镇，冰川+温泉，冰川+湖泊等整合模式
		观光游憩价值（C_4）	典型冰川洁净与形态（D_8）	冰川洁净和冰川遗迹形态的景观质量
			冰川旅游地适游期（D_9）	冰川旅游适宜期（月）
			冰川区休闲度假条件（D_{10}）	反映冰川区休闲旅游度假潜力大小
		科学文化价值（C_5）	科考科普环境教育功能（D_{11}）	冰川、地质、环境的科普环保教育功能大小
			冰川旅游地历史宗教文化（D_{12}）	山岳文化、神山崇拜等文化资源基础

目标层（B）	准则层（C）	因素层（D）	指标说明
中国冰川旅游资源开发综合潜力指数（A）	资源环境潜力（B_2）	科学文化价值（C_5）	区域民族文化多样性（D_{13}）	民族文化的多样性，是否持有较高的原生态性
		旅游环境条件（C_6）	区域旅游资源数量（D_{14}）	国家4A级及以上旅游景区（或同类别）数量
			冰川旅游地环境现状（D_{15}）	反映冰川区生态环境和旅游环境状况
			冰川灾害的危险程度（D_{16}）	反映冰川旅游的安全性能
	基础开发潜力（B_3）	基础条件（C_7）	冰川旅游开展现状（D_{17}）	表明冰川旅游开发程度
			冰川旅游地依附度（D_{18}）	依附景区的级别程度，如世界、国家和省级等
			冰川利用的技术和手段（D_{19}）	反映冰川资源的可利用性程度
		市场潜力（C_8）	冰川旅游地客源市场条件（D_{20}）	离近、中、远域客源市场距离
			区域知名度及影响力（D_{21}）	有否为旅游城市或其他知名头衔
			冰川旅游地市场价值（D_{22}）	目的地游客满意度和客源地向往度
	社会经济潜力（B_4）	经济条件（C_9）	地区GDP产值（D_{23}）	反映区域经济总量水平
			第三产业占GDP份额（D_{24}）	反映第三产业在区域经济总量中的贡献额度
		社会条件（C_{10}）	旅游政策倾斜程度（D_{25}）	有无近、中、长期旅游规划，政策扶持力度如何
			区域旅游协作潜力（D_{26}）	反映区域旅游环境状况

四、指标说明

（一）区位交通潜力

区位交通条件主要指与冰川资源开发息息相关的区域和冰川区区位条件，具体包括冰川景区的通达性、区域地缘优势，冰川区的航空、铁路和陆路交通通达性及便捷程度。其中，冰川景点主要指目前已开展冰川旅游或离周边城市最近且最易开发的冰川，景区通达性是指冰川景点离冰川最近基地的距离；地缘优势指与周边国家接壤的数量，接壤国家越多表明地缘优势越强烈，边境冰川旅游发展潜力就越大；冰川区区位是指冰川旅游地离省会城市的距离。总体而言，中国冰川主要分布于青藏高原、帕米尔-喀喇昆仑山、天山、阿尔泰山高海拔地带，这些地带距客源市场较远、区位优势不明显，可进入性较差。然而，中国冰川区毗邻俄罗斯、蒙古、哈萨克、吉尔吉斯斯坦、阿富汗、巴基斯坦、印度、尼泊尔、不丹多个国家，边界线较长，其地缘优势明显。

（二）资源环境潜力

资源环境潜力是指冰川自身价值及周边旅游环境条件，是冰川旅游资源开发的基础性因素。资源环境潜力旨在说明冰川区典型冰川规模、旅游资源禀赋状况，冰川观光游憩价值、科学文化价值和旅游环境条件在未来冰川旅游发展中的潜在作用。其中，典型冰川旅游地以距冰川基地最近冰川（考虑距离衰减规律）或已开发冰川景点为研究对象，具体包括乌鲁木齐河源 1 号冰川、木斯岛冰川、木扎尔特冰川、多峰冰川、科克萨依冰川、羊布拉克冰川、托木尔冰川、额尔宾山冰川、黑沟 8 号冰川、苗儿沟冰川、博格达山冰川、婆罗克努山西段冰川、冷龙峡北坡冰川、岗则吾结东段冰川、透明梦柯冰川、七一冰川、岗纳楼 5 号冰川、聂恰曲河冰川、哈龙冰川、岗什卡峰冰川、海螺沟冰川、达古冰川、白水河 1 号冰川、明永冰川、噶哇嘎普冰川、西布冰川、来古冰川、卡若拉冰川、格拉丹东冰川、卡钦冰川、绒布冰川、纳木那尼冰川在内的 32 条冰川。另外，冰川旅游资源规模及丰度是指各地市州每 100 km^2 所拥有的冰川面积；区域旅游资源数量是指国家 4A 级及以上（同类别）景区（点）的数量。

（三）基础开发潜力

基础开发潜力这一指标重在评价冰川旅游目的地旅游开发现状、客源市场前景、市场营销水平，以及区域旅游产业发展状况。现状评价包括冰川旅游地景观特色、冰川旅游地的景区依附度、冰川旅游开展情况、冰川旅游地旅游资源互补性、冰川旅游资源的可利用性。市场潜力评价包括市场区位条件、地区知名度及影响力、冰川旅游地市场价值、游客接待量、区域旅游收入、旅游产值年增长率和市场营销能力。其中，冰川旅游地的景区依附度是指冰川旅游地依附于景区的级别，如世界级、国家级、省级或市级及以下。市场区位条件是指近、中、远域客源市场进入性程度。

（四）社会经济潜力

社会经济潜力主要用来衡量冰川旅游地的经济社会系统的支撑潜力。具体指标包括 4 个评价因子。其中，旅游地 GDP 主要反映区域经济总量；第三产业对经济的贡献度用以反映旅游在区域经济发展中的重要程度；区域旅游政策倾斜程度指有无近、中、远期旅游规划和政策扶持；旅游协作状况用以反映区域旅游合作共赢战略的实施情况。

五、指标赋权

由于指标权重的大小直接关系到评价结果的准确与否，所以它对最终的评价结果起着至关重要的作用。因此，在建立综合评价模型时，各指标权重的确定是其核心问题。从目前各类研究成果看，根据确定途径的不同，对于权重的确定方法大致可分为两大类：一类是由专家根据经验判断各评价指标相对于评价目的而言的相对重要程度，然后经过综合处理获得指标权重的主观赋权法。另一类是直接依据评价对象指标属性值的特征确定各指标权重，称为客观赋权法。其中，主观赋权法主要有主观经验判断法、专家征询或专家调查法、评判专家集体讨论法、层次分析法，它们的优点主要体现了决策者对问题和目标的准确认识与发生机理的把握，缺点在于较少考虑原始数据之间的关系，且指标过多时很难计算权重。客观赋权法主要根据原始数据之间的关系通过一定数学方法来确定权重，其判断结果不依赖于人的主观判断，有较强的数学理论依据，但往往忽视决策者的知识与经验，以及实际数据之间的具体内涵（高光贵，2003；黄裕新等，2004；王俊，2007；李因果和李新春，2007；王芳，2009）。基于此，本书利用层次分析法主观赋权和熵权系数法客观赋权相结合的方法来确定评价体系各因子的综合权重。

（一）主观权重确定

层次分析法（analytic hierarch process，AHP）是美国著名运筹学家萨蒂（Saaty）于 20 世纪 70 年代中期提出的一种系统分析综合方法。层次分析法基本原理如下：首先把问题层次化，按问题性质和总目标将问题分解成不同层次，形成有序的递阶层次，从而构成一个多层次的分析模型。假定系统确认的所有元素中可以划分为彼此不相接的若干层，其中任何一层中的元素只对另一个特定层中的元素产生影响，同时也只受另一层中元素的影响，递阶层次结构的每一层内的元素都彼此独立。建立层次结构后，上下层之间元素的隶属关系就被确定了。然后，通过两两比较重要性程度而逐层进行判断评分①，利用计算判断矩阵特征向

---

① 用数值 1、3、5、7、9 标度两指标相比较时前者较后者同等重要、稍重要、明显重要、强烈重要、极端重要；2、4、6、8 则表示它们之间的过渡情形。后者与前者比较的重要性标度值用前者与后者比较的重要性标度值的倒数表示。

量及最大特征根，并对矩阵进行一致性检验。当通过一致性检验后，说明特征向量可以作为评价因子的权重，即该层指标对上层指标的贡献程度，从而得到基层指标对总体目标重要性的排列结果。层次排序包括层次单排序和层次总排序。层次单排序就是求某一层上不同元素对相邻上一层各元素重要性程度的方法，而最终计算最底层上不同元素对总目标影响程度的方法叫层次总排序。层次总排序是层次分析法的最终目的，以层次单排序为基础，逐次进行，对于总目标层下面的层次，其单排序结果也就是总排序结果（图5-2）。

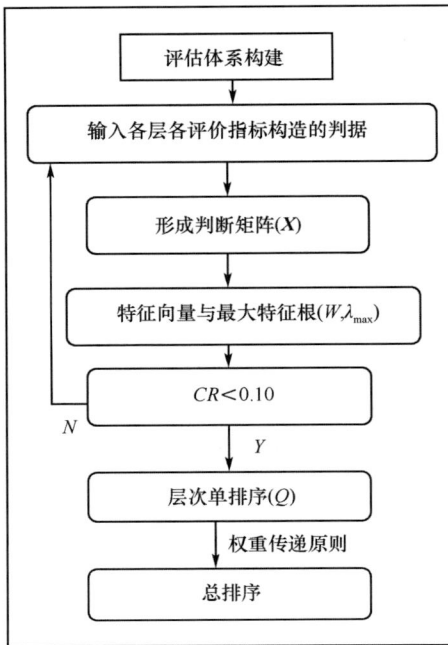

图5-2　评价体系权重计算流程

判断矩阵构建思路如下：将全部评价因子（n 个）指标构建一个判断矩阵 X，并对各指标重要性两两进行比较。比较结果 f_{ij} 填入判断矩阵相应的 i 行 j 列内。f_{ij} 为 AHP 中的标度，其含义为"i 指标的重要性是 j 指标重要性的倍数"，显然，判断矩阵 X 具有 3 个基本性质：①$f_{ij} > 0$；②$f_{ij} = 1/f_{ji}$；③$f_{ii} = 1$。AHP 法的递阶解析过程符合整体、综合、最优的系统思想，该方法能满足指标既有定量又有定性的描述。具体方法如下：假定综合评价目标为 A，评价指标集 $F = \{F_1,$ $F_2, F_3, \cdots, F_n\}$，构造判断矩阵 X（A–F）式（5-1）

$$X = \begin{pmatrix} f_{11} & \cdots & f_{1n} \\ \vdots & \ddots & \vdots \\ f_{n1} & \cdots & f_{nn} \end{pmatrix} \tag{5-1}$$

式中，f_{ij} 表示因素的相对重要性数值（$i=1, 2, \cdots, n$）（$j=1, 2, \cdots, n$），f_{ij} 取值见表5-2。

表5-2　*A-F* 判断矩阵及其含义

f_{ij} 的取值	含义	f_{ij} 的取值	含义
1	f_i 与 f_j 同等重要	9	f_i 与 f_j 极端重要
3	f_i 与 f_j 稍微重要	2、4、6、8	分别为 1~3、3~5、5~7、7~9
5	f_i 与 f_j 明显重要	$f_{ij} = 1/f_{ji}$	表示 j 比 i 的不重要程度
7	f_i 与 f_j 强烈重要		

AHP 相对权系数的经典解法是特征根法（eileen value method，EM），且多采用幂乘法来计算判断矩阵 X 的最大特征值 $\lambda_{\max}$ 与最大特征向量 W。特征向量就是以上一层某一因素为标准的本层次各因素的最重要次序的权重，也就是说求权重就是求其矩阵 X 的特征向量。因特征向量计算过程繁琐，AHP 理论界提出了一些所谓的"近似解法"，并且从理论上可以容易得到验证。公式 $XW = \lambda_{max} W$ 中的最大特征根和对应特征向量，可以利用线性代数的计算方法，但一般采用较为简便的近似方法，如幂乘法、行和法、方根法（几何平均法）、LAM 法（最小夹角余弦法）等（李金昌，苏为华，2006）。

本书中指标权重采用和积法（规范列平均法）求得。具体方法如下：首先，将构造的判断矩阵 X 每一列元素 b_{ij} 作归一化处理［式（5-2）］。其次，将每一列经归一化处理后的判断矩阵按行相加得到 W［式（5-3）］。再次，对向量 $W =$（W_1，W_2，$\cdots$，W_n）' 作归一化处理得到特征向量 W［（式 5-4）］，$W =$（W_1，W_2，$\cdots$，W_n）' 即为 X 特征向量的近似解。最后，对判断矩阵 X 特征向量进行一次性检验［式(5-5)］。其中，CI［式(5-6)］为一致性指标，$\lambda_{\max}$ 为判断矩阵 X 最大特征根［式(5-7)］，RI 为平均随机一致性指标。当一次性检验比率 CR<0.1 时，认为判断矩阵 X 满足一致性，也就是说，向量 W 中的分量可以作权重，若 CR≥0.1 时，认为判断矩阵 X 未通过检验，不能把 W 中的分量作为权数，此时应对矩阵进行修正，直到能满足一致性为止。

$$\overline{b_{ij}} = \frac{b_{ij}}{\sum\limits_{n}^{1} b_{ij}} \qquad (i, j = 1, 2, \cdots, n) \tag{5-2}$$

$$\overline{W_i} = \sum\limits_{n}^{1} \overline{b_{ij}} \qquad (i = 1, 2, \cdots, n) \tag{5-3}$$

$$W_i = \frac{\overline{W_i}}{\sum\limits_{n}^{1} \overline{W_I}} \qquad (i = 1, 2, \cdots, n) \tag{5-4}$$

$$CR = CI/RI \tag{5-5}$$

$$CI = \frac{\lambda_{\max} - n}{n - 1} \qquad (n \text{ 为判断矩阵阶数}) \tag{5-6}$$

$$\lambda_{\max} = \sum\limits_{n}^{1} \frac{(BW)_i}{nW_i} \tag{5-7}$$

中国冰川旅游资源开发潜力评价指标体系，见表 5-1。首先，根据目标层、准则层及因素层之间的隶属关系，构造判断矩阵。本书特邀具有冰川、旅游、地理、资源、生态、经济等学科背景的专家 15 名，按照 1~9 比例标度法，请他们对中国冰川旅游资源开发潜力评价体系各层各因子指标进行两两重要性程度的判断和打分。然后，将专家主要意见和统计结果反馈给各位专家，再请专家二次对调整后的指标体系进行第二轮评价及打分。最后，计算 15 位专家对各层指标评分的算术平均值，并将比较的结果 b_{jk} (j, $k=1$, 2, $\cdots$, n) 写成 $n \times n$ 阶矩阵 ($\boldsymbol{B}$) 的形式 [式 (5-8)]，分别求出 $\boldsymbol{B}$ 最大特征根 λ_{max} 和标准化的特征向量 W，W 即以上一层某一因素为标准的本层次各因素的重要性次序的权重值。

$$\boldsymbol{B} = (b_{ij})_{n \times n} = \begin{pmatrix} b_{11} & \cdots & b_{1n} \\ \vdots & \ddots & \vdots \\ b_{n1} & \cdots & b_{nn} \end{pmatrix} \tag{5-8}$$

然后，采用"和积法"对判断矩阵进行归一化处理，求出判断矩阵的权值向量和特征根，计算一致性比率，判断矩阵是否符合随机一致性指标。若通过一次性检验，说明该矩阵特征向量即该层次相对于上一层的各因子权重 (ω)，也就是说，求权重即求其矩阵 $\boldsymbol{B}$ 的特征向量。通过计算每一矩阵的特征向量，以获得每一层相应的权重值。然后，进行最底层（供决策的方案、措施）对最高层（目标层）的相对重要性权重值的确定或相对优劣势的排序。其中，总目标层支配着目标层 $B_1 \sim B_4$、准则层 $C_1 \sim C_{10}$ 和因素层 $D_1 \sim D_{26}$。按照目标层相对于总目标层重要性赋予 $B_1 \sim B_4$ 相应的权重值。同理，赋予 $C_1 \sim C_{10}$，以及 $D_1 \sim D_{26}$ 相应的权重值。其中，准则层 B 和因素层 C 仅起一种传递的作用（具体计算步骤从略）（王世金和赵井东，2011）。

（二）客观权重确定

本书客观权重采用熵权系数法确定。在信息论中，熵是系统有序程度的度量，它可以度量数据所提供的有效信息量。评价指标在某项指标上的值相差越大，熵值就越小，说明该指标提供的有效信息量越大，该指标权重也越大。反之，亦然（邹志红等，2003）。熵权系数法是根据熵的概念和性质，把多目标决策评价各待选方案的固有信息和决策者的经验判断的主观信息进行量化和综合，进而建立基于熵的多目标决策评价模型，从而为多目标决策提供依据（常学礼等，2003；Qi and Lin，2005）。熵权系数法具体赋权步骤如下。

设有 n 个评价对象，每个评价对象有 m 个评价指标，则评价指标特征值的矩阵 ($\boldsymbol{X}$) 如下：

$$\boldsymbol{X} = (X_{ij})_{m \times n} = \begin{pmatrix} X_{11} & \cdots & X_{1n} \\ \vdots & \ddots & \vdots \\ X_{m1} & \cdots & X_{mn} \end{pmatrix} \tag{5-9}$$

式中，$i=1$, 2, $\cdots$, m；$j=1$, 2, $\cdots$, n。

按照参与评价的各项指标值越大潜力越高型 [式 (5-10)] 和指标值越小潜力越高型 [式 (5-11)] 对矩阵 $\boldsymbol{X}$ 中的特征值进行归一化处理。

$$X_{ij}{}' = [X_{ij} - \min(X_{ij})]/[\max(X_{ij}) - \min(X_{ij})] \qquad (5\text{-}10)$$

$$X_{ij}{}' = [\max(X_{ij}) - X_{ij}]/[\max(X_{ij}) - \min(X_{ij})] \qquad (5\text{-}11)$$

式中，$\max(X_{ij})$、$\min(X_{ij})$ 分别为第 i 个指标值、第 j 个待评价对象的最大和最小值。得到如下归一化矩阵：

$$X_{ij}{}' = \begin{pmatrix} X_{11}{}' & \cdots & X_{1n}{}' \\ \vdots & \ddots & \vdots \\ X_{m1}{}' & \cdots & X_{mn}{}' \end{pmatrix} \qquad (5\text{-}12)$$

计算第 i 个评价指标、第 j 个待评价对象的评价指标特征值（P_{ij}）：

$$P_{ij} = X_{ij}{}' \Big/ \sum_{j=1}^{n} X_{ij}{}' \qquad (5\text{-}13)$$

计算第 i 个评价指标的熵（e_i）：

$$e_i = \frac{1}{\ln n} \sum_{j=1}^{n} P_{ij} \ln P_{ij} \qquad (5\text{-}14)$$

计算第 i 个评价指标的熵权重（a_i）：

$$a_i = (1 - e_i) \Big/ \sum_{i=1}^{n} P_{ij}(1 - e_i) \qquad (5\text{-}15)$$

（三）综合权重确定

为全面反映冰川旅游资源开发潜力评价体系各指标重要性程度，还需将决策者对各指标给出的主观权重（ω_i，由 AHP 法确定）与客观权重（a_i，由熵权系数法确定）相结合，以最终确定各指标的综合权重（σ_i）：

$$\sigma_i = a_i \omega_i \Big/ \sum_{i=1}^{m} a_i \omega_i \qquad (5\text{-}16)$$

（四）综合权重分析

从目标层 B 相对于总目标层 A 的权重排序看，区位交通潜力指数所占比重最大，为 0.37，资源环境潜力指数次之，权重为 0.28，说明冰川旅游资源的区位交通条件和资源环境条件对于未来中国冰川旅游资源开发潜力水平至关重要。冰川旅游资源具有明显的区域特性，因冰川大部分分布于西部内陆腹地高海拔地区，冰川进入性较差，故区位交通潜力是影响近期冰川旅游发展的最大瓶颈。在较长时间尺度上，随着区位交通条件的改善，冰川资源的自然属性将变得越来越重要。基础开发潜力与社会经济潜力的权重分别为 0.15 和 0.20，排序分别为第四和第三，说明冰川区前期开发基础条件与社会经济基础也是影响未来中国冰川旅游发展的重要因素（表5-3）。

表 5-3 中国冰川旅游资源开发潜力评价体系各要素最终权重

目标层 (B)	权重	准则层 (C)	权重 Q	因素层 (D)	综合权重排序
		旅游地区位 (C₁)	0.14	冰川景区通达性 (D₁)	0.124
区位交通潜力 (B₁)	0.37			冰川区地缘优势 (D₂)	0.061
		区域区位 (C₂)	0.28	区域交通便捷程度 (D₃)	0.093
				冰川区区位条件 (D₄)	0.093
		旅游资源禀赋 (C₃)	0.087	典型冰川长度 (D₅)	0.053
				冰川规模与丰度 (D₆)	0.033
				冰川景观的整合开发潜力 (D₇)	0.043
		观光游憩价值 (C₄)	0.053	典型冰川洁度与形态 (D₈)	0.023
				冰川旅游地适游期 (D₉)	0.042
资源环境潜力 (B₂)	0.28			冰川区休闲度假条件 (D₁₀)	0.013
		科学文化价值 (C₅)	0.027	科考科普环境教育功能 (D₁₁)	0.010
				冰川旅游地历史宗教文化 (D₁₂)	0.010
				区域民族文化多样性 (D₁₃)	0.020
		旅游环境条件 (C₆)	0.023	区域旅游资源数量 (D₁₄)	0.013
				冰川旅游地环境现状 (D₁₅)	0.011
				冰川灾害的危险程度 (D₁₆)	0.010
		基础条件 (C₇)	0.08	冰川旅游开展现状 (D₁₇)	0.019
				冰川旅游地依附度 (D₁₈)	0.016
基础开发潜力 (B₃)	0.15			冰川利用的技术和手段 (D₁₉)	0.014
		市场潜力 (C₈)	0.04	冰川旅游地客源市场条件 (D₂₀)	0.041
				区域知名度及影响力 (D₂₁)	0.026
				冰川旅游地市场价值 (D₂₂)	0.033
		经济条件 (C₉)	0.18	地区 GDP 产值 (D₂₃)	0.090
社会经济潜力 (B₄)	0.20			第三产业占 GDP 份额 (D₂₄)	0.044
		社会条件 (C₁₀)	0.09	旅游政策倾斜程度 (D₂₅)	0.033
				区域旅游协作潜力 (D₂₆)	0.033

（目标层 B 最左侧合并单元格为：中国冰川旅游资源开发综合潜力指数 (A)）

从准则层 C 相对于目标层 B 的权重排序看，区域区位、经济条件、旅游地区位、社会条件、冰川旅游资源禀赋权重分列前五位，权重分别为 0.28、0.18、0.14、0.09、0.087。由此说明，冰川旅游地的发展潜力主要取决于区位优势（冰川旅游地区位、地缘优势、离客源市场远近等）、交通通达性（航空、铁路、高速公路、公路的密集度与通达性）、旅游地经济社会条件，以及冰川旅游资源禀赋状况。同时，基础条件、观光游憩价值、市场潜力、科学文化价值和旅游环境条件分列后五位，权重分别为0.08、0.053、0.04、0.027、0.023，说明冰川旅游基础开发条件、资源观光游憩价值、区域市场潜力、科学文化价值和旅游环境也是影响冰川区冰川旅游资源开发潜力水平的重要因子。

六、评价模型建立

（一）指标标准化处理

评价指标无量纲化处理也叫数据标准化处理（data normalization），它是通过数学方法变换来消除原始指标间的量纲，将数据按比例缩放，使其落入一个小的特定区间的方法。本书参照相关国家标准和相关领域专家建议，对评价指标体系中26项软性指标进行了模糊等级划分和赋值，即运用李克特五级量表进行$1 \sim 5$级模糊评价量化，如因素层冰川可进入性D_1可由极易、容易、较易、一般和困难五级量化，分别以5、4、3、2、1进行赋值。冰川旅游资源开发潜力评价体系各指标单位不一、属性不一，为尽可能反映实际情况，有效避免各指标原始数据的量纲差异，本书对原始数据进行标准化（Z-scores）变换，进而得到相应评分值，无量纲化后各变量的平均值为0，标准差为1，见式（5-17）。当指标为正向指标时，值越大越有利于冰川旅游资源开发潜力的提升。当指标为逆向指标时，值越小越有利于冰川旅游资源开发潜力的提高，首先将逆向指标Y_{ij}进行正向化处理〔式(5-18)〕，然后，利用正向指标进行标准化处理。

$$X_{ij} = \frac{x_{ij} - \overline{x_i}}{S_i} \tag{5-17}$$

$$Y_{ij} = -X_{ij} \tag{5-18}$$

其中，

$$S_i = \sqrt{\frac{1}{n} \sum_{j=1}^{n} (x_{ij} - \overline{x_i})^2}, \tag{5-19}$$

$$\overline{x_i} = \frac{1}{n} \sum_{j=1}^{n} x_{ij} \tag{5-20}$$

式中，X_{ij}为第j个地市州第i个指标标准化值；x_{ij}为第j个地市州第i个指标原始值；$\overline{x_i}$为第i个指标原始平均值；S_i为第i个指标标准偏差。

（二）评价模型

中国冰川旅游资源开发潜力评价体系中每一指标从不同侧面反映了冰川区各地市州冰川旅游资源开发潜力的程度，欲全面反映其综合潜力水平，还要进行综合潜力评价。本书采用多目标线性加权综合评价方法，通过对 26 个因素层评价指标进行加权处理，计算中国冰川旅游资源开发潜力综合指数，进而按评价结果对其综合潜力进行区划，具体评价模型如下：

$$PI_{GTRD} = \sum_{i=1}^{m} x_{ij} \times \sigma_{ij} \qquad (5\text{-}21)$$

式中，PI_{GTRD} 为冰川旅游资源开发潜力综合指数（glacier tourism resource development potential index）；x_{ij} 为第 i 个地市州因素层 D 第 j 个指标的标准化得分值；σ_{ij} 为第 i 个地市州因素层 D 第 j 个指标在总目标层下的综合权重。其中，权重由主客观综合权重确定 ［式（5-16）］。$PL_{GTRD} > 0$，表明冰川旅游资源开发潜力位于中国冰川区 32 个地市州平均水平之上；$PL_{GTRD} < 0$，表明冰川旅游资源开发潜力位于 32 个地市州平均水平之下，值越大，表明冰川旅游资源开发潜力越大。

第六章　中国冰川旅游资源开发潜力综合评价

中国冰川旅游资源的开发利用在中国西部旅游发展中具有重要作用，而冰川旅游资源开发潜力综合评价则是冰川旅游跨越式发展的基础性工作。中国冰川旅游资源开发潜力综合评价是对区域冰川旅游资源禀赋、区位交通条件、基础开发状况、综合价值和竞争力的评价研究。本书按照中国冰川旅游发展的实际情况，以冰川区 32 个地市州为基本评价单元，以评价单元冰川资源为研究对象，对其进行冰川旅游资源开发潜力的综合评价，以此为未来中国冰川旅游发展提供理论参考。旅游资源开发潜力评价有别于竞争力评价，竞争力评价主要指对已开展的旅游活动，且开发比较成熟的景区或不同尺度的区域进行的现状和竞争优势评价，潜力评价包含竞争力评价的成分，但更多的是对未来资源开发潜在能力的评价和判断。中国冰川区开展冰川旅游活动的区域很少。因此，本书主要以未来中国冰川旅游资源开发潜力综合评价为主。

一、评价范围

中国冰川分布广泛、体量巨大，对每一冰川进行旅游开发潜力评价难度都较大，且冰川旅游仍处于初期发展阶段，景点稀少。因此，本书中中国冰川旅游资源开发潜力评价范围以冰川区各地市州为基本评价单元，具体包括新疆维吾尔自治区乌鲁木齐市、阿勒泰地区、伊犁州、和田地区、喀什地区、克孜勒苏州、阿克苏地区、巴音郭楞州、昌吉州、哈密地区、吐鲁番地区、博尔塔拉州 12 个地市州，西藏自治区拉萨市、昌都地区、山南地区、那曲地区、林芝地区、日喀则地区、阿里地区 7 个地市，青海省海西州、玉树州、果洛州和海北州 4 个州，甘肃省酒泉市、嘉峪关市、张掖市和武威市 4 个市，四川省甘孜州和阿坝州 2 个州，云南省丽江市、迪庆州、怒江州 3 个市州，典型冰川的选择原则是已有开发基础或距离旅游中心城市较近，冰川区基地选择距典型冰川最近的城镇，具体详情见表 6-1。

表 6-1　中国冰川旅游地状况及其冰川资源分布

地市州	典型冰川（长度）	冰川区基地	距基地距离（km）	地市州距首府距离（km）	冰川条数（条）	冰川面积（km²）
乌鲁木齐市	乌鲁木齐河源 1 号冰川（2.2km）	乌鲁木齐县	125	28	200	100
阿勒泰地区	木斯岛冰川（2.4km）	吉木乃县	50	676	430	279.91

续表

地市州	典型冰川（长度）	冰川区基地	距基地距离（km）	地市州距首府距离（km）	冰川条数（条）	冰川面积（km²）
伊犁州	木扎尔特冰川（3.3km）	昭苏县	60	750	2 373	2 022.66
和田地区	昆仑山多峰冰川（31km）	策勒县	180	1 040	4 000	6 000
喀什地区	科克萨依冰川（28km）	塔什库尔干	50	1 450	3 000	5 500
克孜勒苏州	羊布拉克冰川（9.4km）	奥伊塔克镇	35	1 409	1 135	2 422
阿克苏地区	托木尔冰川（41km）	温宿县	100	996	1 357	4 009.3
巴音郭楞州	额尔宾山冰川（7.8km）	巴音布鲁克镇	45	455	1 200	1 200
昌吉州	黑沟8号冰川（7.4km）	阜康市	49	38	1 119	1 033
哈密地区	庙儿沟冰川（2.7km）	哈密市	70	592	94	88.69
吐鲁番地区	博格达山冰川（1.5km左右）	吐鲁番市	140	406	150	60
博尔塔拉州	婆罗克努山西段冰川（2.5km左右）	温泉县	120	510	800	500
武威市	冷龙峡北坡冰川（1km左右）	祁连乡	150	277	141	64.84
张掖市	五一冰川（2.2km左右）	肃南县	170	510	428	129.79
酒泉市	透明梦柯冰川（10.1km）	石包城乡	60	738	1 625	1 140.14
嘉峪关市	七一冰川（3.8km）	嘉峪关市	116	765	1	4
海西州	岗纳楼5号冰川（10km）	德令哈市	150	481	1 581	325 800
玉树州	聂恰曲河冰川（6.9km）	曲麻莱	320	822	935	267 000
果洛州	哈龙冰川（7.7km）	大武镇	100	466	68	78 000
海北州	岗什卡峰冰川（1km左右）	门源县	40	155	864	34 700
甘孜州	海螺沟冰川（13.1km）	磨西镇	10	337	150	153 002
阿坝州	达古冰川（1.6km）	黑水县	30	280	246	84 242
丽江市	白水河1号冰川（2.7km）	古城区	20	660	15	20 603
迪庆州	明永冰川（11.5km）	德钦县	28	1 042	48	23 870
怒江州	噶瓦嘎普冰川（1km左右）	丙中洛	150	934	7	14 703
拉萨市	西布冰川（9km）	当雄县	120	320	2 173	29 518
昌都地区	来古冰川（12km）	然乌镇	30	1 083	1 100	108 600
山南地区	卡若拉冰川（2.4km）	浪卡子	30	192	1 646	79 700
那曲地区	格拉丹东冰川（5.4km）	安多县	150	326	2 195	450 537
林芝地区	卡钦（恰青）冰川（35.5）	八盖乡	15	500	4 425	116 175
日喀则地区	绒布冰川（22.4km）	定日县	72	138	4 393	182 000
阿里地区	纳木那尼冰川（12km）	普兰县	100	1 625	4 041	345 000

资料来源：施雅风，2008；姚檀栋，2008

二、数据来源

目标层用以反映中国冰川旅游资源开发综合潜力水平的主要影响因素，准则层用以细化目标层因素，因素层用以表征准则层的典型指标。在指标衡量及数据选取过程中，有些指标难以全面定量测度其理想值或最大值。为此，根据可比性原则，这里采取同一时间数据进行测度。为确保评价研究的客观性，相关指标数据来源于《中国冰川概论》（施雅风，1988）、《横断山冰川》（李吉均和苏珍，1996）、《中国冰川与环境》（施雅风，2008）、《简明中国冰川目录》（施雅风，2005）、《青藏高原及毗邻地区冰湖泊图》（姚檀栋，2008）、《中华人民共和国交通地图集》（星球地图出版社，2006）、《中国统计年鉴》（中国统计局，1998，2006，2013）、各地市州国民经济和社会发展统计公报（2010、2012、2013）、《中国旅游年鉴》（2012、2013）、国家及各地旅游局网站等。其中，四川省甘孜州冰川以雅砻江流域冰川代替，阿坝州冰川以岷江流域冰川代替。丽江市、迪庆州和怒江州冰川分别以玉龙雪山、梅里雪山、高黎贡山冰川代替，其他地市州冰川均按中国冰川编目相应流域统计而得（施雅风，2005）。

在因素层中，冰川景区通达性（D_1）以冰川景点离基地距离进行衡量。其中，通达性衡量标准按照常规都市经济圈 $1 \sim 2$ h 车程距离的空间辐射和吸引范围，选取一、二级中心城市有高速公路和铁路的空间辐射范围为 120 km，普通铁路和一级公路的空间辐射范围为 80 km，二级公路的空间辐射范围为 60 km，其他市级公路和区段铁路的空间辐射范围为 50 km，无公路和铁路的空间辐射范围为 20 km 进行赋值。冰川区区位条件（D_4）由距近域客源地（省会城市）距离表征。冰川规模与丰度（D_6）指冰川区各地市州每 100 km^2 冰川面积。冰川与周边景观整合开发潜力（D_7）是指冰川与周边景观的组合式开发潜力，即冰川旅游资源与周边其他景观的互补性，互补性越好，开发潜力越大，如冰川与文化景观、冰川与绿洲、冰川与古镇、冰川与温泉、冰川与植被、冰川与湖泊、冰川与峡谷等。其他组合性差的或互补性较弱的冰川，未来应在冰川旅游产品开发上做文章，如冰川与登山探险、冰川与冰川徒步、冰川与冰川雪地摩托或滑雪、冰川与冰川婚礼、冰川与冰川地质公园、冰川与冰川科普教育旅游产品的组合等。区域旅游资源数量（D_{14}）指国家 4A 级及以上旅游景区（或同类别）数量，用它可以强化旅游品牌效应。旅游地景区依附度（D_{18}）以依附景区级别程度衡量，如世界级、国家级、省级旅游景区。冰川旅游地市场价值（D_{22}）以冰川旅游地游客满意度（已开发冰川景点）和客源市场潜在游客向往度（待开发冰川景点）表示。区域旅游政策倾斜程度（D_{25}），即冰川区各地市州是否将旅游业作为支柱产业和主导产业，或对旅游业发展支持力度如何（表 5-1）。最后，为尽可能地反映实际情况，消除各原始指标的量纲差异，需对原始数据进行标准化处理（方法见第五章），得到相应的冰川旅游资源开发潜力指数的标准化值。

中国冰川旅游资源开发潜力评价体系共 4 个目标层，10 个准则层，26 个因素层。其中，因素层中包括可以通过统计得到的 9 个硬性指标和 17 个可以通过专家模糊评价得到的软性指标。评价时将定量指标采用实际值，定性指标采用 5 分制的专家模糊评分结果。模糊评价，即模糊统计法，主要用于"直接量化"方法，但偶尔也可以用于"间接量化"。一种最常用的方法是：将定性变量划分为若干个取值等级，如"良好、较好、中等、较差、差"五级，然后由一批专家进行判断，根据专家判断进行"频率统计"，得到该单位该定性指标"隶属于某一评语等级的程度"——隶属度（苏为华，2000）。可以用最大隶属度原则确定该单位该项指标所处的等级，可以采用加权平均方法确定该单位该项标的量值。

三、冰川旅游资源开发潜力评价

（一）区位交通潜力评价

中国冰川区区位优势不明显，交通不便利，通达性较差。区位交通潜力指数相对较高的地区主要集中于以下两类地区，一类集中于冰川景点离基地距离较近的区域，如新疆维吾尔自治区阿勒泰地区、哈密地区、博尔塔拉州、伊犁州和阿克苏地区，西藏自治区林芝地区，四川省甘孜州、阿坝州，云南省丽江市和甘肃省酒泉市。另一类集中于距省会城市较近的周边地市州，包括新疆维吾尔自治区昌吉州、巴音郭楞州、乌鲁木齐市、吐鲁番市，西藏自治区山南地区、日喀则地区、拉萨市，以及青海省海北州。这两类地区区位交通潜力指数为 0.02～0.28，区位交通潜力处于冰川区各地市州的平均水平之上（图 6-1）。

其他地市州区位交通潜力指数介于 -0.45～0，潜力处于冰川区平均水平以下，主要集中于远离省会城市，或旅游地进入性较差的地市州，如云南省迪庆州、怒江州，新疆维吾尔自治区克孜勒苏州、喀什地区、和田地区，甘肃省嘉峪关市、武威市、张掖市，以及通达性较差的青藏高原腹地的昌都地区、果洛州、海西州、那曲地区、阿里地区、玉树州。

（二）资源环境潜力评价

资源环境潜力指数较高的地区主要集中于以下两类地区。第一类是典型冰川规模较大，且冰川资源富集的区域，包括西藏自治区林芝地区、拉萨市、日喀则地区，新疆维吾尔自治区阿克苏地区、喀什地区、克孜勒苏州、和田地区，这类区域其冰川规模均超过 2.40 km²/100 km²。其中，典型冰川长度均超过 9 km。第

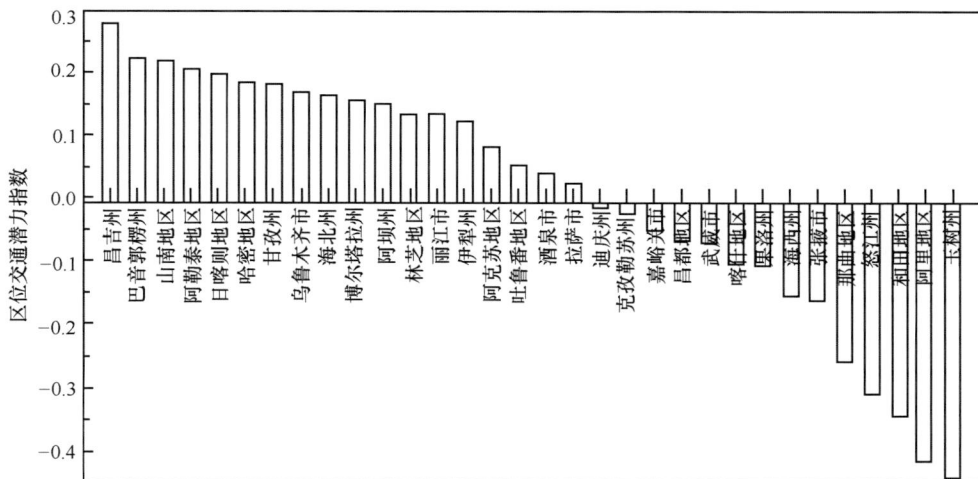

图 6-1　中国冰川区各地市州区位交通潜力

二类是区域旅游资源富集，且景观组合优势明显的区域，包括四川省甘孜州、阿坝州，新疆维吾尔自治区昌吉地区、乌鲁木齐市、阿勒泰地区、伊犁州，西藏自治区昌都地区，云南省丽江市、迪庆州，以及甘肃省嘉峪关市，这类地区气候宜人，冰川雪峰、森林草甸、峡谷溪流、历史文化等多样的景观结构与丰富的民族风情，构成该区域绝佳的冰川旅游环境。这两类区域资源环境潜力指数介于 0 ~ 0.34，处于冰川区各地市州平均水平以上，具有强劲的后备冰川资源开发潜力（图 6-2）。

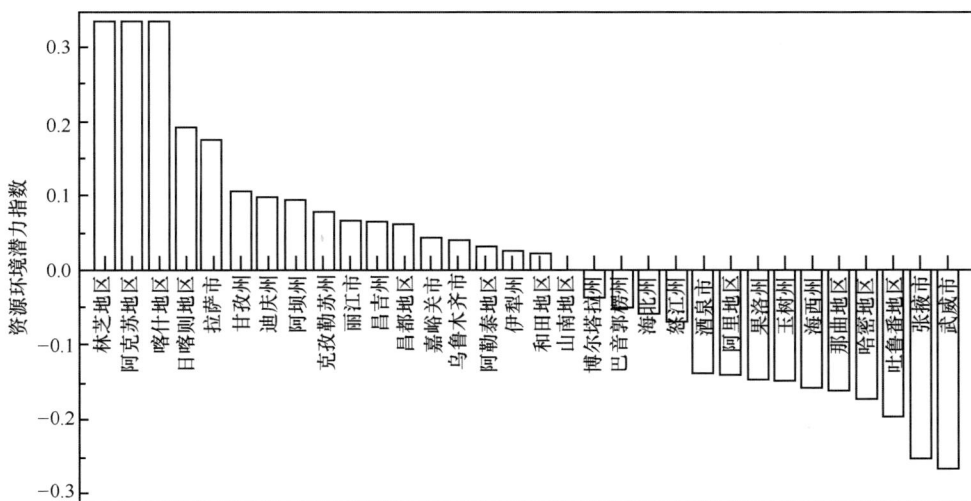

图 6-2　中国冰川区各地市州资源环境潜力

资源环境潜力指数较小的区域集中于以下两类区域，一类是冰川资源数量较少的新疆维吾尔自治区巴音郭楞州、哈密地区、吐鲁番地区，甘肃省酒泉市、张掖市、武威市，青海省海北州。第二类是冰川资源富集度高，但区域旅游资源数量较少的西藏自治区山南地区、阿里地区、那曲地区，新疆维吾尔自治区博尔塔拉州，云南省怒江州，青海省果洛州、玉树州、海西州。这两类地市州指数为 -0.27 ~ 0，处于冰川区各地市州平均水平之下，特别是青藏高原阿里地区、那曲地区、玉树州、海西州，大部分地处无人聚居区，人烟稀少、交通不便、环境恶劣，这些因素严重制约着此类地区冰川旅游发展进程（图6-2）。

（三）基础开发潜力评价

基础开发潜力指数主要是用以反映中国冰川区各地市州冰川旅游发展现状及其市场潜力。基础开发潜力指数较高的地区主要集中于目前已开展冰川旅游的地市州，潜力指数介于 0 ~ 0.18，排序在 1 ~ 17 位（图6-3）。例如，云南省丽江市玉龙县白水河1号冰川、迪庆州德钦县明永冰川和白茫雪山冰川、怒江州贡山县嘎瓦嘎普冰川，四川省阿坝州黑水县达古冰川、甘孜州泸定县海螺沟冰川与燕子沟冰川，新疆维吾尔自治区昌吉州阜康市黑沟8号冰川、伊犁州昭苏县木扎尔特冰川、乌鲁木齐市乌鲁木齐河源1号冰川、阿勒泰地区吉木乃县木斯岛冰川、阿克苏地区温宿县托木尔冰川，西藏自治区林芝地区波密县米堆冰川、昌都地区八宿县来古冰川、日喀则地区江孜县卡若拉冰川、定日县绒布冰川，青海省海北州门源县岗什卡峰冰川、祁连县"八一"冰川、果洛州玛沁县哈龙冰川、海西州

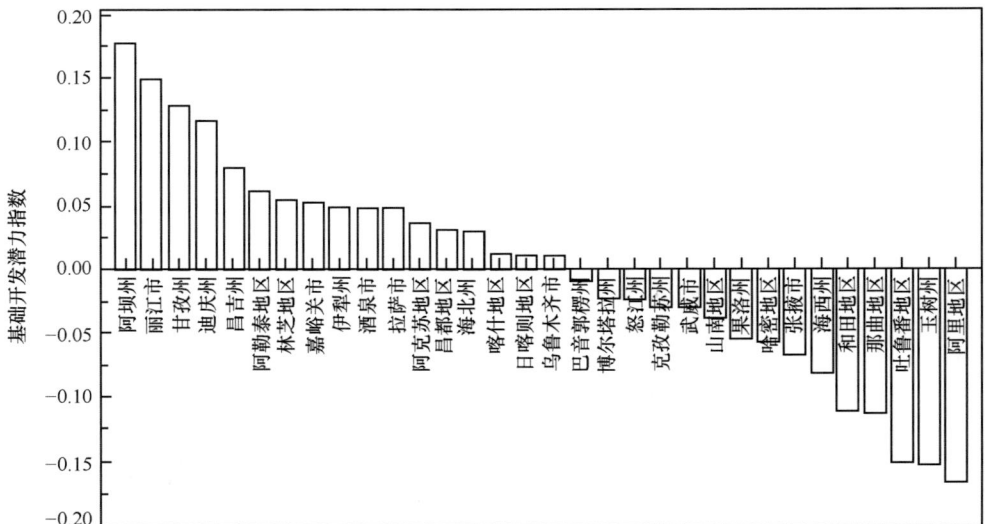

图6-3　中国冰川区各地市州基础开发潜力

天峻县岗纳楼 5 号冰川，甘肃省嘉峪关市"七一"冰川，这些冰川或已开发，或零星开发，均有一定的开发基础。另外，新疆维吾尔自治区克孜勒苏州已将其克拉孜冰川辟为奥依塔克冰川公园（亦称克州冰川公园），将羊布拉克冰川（又称江布拉克冰川，长度为 9.84 km）辟为世界最高天然高山滑雪场。然而，因远离客源市场，市场营销能力弱，景区依附度不高，导致基础开发潜力指数靠后，这类地市州还包括甘肃省酒泉市肃北县"透明梦柯"冰川。其他地市州基础开发潜力指数为 -0.16 ~ 0，排位在 18 ~ 32 位，目前均处于待开发或零星开发冰川旅游的地市州，包括新疆维吾尔自治区巴音郭楞州、博尔塔拉州、哈密地区、和田地区、吐鲁番地区，云南省怒江州，甘肃省武威市、张掖市，西藏自治区山南地区、那曲地区、阿里地区，青海省果洛州、海西州、玉树州（图 6-3）。

（四）社会经济潜力评价

社会经济状况用以反映中国冰川区 32 个地市州未来发展冰川旅游的社会经济条件。社会经济基础决定未来冰川旅游发展进程，其指标包括地区 GDP、第三产业产值占地区 GDP 份额，特别是区域旅游政策倾斜程度及区域旅游协作状况将直接影响冰川旅游的快速发展。由图 6-4 可以看出，经济社会发展指数较高的地区主要分布于 3 类区域，包括省会城市乌鲁木齐市、拉萨市，工业基础较好的新疆维吾尔自治区昌吉州、巴音郭楞州、喀什地区和甘肃省酒泉市，以及将旅游产业作为支柱产业的四川省甘孜州和阿坝州，云南省丽江市和迪庆州，新疆维吾尔自治区伊犁州、阿克苏地区和阿勒泰地区，以及西藏自治区日喀则地区，其指数为 0 ~ 0.51，潜力指数处于冰川区 32 各地市州平均水平之上。西藏自治区、青海省大部分地区因地处西部内陆腹地，交通区位优势不明显，经济发展落后，许多地区旅游发展的政府主导性不强，其指数为 -0.23 ~ 0，社会经济发展潜力处于冰川区 32 各地市州平均水平之下（图 6-4）。

（五）冰川旅游资源开发潜力综合评价

中国冰川旅游资源开发潜力综合指数为 -0.95 ~ 0.75，排序仍然遵循区位交通潜力大、典型冰川进入性较好、冰川旅游资源富集、距近域客源市场较近、经济条件优越等特点。从潜力指数极值看，综合指数最高的地区位于冰川资源较为富集、区位条件优越、经济实力突出的乌鲁木齐市，综合潜力指数为 0.726。综合指数最低的地区则位于青藏高原腹地、经济基础相当落后的西藏自治区阿里地区，综合潜力指数仅为 -0.947。一般而言，综合潜力指数得分为正，意味着这一区域冰川旅游资源开发潜力在总体水平之上；反之，则表明在总体水平之下。

冰川旅游资源开发综合潜力指数排序在 1 ~ 18 位的区域，其指数为 0.02 ~ 0.73，处于冰川区各地市州平均水平之上。这类区域包括以下三类地区，第一类

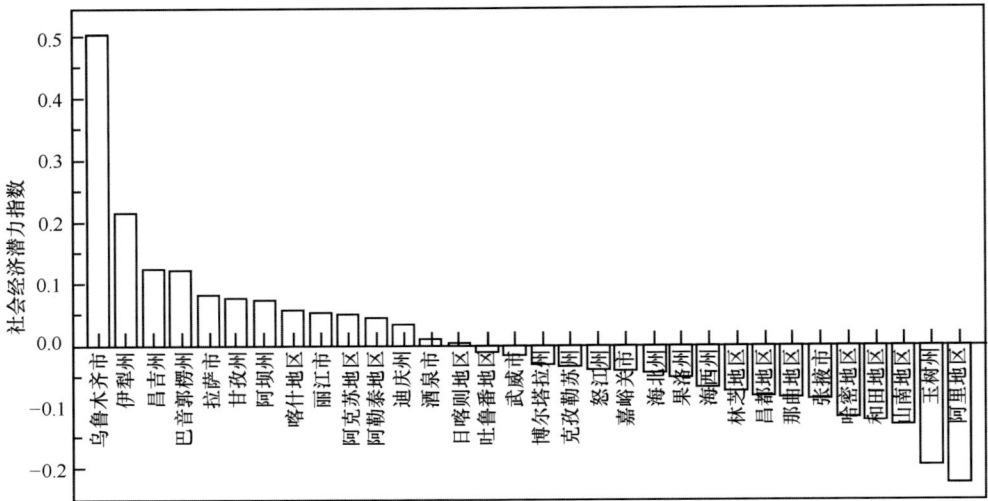

图 6-4　中国冰川区各地市州社会经济潜力

为区位交通通达性较好、经济条件优越，且已开展冰川旅游的区域，包括新疆维吾尔自治区乌鲁木齐市、昌吉州、巴音郭楞州，西藏自治区拉萨市和甘肃省嘉峪关市。第二类为距近域客源市场较近的区域，如四川省阿坝州、甘孜州，新疆维吾尔自治区博尔塔拉州和青海省海北州。第三类为隶属于旅游资源富集区的区域，如云南省丽江市、迪庆州，新疆维吾尔自治区阿勒泰地区，以及冰川资源富集，且冰川进入性较好的新疆维吾尔自治区阿克苏地区、伊犁州、喀什地区，西藏自治区林芝地区、日喀则地区和山南地区。其他地市州冰川旅游资源开发潜力指数为$-0.95 \sim 0$，处于冰川区 32 个地市州平均水平之下，其区域主要集中于冰川进入性较差的新疆维吾尔自治区哈密地区、吐鲁番地区、和田地区，云南省怒江州，甘肃省酒泉市、武威市和张掖市，西藏自治区昌都地区，以及经济条件落后、交通条件较差，且远离客源市场的新疆维吾尔自治区克孜勒苏州，青海省果洛州、海西州和玉树州，西藏自治区那曲地区和阿里地区（表 6-2）。

表 6-2　中国冰川旅游资源开发潜力综合评价

地州市	综合潜力指数	位序	地州市	综合潜力指数	位序
乌鲁木齐市	0.7262	1	伊犁州	0.4156	7
昌吉州	0.5485	2	日喀则地区	0.4088	8
阿坝州	0.4995	3	丽江市	0.4030	9
甘孜州	0.4963	4	阿勒泰地区	0.3456	10
阿克苏地区	0.4660	5	拉萨市	0.3299	11
林芝地区	0.4510	6	巴音郭楞州	0.2860	12

续表

地州市	综合潜力指数	位序	地州市	综合潜力指数	位序
迪庆州	0.2362	13	吐鲁番地区	−0.3036	23
喀什地区	0.2075	14	果洛州	−0.3562	24
海北州	0.0921	15	武威市	−0.3829	25
博尔塔拉州	0.0672	16	怒江州	−0.4393	26
山南地区	0.0509	17	海西州	−0.4615	27
嘉峪关市	0.0260	18	和田地区	−0.5573	28
克孜勒苏州	−0.0071	19	张掖市	−0.5659	29
酒泉市	−0.0397	20	那曲地区	−0.6152	30
昌都地区	−0.0565	21	玉树州	−0.9320	31
哈密地区	−0.1599	22	阿里地区	−0.9474	32

总体上，中国冰川旅游资源开发潜力水平主要体现在区位交通因子，其次为冰川资源的自然属性。同时，本书综合潜力评价结果符合当前中国冰川旅游发展状况及未来发展方向。例如，目前，已开展冰川旅游的四川省甘孜州和阿坝州，云南省丽江市和迪庆州，甘肃嘉峪关市，新疆维吾尔自治区乌鲁木齐市、昌吉州、伊犁州、阿勒泰地区和阿克苏地区，青海省海北州，西藏自治区日喀则地区和林芝地区，其综合潜力指数排序在 1～18 位。由表 6-2 可以看出，未来中国冰川旅游资源开发潜力较大区域主要集中于区位交通优越、冰川及旅游资源富集度较高的乌鲁木齐市、昌吉州、阿坝州、甘孜州、阿克苏地区、林芝地区、伊犁州、日喀则地区、丽江市、阿勒泰地区、拉萨市、巴音郭楞州、迪庆州、喀什地区、海北州，这在一定程度上表明本书所构建的冰川旅游资源开发潜力评价体系具有较强的科学性、较好的可信度、较强的普适性和一定的可推广性。

四、冰川旅游功能分区

随着人类认知能力的加强，用分区对空间进行分类管理的方法也日趋完善，自然区划、农业区划、经济区划、生态区划、土地利用分区、主体功能区划等，都是基于不同开发和保护目标而进行的区划（中国科学院自然区划工作委员会，1959；全国农业区划委员会和中国农业资源与区划要览编委会，1987；杨树珍，1990；欧阳志云等，2000；傅伯杰等，2001；樊杰，2007）。中国冰川旅游资源开发潜力区划目的在于科学合理地指导不同潜力区的冰川旅游空间开发与规划。

本书在冰川旅游资源开发潜力综合评价的基础上，利用地理信息系统ArcView 绘图软件，实现了 32 地市州冰川旅游开发综合潜力指数的空间可视化，并利用统计学分位数方法（quantile），将综合潜力指数划分为4个类型区，这与采用SPSS统计软件系统聚类中Q型聚类法得到的分类结果一致。同时，分类结果与目前冰川旅游发展现状吻合，说明分类具有一定合理性。总体上，按照冰川旅游资源开发综合潜力指数及不同区域冰川旅游发展现状，可将中国冰川区32个地市州冰川旅游资源开发综合潜力指数划分为4个类型区，具体为冰川旅游资源开发最优潜力区，指数为0.4030~0.7262；冰川旅游资源开发重要潜力区，指数为0.0509~0.3456；冰川旅游资源开发一般潜力区，指数为-0.3829~0.0260；冰川旅游资源开发后备潜力区，指数为-0.9474~-0.4393（图6-5）。

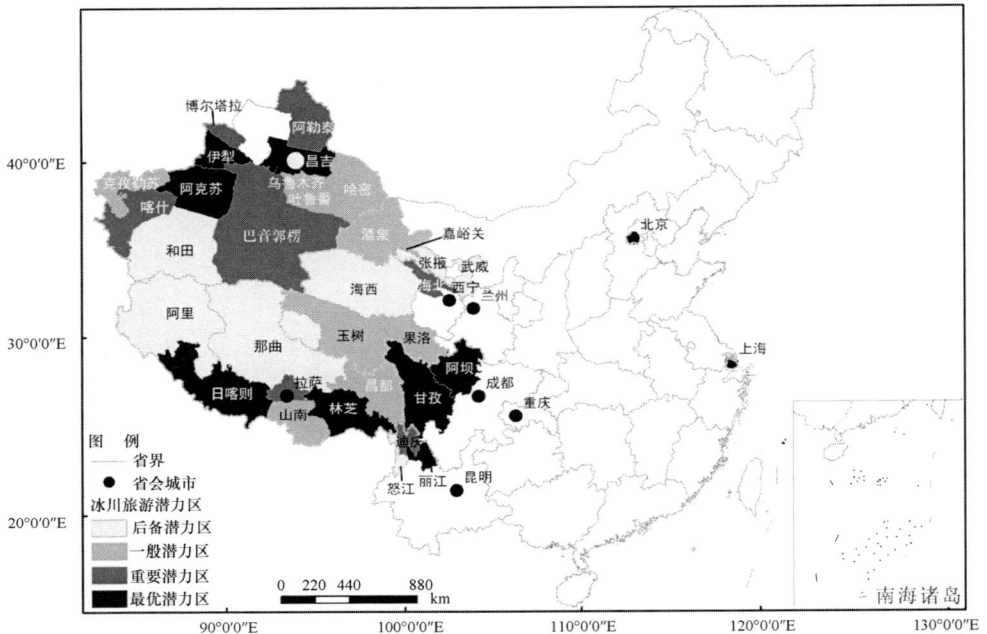

图6-5 中国冰川旅游资源开发综合潜力分区

五、不同功能区开发策略

中国冰川旅游资源开发潜力综合评价旨在明晰中国冰川区各地市州冰川旅游发展潜力水平，从而依据冰川区各地市州区位条件、冰川资源禀赋状况、基础开发条件及社会经济状况，因地制宜，确定不同区域的冰川旅游开发内容及其空间开发战略，具体开发策略如下。

（一）最优冰川旅游资源开发综合潜力区

最优冰川旅游资源开发综合潜力区，其指数为0.4030~0.7262，排序在1~9位的依次为乌鲁木齐市、昌吉州、阿坝州、甘孜州、阿克苏地区、林芝地区、伊犁州、日喀则、丽江市，这类地区主要集中于中国冰川区旅游中心城市或周边城市，或冰川进入性较容易的地区，或区域旅游资源富集的地区。其中，乌鲁木齐市和昌吉州区位交通便捷、经济发展水平较高、冰川资源富集、区域旅游景点丰富，冰川旅游资源开发潜力非常高，但该区并未将冰川旅游作为区域旅游发展的重点项目。新疆维吾尔自治区阿克苏地区、伊犁州和西藏自治区日喀则地区冰川资源富集、冰川进入性较易，特别是由于"新疆天山"的申遗成功和珠穆朗玛峰及希夏邦马峰的国际知名度，使目前该区冰川旅游发展较为迅速。四川省阿坝州及甘孜州、西藏自治区林芝地区、云南省丽江市因地处中国西南，山地气候条件及水热组合状况优越，自然旅游资源类型多，生物多样性丰富，人文旅游资源较多，冰川资源、自然资源与人文环境组合绝佳，区域旅游综合开发条件较好，离客源市场较近，目前已经成为中国冰川旅游发展的成熟区域，未来开发潜力依然很高。

总体上，最优潜力区应依托其优势的区位、开发基础和近域客源市场条件，因地制宜，在保护好当前冰川旅游资源及环境的基础上（Liu et al., 2006），凭借现有冰川旅游与周边景观绝佳的组合特性，率先开发适宜近域客源市场的多种冰川旅游项目和产品，以改善传统冰川观光旅游产品结构。同时，该区应充分利用较好的社会经济发展水平、较大的客源市场和较高的旅游知名度，以提质增效为突破，全面提升现有冰川旅游产品功能，逐步建成数个具有西部冰冻圈特色的山地冰川休闲旅游度假胜地，积极打造数个国际冰川旅游精品景区和冰川旅游精品线路，使这些地区成为带动中国冰川旅游快速发展的"桥头堡"或"第一引擎"。

（二）重要冰川旅游资源开发综合潜力区

重要冰川旅游资源开发综合潜力区，其指数为 0.0509～0.3456，排序在10～17 位的依次为阿勒泰地区、拉萨市、巴音郭楞州、迪庆州、喀什地区、海北州、博尔塔拉州、山南地区。其中，拉萨市、巴音郭楞州、海北州、山南地区冰川景点离省会城市较近，区位交通相对便捷，地缘优势相对优越，离近域客源市场较近，但冰川旅游景点知名度较低，区域旅游影响力较弱。阿勒泰地区、迪庆州、喀什地区、博尔塔拉州，区位交通条件次之，地缘优势明显，区域人文景观丰富，区域景观组合度较高，拥有较好的冰川旅游开发基础。

总体而言，重要冰川旅游资源开发综合潜力区冰川旅游资源丰富，区域综合开发条件相对较好，离近域客源市场较近，虽区位交通和社会经济条件略低于最优潜力区，但仍具有较高的开发潜力。针对这些问题，该区未来开发战略应集中于区域冰川旅游地基础设施的改善、冰川旅游市场营销力度的强化、区域旅游政府主导地位的确立，以及冰川旅游线路的整体营销等方面，争取与最优潜力区形成战略联盟，齐头并进，努力实现该区冰川旅游的跨越式发展。

（三）一般冰川旅游资源开发综合潜力区

一般冰川旅游资源开发综合潜力区，其指数为 -0.3829 ~ 0.0260，排序在 18 ~ 25 位的依次为嘉峪关市、克孜勒苏州、酒泉市、昌都地区、哈密地区、吐鲁番地区、果洛州和武威市。该区可分三类区域，一是冰川资源富集、交通条件相对优越、拥有一定开发基础，但国家级旅游景区（点）稀少、客源市场较远的克孜勒苏州和昌都地区。这类区域未来的发展战略应集中在冰川景区的基础设施建设上，积极打造体现地方特色的国家级冰川旅游景区（点），以此改善区域冰川旅游环境和提升旅游知名度。在此基础上，加强冰川旅游市场营销力度，开拓近、中、远域客源市场。二是交通条件优越，文化旅游景点较多，但冰川资源相对匮乏，且冰川旅游资源进入性较差的嘉峪关市、酒泉市、哈密地区、吐鲁番地区和武威市。该区位于西北地区丝绸之路经济带沿线，经济基础和交通条件相对较好，文化旅游资源丰富，民俗风情多样，该区未来冰川旅游开发战略应集中在冰川旅游与文化景观的组团式开发方面，努力打造一批具有西北特色的冰川文化旅游精品景区（点），特别要强调冰川旅游与丝路文化、绿洲文化的有机融合。三是交通相对便捷、冰川区进入性相对较好，客源市场相对优越，但区域旅游资源匮乏、经济社会条件较为落后的青海省果洛州，该区未来冰川旅游开发战略应侧重区域基础设施的改善和冰川旅游产品的开发方面，借助兰州市、西宁市和成都市近域客源市场，争取建成几处具有区域性、较高知名度的冰川旅游景区（点）。

（四）后备冰川旅游资源开发综合潜力区

后备冰川旅游资源开发综合潜力区，其指数为 -0.9474 ~ -0.4393，排序在 26 ~ 32 位的依次为怒江州、海西州、和田地区、张掖市、那曲地区、玉树州和阿里地区。其中，怒江州和张掖市冰川资源相对匮乏，冰川区进入性较差，但区位条件相对优越，客源市场相对成熟，具有较好的后备开发潜力。海西州、那曲地区、和田地区、玉树州和阿里地区深处西部内陆，交通基础落后、生态脆弱、自然环境恶劣、旅游景点稀少、离客源市场较远、政府开发能力有限、旅游市场营销力度弱，但该区冰川资源较为丰富，特别是在阿里地区和那曲地区拥有一定数量和规模的冰原景观，具有冰川旅游开发的后备潜力。后备冰川旅游资源开发综合潜力区未来的发展应集中于冰川区可进入性和交通基础设施的改善方面，同时，借助国家生态功能区划和主体功能区规划战略实施的机遇，选择几处开发条件容易的冰川作为旅游试验示范区，加以申报国家级旅游景区（点），以提升区域旅游形象和扩大其知名度及影响力。鉴于该区生态比较敏感，环境较为脆弱，在冰川旅游开发过程中，应尽量避免生态环境破坏，最大限度利用现有基础设施，最好将冰川旅游与科考科普与环境教育相结合，努力实现冰川资源利用最大化、环境污染最小化的战略目标。

总体上，中国冰川旅游资源开发综合潜力指数排列遵循区位交通潜力的大小、近域客源市场的远近、经济条件是否优越的区位特点，未来中国冰川旅游区应加强区域交通区位通达性和市场营销力度的改善和提升方面，以减小区域区位劣势给中国冰川区旅游带来的负面影响。最优、重要的冰川旅游资源开发综合潜力区应充分利用相对较好的社会经济水平、较大的客源市场、较好的景观组合度，以及较高的区域影响力和知名度，着重在冰川旅游提质增效上做文章，加大冰川旅游关联产品的开发力度，努力建成一批有区域代表性的冰川旅游休闲度假胜地，并通过极化效应和扩散效应促进整个中国冰川区冰川旅游的跨越式发展。一般和后备冰川旅游资源开发综合潜力区应借西部大开发、国家生态功能区划和主体功能区规划战略实施的机遇，因地制宜，在改善本区旅游基础设施建设的基础上，逐步开发适宜本区的冰川旅游产品，特别是在一些冰川规模较大区域，按照现有技术水平和基础条件，适度增加如冰川滑雪、冰川徒步等体验旅游项目，以弥补该区区位劣势和气候适宜期较短给冰川旅游带来的不足。同时，应加强冰川旅游的市场营销力度和与周边旅游发达区的旅游对接工作。

第七章 中国冰川旅游空间布局与开发模式

中国冰川旅游资源开发潜力的综合评价，既是对冰川旅游目的地的现状评价，也是对未来冰川旅游发展潜力的预估，其最终目的在于为中国冰川旅游资源空间开发与规划战略布局、区域冰川旅游开发模式和区际旅游发展战略提供理论依据和典型案例。西部冰川区是中国重要的生态安全屏障，其水土保持、水源涵养、防风固沙作用明显，部分区域属于主体功能规划中的限制开发区和禁止开发区，其冰川旅游必将成为中国冰川区新的生态产业经济增长点。

一、指导思想

中国冰川旅游资源空间开发与规划一定要充分利用冰川旅游地的区位优势，突出冰川区独具特色的冰川旅游资源，立足当前区域旅游基础条件，结合冰川区丰富的历史文化遗存优势，适度开发或优先开发一些具有一定旅游基础的冰川旅游景区（点），且尽可能保持冰川区原有的生态环境和旅游环境。同时，冰川旅游需融入区域乃至全球旅游竞争背景之中，妥善考虑冰川旅游的区域合作问题，尽量打破地区分割、行业限制，实施区域冰川旅游资源的整合规划与整体营销战略。特别地，中国冰川旅游资源空间开发与规划战略的实施还须坚持八大原则，即可持续发展原则、突出特色与品牌开发相结合原则、市场导向原则、地域系统网络开发原则、产业联动开发原则、超前与有序开发原则、统一规划与分期实施原则，以及冰川区生态、经济和社会效益共赢原则。

二、旅游空间结构理论

空间是事物发展的承载体，而旅游地系统也就是旅游发展的物质载体（朱力和郭城，2002）。旅游空间结构是指旅游经济客体在空间中相互作用所形成的空间聚集程度及聚集状态，国内外旅游空间结构研究主要集中于旅游者空间行为模式及旅游流空间结构、旅游地空间布局与形态组织、旅游地空间结构演化及相互作用、客源市场和旅游资源空间结构、旅游区空间布局研究等方面，且取得了较大的研究进展（Leiper，1990；张捷等，1996；Gunn，1998；吴必虎，2001；保继刚等，2002；尹贻梅等，2004；Connell and Page，2008）。旅游空间结构理论对于冰川旅游空间结构优化、旅游资源整合、旅游开发模式、旅游规划等具有重要的理论意义，其合理组织和优化冰川旅游空间结构是实现区域冰川旅游跨越式发展的重要手段。

（一）核心-边缘理论

根据"核心-边缘"理论，在区域经济增长过程中，核心与边缘之间存在着不平等的发展关系。总体上，核心居于统治地位，边缘在发展上依赖于核心。由于核心与边缘之间的不平等，经济权力因素集中在核心区，技术进步、高效的生产活动以及生产的创新等也都集中在核心区（Friedman，1966）。"核心-边缘"理论的全部价值在于提供了一个关于区域空间结构和形态变化的解释模型（汪宇明，2002）。旅游空间同样存在"核心-边缘"结构，"核心"是旅游优势区域，而"边缘"则是旅游非优区。"核心"区主导区域旅游的发展方向，对"边缘"区具有鲜明的扩散作用，而"边缘"区则对"核心"区存在高度的依赖性。发展核心、带动边缘，优势互补、合作共赢，是区域旅游空间布局战略的核心目标。结合"核心-边缘"理论和距离衰减规律，近期冰川区各地市州应重点开发地处区域重点旅游区的冰川景区（点），依托或借助区域重点旅游景区的辐射带动作用，凭借冰川旅游资源对区域旅游的互补作用，吸引部分客流至冰川景区（点），以提升冰川景区（点）的影响力和知名度。

（二）增长极理论

"增长极"理论是建立在经济学和系统科学基础上的区域经济非均衡增长的发展理论，其概念最初由法国经济学家弗郎索瓦·佩鲁（Francois Perrous）于1950年提出的（Parr，1973；Perrous et al.，1998）。"增长极"理论认为：一个国家要实现平衡发展只是一种理想，在现实中是不可能的，经济增长通常是从一个或数个"增长中心"逐渐向其他部门或地区传导。增长极核理论认为：在地理空间上增长不是均衡发生的，它以不同强度呈点状分布，经过多种渠道影响区域经济。因此，应选择特定的地理空间作为"增长极"，以带动区域经济发展。"增长极"通过"支配效应、乘数效应、极化与扩散效应"对区域经济活动产生组织作用（吴殿廷，2003）。"增长极"是"经济增长"和"地理集聚"的复合体，区域旅游是"旅游增长极"向周边扩散的过程。旅游"增长极"包括旅游中心和节点城市、世界遗产地、国家级旅游景区等。在冰川旅游开发过程中，首先需明确区域旅游核心"增长极"，通过"增长极"扩散效应，以带动周边冰川旅游景区（点）的快速发展和区域旅游资源的整合开发。

（三）点-轴开发理论

"点-轴"开发理论是在"增长极"理论、"核心-边缘理论"、"中心地理论"

的基础上形成和发展起来的。"点-轴系统"理论认为：在经济发展过程中，大部分社会经济要素集中于"点"，"点"与"点"之间形成由线状基础设施联系在一起的"轴"。社会经济客体在空间中以"点-轴"形式进行渐进式扩散。随着区域社会经济的进一步发展，"点-轴"必然发展到"点-轴-集聚区"（陆大道，1986，1995，2001）。按"点-轴系统"理论，旅游资源整合必须在空间上以"点"为发展基础，以"线"为发展轴，由"点"到"线"再到"面"渐进发展，突出开发重点，实施点-轴辐射、轴线拓展、板块整合，以优势旅游资源区整合开发为先导，逐渐建成精品旅游景区（点），通过景区（点）整合形成旅游线，再通过旅游线整合形成旅游带（圈）。"点-轴"开发理论反映了社会经济空间组织的客观规律，它是区域开发的基础性理论，在中国国土开发和区域发展中应用广泛，它对于区域冰川旅游空间开发与规划同样具有非常重要的理论价值和现实指导意义。

（四）遗产廊道理论

"遗产廊道"（heritage corridor）是针对大尺度文化景观保护的一种区域化的遗产保护战略方法。它强调一种呈线性的文化景观，在这些景观中，人与自然共存，经过长期的发展形成了"人与自然的共同作品"。它是一种线性的遗产区域，把文化意义提到首位，可以是河流峡谷、运河、道路以及铁路线等，也可以是把单个的遗产点串联起来的具有一定历史意义的线性廊道（俞孔坚和奚雪松，2010）。"遗产廊道"是一个集各历史时期文化遗产、自然环境要素、社会支持系统为一体的"点-线-面"要素相互拼贴、叠加整合形成的镶嵌体（Diamant，1991；Eugster，2003）。中国冰川区"丝绸之路"、"唐蕃古道"、"茶马古道"、"藏彝走廊"便是在不同历史时期形成的天然"遗产廊道"，其廊道内各要素相互依存、不可分割，共同构成集遗产保护、生态维护、游憩、审美、教育等多功能为一体的"遗产廊道"，其冰川区天然"遗产廊道"的存在为未来冰川旅游带的空间开发提供了历史文化基础。

（五）地域分异规律

"地域分异规律"是指自然地理综合体及其各组成成分特征在某个确定方向上保持相对一致性或相似性，而在另一确定方向上表现出差异性，进而在不同确定方向上发生更替的规律，它是地理环境背景的一个重要特征。自然地域分异包括：因太阳辐射能按纬度分布不均引起的纬度地带性；大地构造和大地形引起的地域分异；海陆相互作用引起的从海岸向大陆中心发生变化的干湿度地带性，又称经度地带性；随山地高度而产生的垂直地带性等（黄锡畴，1996；伍光和等，2000；范中桥，2004）。旅游地域分异规律则发生在这一背景下的进一步分异，自然地域分异规律对旅游地域分异具有制约作用。冰川旅游资源的分异主要发生在纬度地带性和经度地带性。例如，山地冰川群景观多出现在中国北部的中央天山、昆仑山，而冰原则出现在青藏高原腹地的羌塘高原。海洋型冰川主要出现在青藏高原东部横断山区及念青唐古拉山东段，大陆性冰川则出现在青藏高原中西部及天山、阿尔泰山一带。冰川旅游潜力由冰川旅游地、冰川及其周边景观组合程度共同决定，冰川资源数量、特征、功能的地理分布同样服从于自然地域分异规律。正是自然地域分异，才孕育、发展了冰川旅游资源及其周边历史文化景观的地域分异。未来冰川旅游资源开发必须要紧紧围绕地域分异规律进行旅游空间布局和不同景观的组合开发。

三、中国冰川旅游空间结构总体布局

中国冰川区区位优势不明显、交通不便、耕地面积不足、经济条件落后、旅游开发基础滞后，但它却是中国重要的生态安全屏障，其冰川旅游开发是西部实施生态产业的重要方向。基于此，中国冰川旅游空间布局一定要充分利用冰川旅游地的区位特点、历史文化内涵，突出冰川区独具特色的高品位冰川资源和区域文化旅游资源。按照"突出中心城市、依托交通干线、巩固重点区域、形成网络市场"的空间结构理论（陆大道，2001，2002，2003；张立明，2005），根据冰川资源空间结构、区域冰川资源特色、区域城镇与交通网络空间分布、区域旅游线路与冰川区地域的相对完整性，中国冰川旅游区域最佳空间结构可采用"点-线-面"相结合的"十心、三带、五区"的空间开发与规划战略。其中，"十心"指乌鲁木齐市、喀什市、嘉峪关市、西宁市、格尔木市、成都市、拉萨市、日喀则市、林芝县和丽江市10个冰川旅游中心城市。"三带"分别为甘新—南疆线丝绸之路冰川文化旅游带、兰青—青藏线雪域高原冰川体验旅游带和川藏—滇藏线香格里拉冰川休闲度假旅游带。"五区"为五大冰川旅游区，其划分原则注重冰川旅游资源在地理单元上的相对独立性，分别指天山冰川旅游区、帕米尔—喀喇昆仑山冰川旅游区、喜马拉雅山冰川旅游区、横断山—念青唐古拉东段冰川旅游区和祁连山冰川旅游区（图7-1）。

按照中国冰川旅游"十心、三带、五区"的空间开发与规划战略，冰川区各地市州要以协作共赢为目标，根据不同冰川旅游带（区）的发展基础，设计跨区域冰川旅游发展规划，强调重点冰川旅游带（区）开发对冰川旅游非优区的带动作用，强化"中心辐射、轴线拓展、区域开发"之间的空间联系，以重点冰川旅游景区（点）为核心，以冰川区旅游中心和节点城市为依托，以冰川区交通、通信、能源等综合运输管道干线为骨架，以其他产业发展为纽带，辐射带动沿线（周边）冰川景区（点）的快速发展，使区域冰川旅游景区（点）、旅

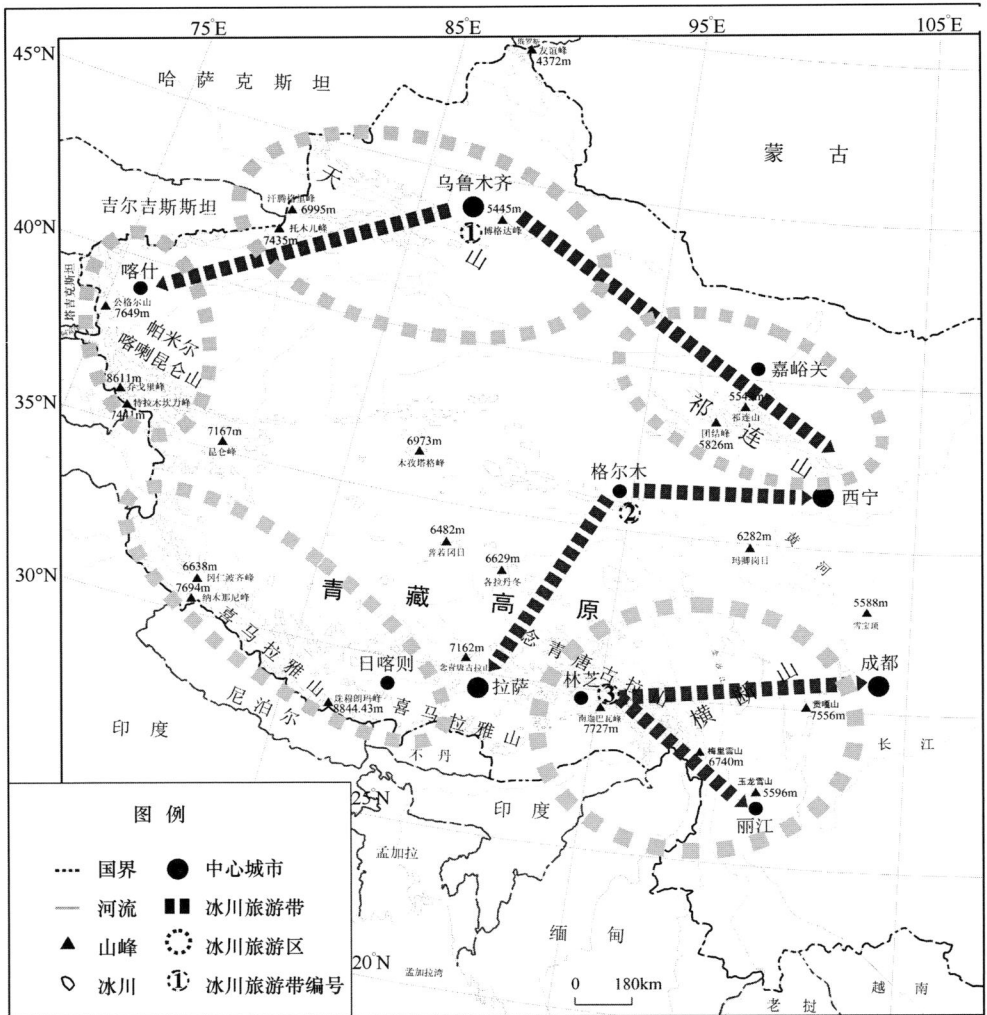

图 7-1　中国冰川旅游空间布局图

编号 1~3 分别为甘新—南疆线丝绸之路冰川文化旅游带、兰青—青藏线雪域高原冰川体验旅游带、川藏—滇藏线香格里拉冰川休闲度假旅游带。旅游区分别为天山冰川旅游区、帕米尔—喀喇昆仑山冰川旅游区、喜马拉雅山冰川旅游区、横断山—念青唐古拉东段冰川旅游区、祁连山冰川旅游区

游城市、旅游线路有机整合，最终形成"以线串点、以点带面、区域联动"相结合的区域旅游一体化共生体系。

四、冰川旅游中心城市发展方向

中心城市是中国冰川区经济发展的战略支撑点和基础设施建设的投资重点，是西部最具活力的地区和重点受资地区（刘卫东等，2003），也是资金流、信息流、能源流、客流、物流和旅游流最为集中的地区，还是未来冰川旅游发展的重要依托中心或旅游增长极。旅游中心城市是中国冰川旅游空间结构体系中的点要素。旅游中心城市是一定区域内旅游业集中发达、与其腹地有较为密切的旅游联系、并影响和制约该区域旅游业发展的城市。旅游中心城市在旅游网络通道体系中具有重要作用，如形成鲜明的旅游形象、对旅游客源形成强烈的旅游吸引力、为区域旅游业的发展提供良好的旅游流集散条件等。旅游中心城市是中国冰川旅游"以线串点、以点带面"空间战略的关键和核心。加快冰川区中心城市的建设步伐，对于推动中国冰川旅游跨越式发展具有十分重要的现实意义。中国冰川区乌鲁木齐市、喀什市、嘉峪关市、西宁市、格尔木市、成都市、拉萨市、日喀则市、林芝县和丽江市10个一级旅游中心城市具有冰川旅游发展"引擎"作用，是区域旅游发展的"增长极"，更是冰川旅游始发地和游客的过夜地。同时，冰川区还应培育阿图什市、塔什库尔干县、阿克苏市、昌吉市、阿勒泰市、德令哈市、迪庆县、康定县、雅安市、波密县、聂拉县在内的多处二级旅游节点城市。这些城市均地处铁路、公路、江河沿线，海拔较低，气候条件优越，具有冰川旅游与城市旅游组团开发的区位优势。其中，西宁市、拉萨市、林芝县和丽江市已成为中国著名的旅游休闲度假胜地。

鉴于此，中国冰川旅游资源空间开发与规划战略应侧重于"点-轴"开发模式，重点依托这些旅游中心和节点城市，着重培育冰川观光、冰川避暑、冰川休闲度假、宗教旅游等旅游项目，通过旅游中心和节点城市的组织功能、集聚扩散功能、辐射带动功能和传输功能，以加快区域冰川旅游与城市旅游组团式开发的进程。

五、冰川旅游带发展方向

贯穿西北祁连山及天山冰川区全境的"丝绸之路"、横亘青藏高原冰川区的"唐蕃古道"、分布于川藏—滇藏冰川区的"茶马古道"是中国冰川区形成的天然遗产廊道，是不同历史时期发展形成的人与自然共存作用的景观大道。按旅游空间结构理论"点-轴"开发模式，中国冰川区应着力培育甘新—南疆线丝绸之路冰川文化旅游带、兰青—青藏线雪域高原冰川体验旅游带、川藏—滇藏线香格里拉冰川休闲度假旅游带，立足中长期旅游发展目标，重点依托交通干线，打造精品冰川旅游线路，形成中国未来冰川旅游发展的重要经济增长轴线。

（一）甘新—南疆线丝绸之路冰川文化旅游带

甘新—南疆线丝绸之路冰川文化旅游带范围包括祁连山河西走廊、新疆天山山脉，重点依托城市包括张掖市、酒泉市、嘉峪关市、哈密市、乌鲁木齐市、昌吉市、阜康市、奎屯市、阿勒泰市、伊宁市、库尔勒市、阿克苏市、喀什市等。该旅游带地处丝绸之路黄金旅游线路，冰川规模巨大，景观极为丰富，分布有祁连山、天山、阿尔泰山在内的多处高山雪峰和冰川作用中心。同时，维吾尔族、柯尔克孜族、乌孜别克族、哈萨克族、塔塔尔族、蒙古族、锡伯族、回族、裕固族、汉族等各民族杂居其间，和睦相处，保持着多民族融合的特点。作为丝绸之路的必经之地，这里还遗留下了富有边疆特色的多处文物古迹遗址。可以说，这里冰川资源丰富多样，地域历史文化积淀深厚。目前，这里拥有"新疆天山"1处世界自然遗产，嘉峪关长城、敦煌莫高窟、"丝绸之路：起始端和天山廊道的路网"甘新段3处世界文化遗产，嘉峪关市嘉峪关文物景区、吐鲁番市葡萄沟风景区、新疆天山天池风景名胜区、新疆伊犁那拉提景区、阿勒泰地区喀纳斯湖景区5处国家5A级景区，祁连山、西天山、阿尔金山、托木尔峰、喀纳斯湖、博格达峰、巴音布鲁克、塔里木胡杨、罗布泊野骆驼、甘家湖梭梭林10处国家级自然保护区，天池、哈密天山、巩留恰西、巩乃斯、那拉提、哈日图热格、金湖杨、科桑溶洞、唐布拉、奇台南山、照壁山、天祝三峡12处国家森林公园，鸣沙山—月牙泉、天山天池、库木塔格沙漠、博斯腾湖、赛里木湖5处国家级风景名胜区，乌鲁木齐市、阿勒泰市、嘉峪关市、喀什市、酒泉市、敦煌市等17处全国优秀旅游城市。

鉴于此，该旅游带应以南北古丝绸之路国家旅游带为主要通道，以河西走廊旅游带、吐哈盆地绿洲文化旅游圈、乌昌城市旅游经济区、阿勒泰北疆生态旅游圈、伊犁西天山雪山旅游圈、阿克苏托木尔冰川旅游圈、喀什帕米尔冰川文化旅游圈、若羌阿尔金山荒原冰川旅游带为重点开发区，进而形成以冰川景观、沙漠绿洲、文物古迹、民俗风情、文化艺术、旅游购物为主体的甘新—南疆线丝绸之路冰川文化旅游带。

（二）兰青—青藏线雪域高原冰川体验旅游带

兰青—青藏线雪域高原冰川体验旅游带横穿甘青祁连山南坡、昆仑山、唐古拉山、念青唐古拉山西段、喜马拉雅山，重点依托城市包括西宁市、德令哈市、格尔木市、安多县、当雄县、拉萨市、日喀则市、定日县、聂拉木县、普兰县等。该旅游带地域辽阔、藏文化突出，在青藏铁路开通后，旅游得到了蓬勃发展，目前已成为中国重要的旅游目的地。该旅游带拥有江河源（中国最大自然保护区）、可可西里、隆宝、青海湖、纳木错—念青唐古拉山、羌塘、珠穆朗玛峰、雅鲁藏布江中游黑颈鹤、色林错9处国家级自然保护区，青海湖、雅砻河2处国家重点风景名胜区，同时拥有布达拉宫世界文化遗产，以及包括西宁市、拉萨市、日喀则市和格尔木市4个中国优秀旅游城市。

因此，该旅游带应依托兰青—青藏铁路和公路国家旅游带为主干线，以青藏线多处大型冰原、冰帽为重点开发对象，以祁连山—青海湖、哈拉湖冰川湖泊旅游圈、格尔木昆仑山冰川旅游圈、可可西里自然保护区、三江源自然保护区、纳木错—念青唐古拉山自然保护区、拉萨冰川文化旅游圈、日喀则珠穆朗玛峰冰川旅游圈为重点开发区，以古代"唐蕃古道"旅游走廊为主要通道，进而形成以雪山奇峰、冰川景观、雪山圣湖、文化体验为主体的兰青—青藏线雪域高原冰川体验旅游带。

（三）川藏—滇藏线香格里拉①冰川休闲度假旅游带

川藏—滇藏线香格里拉冰川休闲度假旅游带地处世界上地形最复杂和最独特的高山峡谷地带，它也是南亚板块与东亚板块不断挤压形成的一个大的皱褶带，独特的地质成因造成这里独特的自然景观。川藏—滇藏线一带的冰川旅游资源是该景观大道上的一个重要组成部分。该旅游带地处中国第一级阶梯向第二级阶梯过渡的高山深谷地带，山脉大多呈南北走向，其间，冰川资源分布广泛，是中国现代冰川分布最东和最南的区域。该旅游带重点依托城市包括丽江市、香格里拉县、成都市、雅安市、康定县、林芝县、波密县、昌都县等。该旅游带气候适宜、水热条件良好，蕴含中国西部独特的自然与人文历史景观，拥有众多国家级乃至世界级重要旅游目的地，包括四川大熊猫栖息地、九寨沟·黄龙风景名胜区、丽江古城、三江并流4处世界遗产，亚丁自然保护区1处世界生物圈保护区，亚丁、贡嘎山、卧龙、雪宝顶、四姑娘山、九寨沟、高黎贡山、白茫雪山、芒康滇金丝猴、类乌齐马鹿、察隅慈巴沟、雅鲁藏布大峡谷12处国家级自然保护区，纳木错—念青唐古拉山、唐古拉山-怒江源、三江并流、玉龙雪山、贡嘎山、四姑娘山、九寨沟—黄龙寺7处国家重点风景名胜区，西岭、二滩、海螺沟、九寨沟、夹金山、飞来寺、巴松湖、色季拉、然乌湖9处国家森林公园，以及玉龙雪山、邛海—螺髻山、黎明—老君山和易贡4处国家地质公园在内的多处国家级景区（点）。

该旅游带是中国西部旅游资源最为富集的地带，未来冰川旅游空间开发与规划应紧密围绕"藏彝走廊"和藏东南两大片区展开，以川藏—滇藏公路为主干线，

---

①英国作家詹姆斯·希尔顿在小说《失去的地平线》中首次描绘了一个远在东方群山峻岭之中的永恒和平宁静之地——"香格里拉"，即自然和谐、宁静祥和、优美洁净的美好境界，为世人心驰神往、梦寐以求的"世外桃源"，他明言"香格里拉"在中国藏区（川滇藏交汇地带，以及青海果洛州与甘肃藏族自治甘南州大片地方），地处雪山环抱中的神秘峡谷，附近有金字塔般的雪峰、"蓝色"的湖泊、宽阔的草甸，还有喇嘛寺、尼姑庵、道观、清真寺和天主教堂等。由于描述中地域模糊，故青藏川滇四省（自治区）均在争夺香格里拉美名。

以成渝近域客源市场营销为主方向，以贡嘎山冰川森林旅游区、雀儿山冰川草甸旅游区、玉龙雪山冰川古镇旅游区、高黎贡山冰川峡谷旅游区、梅里雪山冰川文化旅游区、雅鲁藏布江冰川峡谷旅游区、林芝冰川生态旅游区、昌都香格里拉冰川旅游区为重点开发区，最终形成以集"冰雪景观、森林草甸、峡谷河流、漂流探险、休闲度假、旅游购物"于一体的川藏—滇藏线香格里拉冰川休闲度假旅游带。

六、冰川旅游区发展方向

中国冰川资源的区位特征与中心城市的区位作用，决定了未来中国冰川旅游发展的空间布局与冰川旅游类型。中国冰川区北起阿尔泰山、南至喜马拉雅山，其间，分布有 20 多条山脉，发育了众多且规模较大的山地冰川，冰川面积和冰储量分别达到 121 316 km² 和 12 856 km³，分别占亚洲大陆相应冰川总量的 98.70% 和 99.30%，使之成为世界上中低纬度冰川最为发育的地区。因冰川所处地理环境各异，造就了不同山系冰川物理性质和景观组合的不同状态。

基于中国冰川资源空间分布特征及山系地理单元的相对独立性，在统筹考虑冰川区铁路、公路交通网络和跨地区旅游带规划的基础上，中国冰川区可划分为 5 大冰川旅游区，具体包括天山冰川旅游区、帕米尔—喀喇昆仑山冰川旅游区、喜马拉雅山冰川旅游区、横断山—念青唐古拉东段冰川旅游区和祁连山冰川旅游区。鉴于昆仑山、羌塘高原、唐古拉山等其他冰川区的区位劣势，以及较为恶劣的环境条件和较远的客源市场，可考虑在中远期对其进行适度开发。总体上，中国冰川区应依据不同区域冰川旅游资源特色与景观组合状况，因地制宜，适时开发适宜于本区的冰川旅游项目，具体项目见表 7-1。

表 7-1 中国冰川区分区旅游类型

冰川旅游区	旅游中心城市	冰川旅游项目或产品设计
天山	乌鲁木齐、昌吉、阿克苏、伊宁、博乐	登山探险、冰川观光（冰川低空鸟瞰）、冰上徒步、冰川滑雪、攀冰、雪地摩托、冰川摄影、冰川边境游、冰川夏令营体验、科普旅游、电影拍摄
帕米尔—喀喇昆仑山	喀什、塔什库尔干、阿图什	登山探险、攀冰、冰川观光、冰上徒步、冰川摄影、冰川边境游、冰川滑雪、冰川自驾游
喜马拉雅山	拉萨、日喀则、聂拉木	登山探险、攀冰、冰川观光、冰上徒步、冰川摄影、冰川边境游、雪地摩托
横断山—念青唐古拉东段	成都、林芝、波密、丽江、雅安、康定	冰川观光（冰川低空鸟瞰）、冰川摄影、科考、冰川地质博物馆、冰川夏令营体验、科普旅游、电影拍摄、休闲度假
祁连山	嘉峪关、酒泉、张掖	冰川观光、科考、冰川夏令营体验、科普旅游、地学实习

（一）天山冰川旅游区

天山为典型的褶皱断块山，形成了一系列山脉和山间盆地，是亚洲最大山系之一，横亘亚洲中部中、吉、哈三国，东西约 2500 km²，南北宽度为 250 ~ 350km，西起中哈边境，东至甘新交界的星星峡，在中国境内绵延 1700 km（新疆综合考察丛书，1978），其间分布有 40 余座海拔为 6000 m 以上的山峰，发育冰川共 8908 条，面积为 9195.98 km²，成为亚洲中部主要的冰川中心之一（图 7-2）。诗云："明月出天山，苍茫云海间。""天山雪云常不开，千峰万岭雪崔嵬；晻霭寒氛万里凝，阑干阴崖千丈冰。"天山，给人以无穷想象和向往。中国境内天山将新疆维吾尔自治区分隔为北疆与南疆两大部分，按地理位置及其相互组合状况，中国境内天山山脉大致由北、中、南 3 部分组成（施雅风等，2005）。根据中国冰川编目：中国天山冰川可以划分为 4 个二级流域，即巴尔喀什湖内流水系、塔里木内流水系、准噶尔内流水系和吐鲁番—哈密盆地内流水系（王圣杰等，2011）。

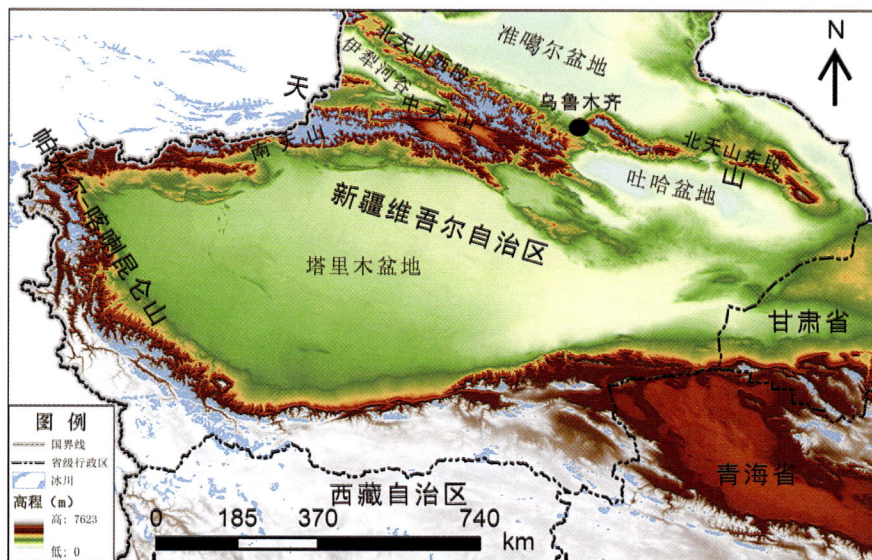

图 7-2　中国天山、帕米尔—喀喇昆仑山冰川分布及其区位

北天山东西长约 1300 m，以乌鲁木齐市东南部柴窝堡山间洼地为界，划分为东西两段。北天山西段，山地平均海拔为 4000 m。其中，依连哈比尔尕山是天山第二个冰川比较集中的区域，冰川面积超过 1000 km²。北天山西段冰川区，一些冰川末端地带草原广袤、森林茂密，冰川与周边绿洲景观组合得相对较好，观赏和休闲度假旅游价值较高。例如，在伊犁河流域天山分两支，呈东西走向，

自西向东收缩呈喇叭形山地，与向东升高的地势促使了西风气流的抬升，使该区获得了较为丰富的降水，部分山区降水量可达 1000 mm 以上，丰富的降水造就了这里广袤的草原、茂密的森林和清澈的溪流，甚至一些冰川末端延伸至森林之中，形成了集蓝天、白云、雪山、冰川、森林、草原和溪流为一体的西部独特的自然景观。北天山东段，即东天山，主要由博格达山、巴里坤山和哈尔里克山组成，山势比较单纯，平均海拔约 3500 m。北天山东段冰川数量及面积自西北向东南方向依次减少，其冰川规模较小，末端海拔较高。博格达山势陡峭，沟槽密布，在 5445 m 处有冰川分布，以悬冰川为主，其次为冰斗冰川、冰斗-悬冰、冰斗-山谷、山谷冰川，而巴里坤、哈尔里克山脉冰川在高海拔处无冰川分布，低海拔处多为小型平顶冰川，并且分布较为分散。博格达峰，北天山东部最高峰，海拔为 5445 m。2011 年，博格达峰共分布现代冰川 227 条，总面积达 137.79 km² （李佳，2014）。其中，直接发源于博格达峰白杨河、四工河、古班博格达河及黑沟流域的冰川达 69 条。北坡白杨河 10 号冰川是博格达峰最长、最大的冰川，长度为 7.40 km，面积为 10.27 km²，面积居第二位的是南坡阿克苏河 10 号冰川，面积达 10.21 km²，长度居第二位的是黑沟 8 号冰川，长度为 7.10 km。博格达山是最早引起中外学者注意并进行考察的冰川区之一。因距乌鲁木齐市、昌吉市两大近域客源市场和天山天池较近，其旅游开发较早，也较为成熟，特别是登山探险、冰川旅游。目前，博格达峰北坡白杨河 10 号、8 号冰川，古班博格达 10 号冰川，以及南坡黑沟 8 号冰川等已得到了零星的旅游开发。

中天山在北天山和南天山之间，包括吐哈盆地和吐鲁番盆地。中天山较短，长约 800 km，山脊近于东西，山势较低，一般在 3500 m 左右，有乌孙山、那拉提山、喀尔宾山，其中，最高的喀尔宾山海拔为 4835 m。南天山北临中天山。南天山全长约 1100 km，以山汇区最高，一般海拔均在 5000 m 以上，最东达博斯腾湖最西边（图 7-2）（谢自楚和刘潮海，2010）。天山最高峰托木尔峰，地处南天山，其海拔为 7435.30 m，其次为汗腾格里峰，海拔为 6995 m，其优越的地形条件，造就该区域为天山最大的冰川作用中心。围绕托木尔和汗腾格里高大山峰，四周放射状分布有数量众多和规模巨大的山谷冰川群（图 7-3）。汗腾格里峰东坡木扎尔特冰川（长度 33 km，面积 137.20 km²）、喀拉古勒冰川（长度 32.40 km，面积 184.95 km²）、南坡西北坡南伊内尔切克冰川（中国境内，长度 63.50 km，面积 392.84 km²）和托木尔峰南坡托木尔冰川（长度 41.50 km，面积 337.90 km²，末端海拔仅 2780 m）、东北坡土盖别里齐冰川（长度 36.10 km，面积 313.69 km²）规模最大，也较为出名，其他冰川均为小型山谷冰川（图 7-3）（胡汝骥等，2003；施雅风，2005）。其中，托木尔冰川 2005 年被全国 34 家媒体协办的"中国最美的地方"评选为中国最美六大冰川之一。特别地，源于这些冰川的河流深切基岩，形成峡谷峭壁，穿越不同的植被带，塑造出千姿百态的河谷水域风光，沿途点缀众多泉眼和瀑布，构成最富有魅力的西北冰川、河谷、森林旅游景观。

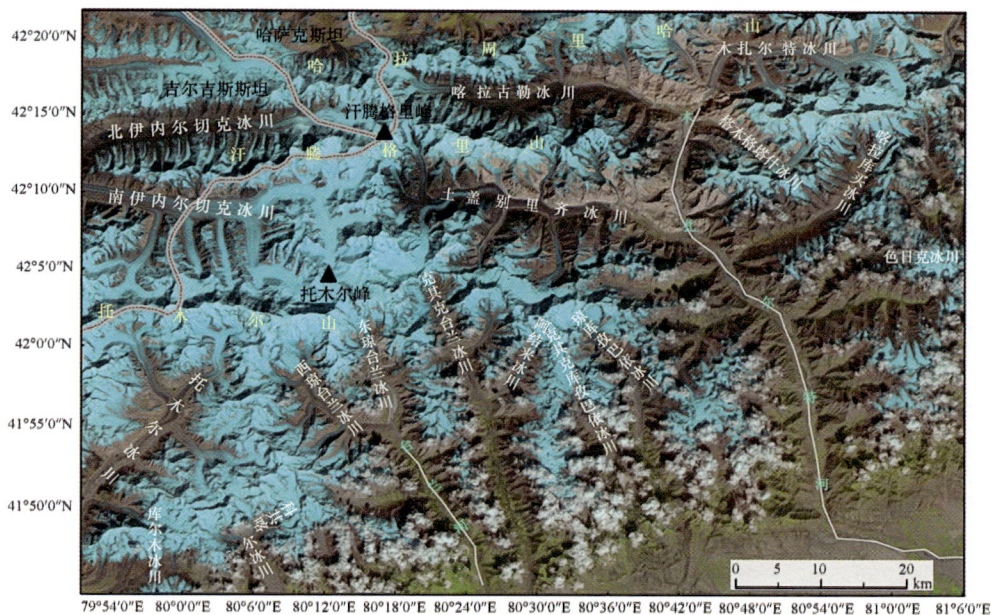

图 7-3　天山托木尔—汗腾格里峰山汇的冰川分布图

天山冰川旅游区冰川体量、规模较大，形态多变，多为山谷冰川，部分中大型山谷冰川末端海拔较低。该冰川旅游区距人类活动区较近，旅游区冰川资源富集、地形地貌多样、"丝绸之路"历史文化底蕴深厚、民俗风情浓郁，其部分旅游资源具有鲜明的区域独特性、典型性，甚至垄断性。目前，天山冰川旅游区已开放的探险山峰有托木尔峰和博格达峰。同时，目前，新疆维吾尔自治区乌鲁木齐河源 1 号冰川、伊犁州乌苏市境内哈希勒根 51 号冰川、哈密地区庙儿沟冰川、阿克苏地区温宿县托木尔冰川、克孜勒苏柯尔克孜自治州阿克陶县洋布拉克冰川（江布拉克冰川）及克州冰川公园、昌吉回族自治州阜康市古班博格达 10 号冰川、黑沟 8 号冰川已得到零星开发。该区域冰川大多沿古丝绸之路经济带，近期它们的旅游开发潜力巨大。

鉴于此，该区冰川旅游区应依托"新疆天山"和"丝绸之路：起始端和天山廊道的路网"世界双重遗产知名度，紧密围绕乌鲁木齐市、昌吉市、阿克苏市和伊宁市旅游中心城市，利用托木尔峰知名度高、吸引力大、中心地位牢固的优势，借助该区地缘优势和深厚的文化底蕴，逐步开展包括登山探险、攀冰、冰川观光、冰川徒步、冰川摄影、冰川边境旅游、冰川滑雪、冰川科考科普旅游在内的多项冰川体验旅游项目。经典冰川旅游线路前期可规划为乌鲁木齐（乌鲁木齐河源 1 号冰川）—阜康（天池、黑沟 8 号冰川）—乌苏（哈希勒根 51 号冰川）—新原（那拉提旅游风景区）—温宿（托木尔峰及其冰川群）—博湖（博斯腾湖）。后期，可通过冰川旅游开发模式的创新，逐步建立天山冰川文化体验旅游国际品牌。

（二）帕米尔—喀喇昆仑山冰川旅游区

帕米尔—喀喇昆仑山地处亚洲大陆心脏地带，新疆维吾尔自治区最西段，作为通往中亚、西亚的必经通道，是连接东西方的大动脉——"丝绸之路"的咽喉要道，也是沟通南亚农业文明与中亚游牧文化的重要地带之一，更是自汉武帝以来开辟的"丝绸之路"中道、南道的必经之地。然而，该区域也是古代"丝绸之路"最为艰险的一段。该山系拥有世界上多座最高山峰，有 4 座 8000 m 以上的世界级著名山峰。其中，乔戈里峰（K2，海拔 8611 m），高度仅次于珠穆朗玛峰，位居世界第二。其他 3 座为布洛阿特峰（海拔 8051 m）、加舒尔布鲁木山（海拔 8068 m）、加舒尔布鲁木Ⅱ峰（海拔 8035 m）。同时，有 50 多座山峰高达或超过海拔 7000 m，从而使这里成为世界众多登山家瞩目的第二个登山中心。特别地，该区域高俊的山体、宽阔的纵谷，加之区域相对丰沛的降水，使帕米尔—喀喇昆仑山成为世界上山地冰川最为发育的山系，其间发育冰川约 3096 条，面积为 6930.62 km²（图 7-2）。

中国帕米尔位于新疆维吾尔自治区西南边缘，地形上被北、中、南面的天山，外阿赖山，昆盖山，萨雷阔勒岭和喀喇昆仑山所包围，平均海拔在 4000 m 以上。帕米尔主要受高空西风环流和局地环流控制，水汽多在西帕米尔形成降水。由于山地的屏障作用及山体效应，至此已所剩无几。加之青藏高原及其周边大山系的阻挡，致使印度洋和太平洋湿润气流难以进入本区。因此，东帕米尔表现得极为干燥（余武生等，2006）。然而，本区地处西风和西南季风冷湿气流进入青藏高原西北边缘的通道山区，加之高亢的地势、稳定的水汽来源和极端寒冷的气候为本区冰川发育提供了极其便利的条件。帕米尔高原冰川主要分布在外阿赖山、昆盖山、萨雷阔勒岭、公格尔—慕士塔格。其中，帕米尔西部的外阿赖山、昆盖山、萨雷阔勒岭发育冰川分别为 94 条、320 条和 335 条，其面积分别为 139.75 km²、491.87 km²、265.44 km²（曾磊，2012）。特别是，克孜勒苏州阿克陶县昆盖山下奥依塔克镇的其克拉孜冰川，海拔在 3000 m 以下，是中国境内海拔最低的现代冰川之一。该冰川拥有壮观的冰瀑布，冰川末端坡降较小，表面洁净，适宜游客零距离攀登、探险，现已被成功开发。按冰川规模的集中程度，该区冰川则主要集中在帕米尔南部的公格尔—慕士塔格。公格尔峰、公格尔九别峰与慕士塔格峰遥遥相望。山上终年积雪，犹如冰雕玉琢，分外壮美。三山耸立，屹立在帕米尔高原之上，成为帕米尔高原的标志（图 7-4）。

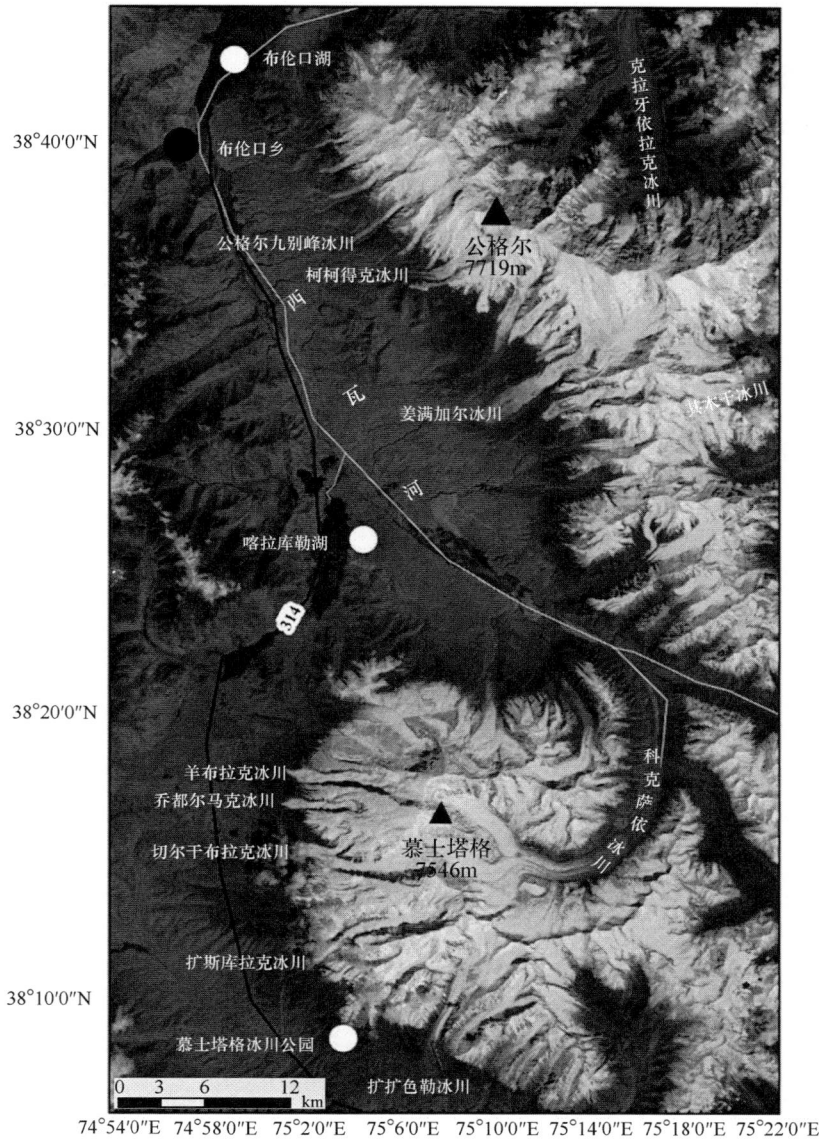

图 7-4　公格尔—慕士塔格峰冰川空间分布图（ASTER 遥感影像）

　　公格尔山位于帕米尔高原东南部，公格尔九别峰海拔为 7719 m，为帕米尔高原最高峰。公格尔山是帕米尔高原最大的现代冰川作用中心，发育有 327 条，总面积为 640.15 km² 的极大陆型山谷冰川，长度超过 10 km 的冰川有 6 条。其中，最著名的是树枝状的克拉牙依拉克冰川和其木干冰川，长度分别为 20.30 km 和 21 km，面积分别为 128.15 km² 和 103.71 km²（刘潮海等，2001）。"冰山之父"慕士塔格山是一座浑圆形的断块山，主峰高达 7546 km。两山 5100~5500 m 及 5500 m 以上山体均被数百平方千米冰体覆盖。围绕其主峰两侧发育了许多规模较大的冰川，呈放射状分布格局。冰川面积超过 10 km² 的有 8 条冰川，最大冰川为主峰东侧的科克萨依冰川，面积可达 86.5 km²。慕士塔格东北部洋（江）布拉克冰川长约 12 km，宽约 2 km，坡降为 50°~70°，冰川表面平坦而光滑，冰川可进入性较强，是攀登慕士塔格峰的大本营所在地。公格尔—慕士塔格山的冰川呈星状（或辐射状）分布，以两大高峰所形成的巨大冰帽为中心由山谷向山麓伸出，形成特殊的峡谷式溢出山谷冰川。两山东北侧以土耳其斯坦型山谷冰川比较发育，而西南侧多为峡谷山谷冰川。2001 年，公格尔—慕士塔格山冰川数量为 365 条，总面积为 1025.80 km²（上官冬辉等，2005），形成了帕米尔高原最大的现代冰川作用区（图 7-4）。中巴公路横穿公格尔—慕士塔格西部山麓，冰川旅游可进入性较强。目前，依托慕士塔格峰南部冰川群，新疆维吾尔自治区塔尔库什干县已建立慕士塔格冰川公园。同时，鉴于慕士塔格登顶难度较低，在此已建立登山训练基地，每年吸引无数国外登山爱好者在此驻扎、训练和攀登，并得到了国内外众多登山探险者的好评。

喀喇昆仑山冰川规模是中国各大山系中最大的，多为树枝状山谷冰川和复式山谷冰川。部分冰川因表碛覆盖抑制冰川消融而延伸至海拔 2500~3000 m 的森林、草原和半荒漠地带的河谷区域。与喜马拉雅山脉一样，这里很早就吸引了古代印度或其他教派朝圣者的瞩目，如今这些山脉已成为全世界登山探险者们最具吸引力的旅游目的地。目前，该区域已开放山峰包括乔戈里峰（K2）、布洛阿特峰、加舒尔布鲁木峰 Ⅰ 及 Ⅱ 峰、公格尔峰、公格尔九别峰、慕士塔格峰、慕士山。由于特殊的地形与气候，喀喇昆仑山冰川消融区冰塔林十分发育，冰裂隙密集且规模、数量巨大，冰川表面形态各异，蔚为壮观。

该区域面积大于 100 km² 的巨大树枝状山谷冰川包括帕米尔公格尔克（喀）拉亚依拉克冰川、其木干冰川、喀喇昆仑山音苏盖提冰川、木斯塔冰川、乔戈里冰川、尕舍罗鲁姆冰川、乌尔多克冰川、沙克斯干冰川、特拉木坎力冰川、克亚吉尔冰川、克勒青冰川（图 7-5）。其中，克拉亚依拉克冰川长度为 20.30 km，面积为 128.15 km²，末端海拔较低，仅 2820 m，是该区域冰川末端最低的较大型山谷冰川。音苏盖提冰川长度为 42 km，面积为 379.97 km²，平衡线为 5420 m，冰舌末端下伸至海拔 4000 m 左右的谷底（施雅风等，2005；谢自楚和刘潮海，2010），是中国境内最长、面积最大的山谷冰川。特拉木坎力冰川长度为 28 km，面积为 124.53 km²，末端海拔为 4520 m。特拉木坎力冰川被《中国国家地理》评为中国最美六大冰川之一，其最奇异的景观是自海拔 5200 m 处至冰川末端高达数十米的冰塔林，长度达 11 km 以上。冰川末端分布有冰湖，碧波荡漾，与冰川相映成趣。然而，该区域身居新疆维吾尔自治区南部腹地，区位优势较差、自然环境恶劣、交通不便、冰川进入性也较差。

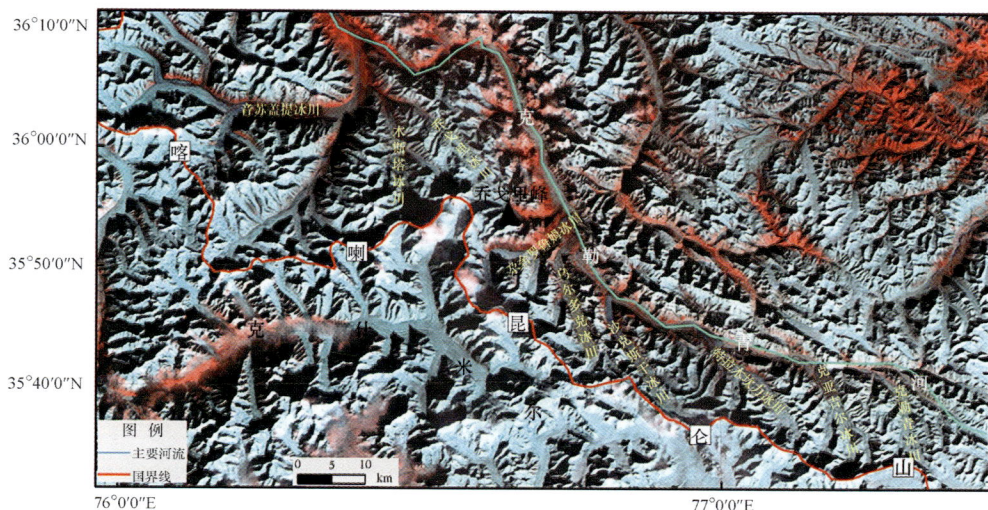

图 7-5 喀喇昆仑山乔戈里峰主山脊北坡冰川群

鉴于此，该区应积极借助"新疆天山"和"丝绸之路：起始端与天山廊道的路网"世界遗产知名度，依托喀什市、塔什图尔干县、阿图什市、阿克陶县旅游节点城市，突出高山雪峰、冰川、森林、草地及其"丝绸之路"人文景观的原始风貌，围绕314国道辐射半径，积极开展登山探险、冰川科考、冰川观光、冰川徒步、攀冰、冰川纪录片、冰川边境旅游、自驾车冰川旅游等活动，还可在一些大型冰川开展冬春季高山冰川滑雪、雪地摩托等在内的冰川体验旅游活动。该区冰川旅游近期线路可规划为喀什—阿克陶（克州冰川公园其克拉孜冰川）—公格尔（克拉牙依拉克冰川在内多处冰川）—布伦库勒湖—塔什库尔干（喀拉库里湖）—"冰山之父"慕士塔格峰（羊布拉克冰川在内多处冰川）—"红色国门"红其拉甫口岸。中远期冰川旅游线路可设计为喀什—叶城—麻扎（特拉木坎力冰川、音苏盖提冰川、乔戈里冰川、孖舍罗鲁姆冰川等冰川群）—喀什。通过冰川旅游与其他旅游项目的深度组合，力争使该区建成集冰川观光及体验、登山探险、冰川科考科普、冰川环境教育、冰川休闲度假为一体的面向国际国内游客的综合性冰川旅游目的地。

（三）喜马拉雅山冰川旅游区

喜马拉雅山位于印度河与雅鲁藏布江以南的西藏自治区，是世界上最年轻、最高、最大的山系，全长约2450 km，宽约300～350 km，海拔超过8000 m的高峰有10座。其中，中尼边界珠穆朗玛峰，海拔为8844.43 m，为世界最高峰。喜马拉雅山各段以不同高峰为中心，分散发育有许多中等规模的冰川（10～30 km），冰川总数约 18 065 条，面积为 34 659.60 km²，估计冰储量为 3734.48 km³，是中国冰川区面积最大的山系（秦大河，1999；谢自楚和刘潮海，2010）。自西向东，主要分布有卡美特山（7756 m）、纳木那尼峰（7694 m）、希夏邦马峰（8012 m）、珠穆朗玛峰（8844.43 m）、绰莫拉利峰（7314 m）、泡罕里峰（7128 m）、库拉岗日（7554 m）和南迦巴瓦峰（7782 m）在内的多处冰川作用区，这里现代冰川发育，古冰川地貌景观分布较广。其中，喜马拉雅山东段冰川发育较弱，规模体量远不及喜马拉雅山中西段。中国喜马拉雅山区共发育现代冰川有 6472 条，面积为 8418 km²（图 7-6）（施雅风，2005）。

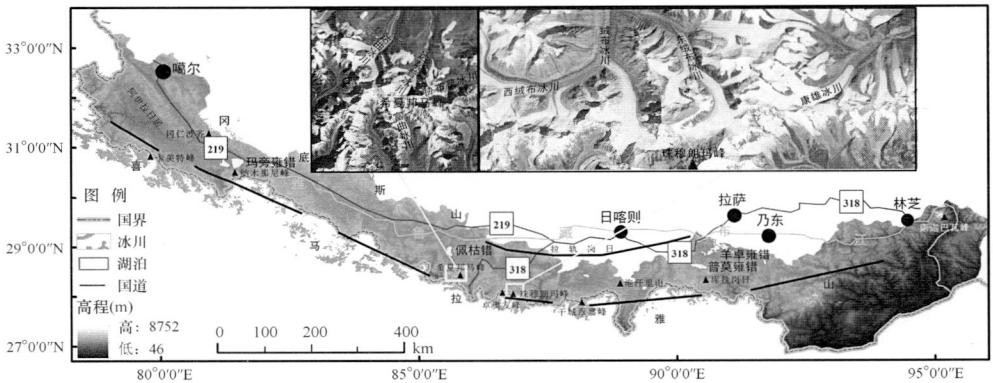

图 7-6 中国喜马拉雅山冰川分布图
上左图为希夏邦马峰区，上右图为珠穆朗玛峰区

珠穆朗玛峰附近集中了 4 座海拔 8000 m 以上的山峰，四周呈放射状分布有规模较大的树枝状山谷冰川，是喜马拉雅山区最大冰川作用区。该区域拥有面积大于 20 km² 冰川有 15 条，10 km² 以上冰川有 18 条。其中，绒布冰川长为 22.40 km，面积为 85.40 km²，由中、西绒布冰川汇合组成，是珠穆朗玛峰北坡最大冰川，其冰舌末端海拔为 5154 m。希夏邦马峰，海拔为 8012 m，是唯一一座整个山体坐落在中国境内的 8000 m 以上的高峰。希夏邦马峰及相邻山峰四周发育冰川 438 条，冰川面积及储量分别达 1173 km² 和 122 km³，是仅次于珠穆朗玛峰冰川区的另一大冰川作用区。其中，长度超过 5 km 的冰川有 26 条，超过 10 km 的冰川有 10 条。达曲冰川（又称康佳若冰川）为希夏邦马峰地区宽度最大的一条复式山谷冰川，长度为 14.30 km，由 3 条大的支流冰川汇合而成，面积为 44 km²，是北坡最大、最长、延伸谷底最低的冰川，末端海拔为 5360 m。中支流冰川表面裸露，发育了壮观的冰塔林，冰塔区长达 4.50 km。野博康加勒冰川（又称达索普冰川），长度为 12.50 km，面积为 20.02 km²，末端为 5530 m。冰川末端冰塔林蔚为壮观，冰舌上游为雏形冰塔区，中游为连坐冰塔区、塔高为 15～

30m，下游为孤立冰塔，高度减小，一般不超过 10 m。富曲冰川为希夏邦马峰南坡复式山谷冰川，长度为 16.2 m，面积为 30.51 km²，冰舌下游冰面为冰碛物覆盖，没有北坡达曲和野博康加勒冰川那美轮美奂的冰塔林（中国科学院青藏高原综合科学考察队，1986；谢自楚和刘潮海，2010）（图 7-6）。

喜马拉雅山冰川规模大，冰川末端冰塔林立，冰桥、冰瀑布、冰蘑菇、冰川弧拱、冰陡崖等景观形态各异，美不胜收。同时，古冰川侵蚀堆积地貌遗迹较为普遍，许多河流上游发源于巨大的冰川槽谷之中，其间，分布有角峰、刃脊、冰斗、槽谷等多样古冰川遗迹。然而，这一区域冰川末端海拔及雪线较高、空气稀薄、紫外线强、交通不便，进而阻碍了冰川体验旅游项目的快速开展。鉴于此，该区应依托拉萨市和日喀则旅游中心城市，重点依托珠穆朗玛峰与希夏邦马峰冰川群，借助世界"第三极"国际知名度品牌和较高的登山关注度，稳固传统冰川观光、登山探险、宗教旅游等常规项目，逐步增加如攀冰、冰川科考、冰川摄影、冰上徒步、冰川纪录片拍摄、冰川边境游等在内的深层次冰川体验旅游项目。近中期冰川旅游线路可设计为：拉萨—山南（雅砻河国家重点风景名胜区、桑耶寺）—洛扎（库拉岗日冰川）—朗卡子（枪勇冰川、普莫雍错、羊卓雍错）—江孜（卡若拉冰川、宗山）—亚东（卓木拉日冰川、多庆错）—岗巴（干城章嘉峰、曲登尼玛冰川及末端冰湖）—定日（珠穆朗玛峰、卓奥友峰、绒布冰川）—聂拉木（希夏邦马峰、达曲冰川、野博康加勒冰川）—拉萨。

（四）横断山—念青唐古拉东段冰川旅游区

横断山—念青唐古拉东段冰川旅游区现代冰川主要集中分布于西藏自治区东部的念青唐古拉山东段、伯舒拉岭、他念他翁山和横断山的梅里雪山、玉龙雪山、贡嘎山、沙鲁里山、雀儿山等多处雪山，其冰川零星分布于多处山峰中心，且广泛分布着许多古冰川地貌，该区是中国现代冰川分布区最东和最南的部分。横断山是中国最大的南北走向平行的山脉，是中国地形上最高的第一级阶梯通向第二级阶梯的高山深谷地带，因"横断"东西间交通，故名。横断山东起邛崃山，西抵伯舒拉岭，北界位于昌都、甘孜至马尔康一线，南界抵达中缅边境的山区。横断山共发育冰川 1725 条，面积为 1579 km²，冰储量达 97 km³。这一区域冰川大部分属于小型海洋型山谷冰川、冰斗冰川和悬冰川。其中，围绕贡嘎山主峰（7514 m）和大雪山主山脊两侧分布有冰川 92 条，面积为 267.30 km²，是横断山最大也是中国最东端的冰川作用区。贡嘎山分布有 5 条长度为 10 km 以上的冰川，西坡仅大贡巴冰川 1 条，发育于最高峰西侧，末端下延至 3930 m 高度处；而东坡有 4 条，其中 2 条（海螺沟冰川和燕子沟冰川）发源于主峰东侧，另外 2 条（磨子沟冰川和南门关沟冰川）各自发源于 6500 m 左右山峰，具有比其他 3 条冰川大得多的粒雪盆。横断山冰川区最大冰川为贡嘎山东坡的海螺沟冰川，长度为 13.10 km，面积为 25.71 km²，冰川末端下伸至海拔 2980 m 的森林地带。特别地，海螺沟冰川冰瀑布从雪线 4900 m 向下，直到 3850 m 高度，落差达 1050 m，为中国已知的最大冰瀑布（图 7-7）。

图 7-7　横断山贡嘎山主峰区冰川分布图

雀儿山位于横断山沙鲁里山北部，平均海拔超过 5000 m，主峰海拔为 6168 m，海拔超过 6000 m 的山峰有 3 座，是横断山另一处冰川分布集中的区域，分布有大小冰川 30 余条，面积达 80 km²，面积仅次于贡嘎山冰川区，较为著名的如雀儿山新路海冰川。梅里雪山，平均海拔在 6000 m 以上，主峰卡瓦格博峰海拔高达 6740 m，是云南省第一高峰。梅里雪山以其巍峨壮丽、神秘莫测而闻名于世，早在 20 世纪 30 年代美国学者就称赞梅里雪山的主峰卡瓦格博峰是"世界最美之山"。现代冰川集中在梅里雪山北段，面积约 73.50 km²，主要有明永、斯农、纽巴、浓松四大著名冰川。其中，明永冰川从主峰往下呈弧形一直延伸至海拔 2650 m 处的原始森林地带，绵延 11.50 km，平均宽度为 500 m，面积为 11.20 km²，其长度位列横断山区第二位，也是中国纬度最南冰舌下延最低的现代冰川之一。玉龙雪山则为欧亚大陆最南部的现代冰川分布区。另外，白茫雪山、哈巴雪山、央迈勇、仙奶日、四姑娘山、雪宝顶等也零星分布有一些小型冰斗冰川及悬冰川。横断山区山高谷深，冰川坡度较大、冰面坡度陡峭、冰体破碎、冰面裂隙纵横，它们极大地限制了横断山区冰川冰上体验旅游活动的开展。

念青唐古拉山以西藏自治区嘉黎县为界，将其分为东西两段。念青唐古拉山东段雪山海拔多在 6000~6500 m，雪线高程在海拔 5300~5100 m。雪线以下冰川银蛇飞舞，是中国海洋型冰川最集中的地区。东段山势由嘉黎县向东逐渐降低，一般山峰不超过 6800 m，但该区山高谷深，地形切割强烈。尽管没有超过 7000 m 的高峰，却形成了亚洲最强大的冰川作用区，冰川长度和面积超过了珠穆朗玛峰为中心的冰川作用区（中国科学院兰州冰川冻土研究所，1988）。念青唐古拉东段属西南季风亚热带山地气候区，地处西南印度洋暖湿季风的北上通道，是青藏高原降水量最大的地区，降水量为 2500~3000 mm，充沛的降水补给抵消了部分太阳辐射对冰川的消融，因而冰川规模及体量均很大。念青唐古拉东段冰川条数和面积分别占整个山系（7080 条，面积 10 700 km^2）的 66.67% 和 83.33%。因受降水（南多北少）影响，念青唐古拉东段南坡集中了 83.30% 的冰川条数和 90% 的冰川面积。念青唐古拉东段长度超过 10 km 的冰川有 32 条，著名冰川包括江普冰川、道格冰川、贡普冰川、卡钦（恰青）冰川、若果冰川、那龙冰川、则普冰川、关星冰川、米堆冰川、来古冰川、阿扎冰川等（图 7-8）。

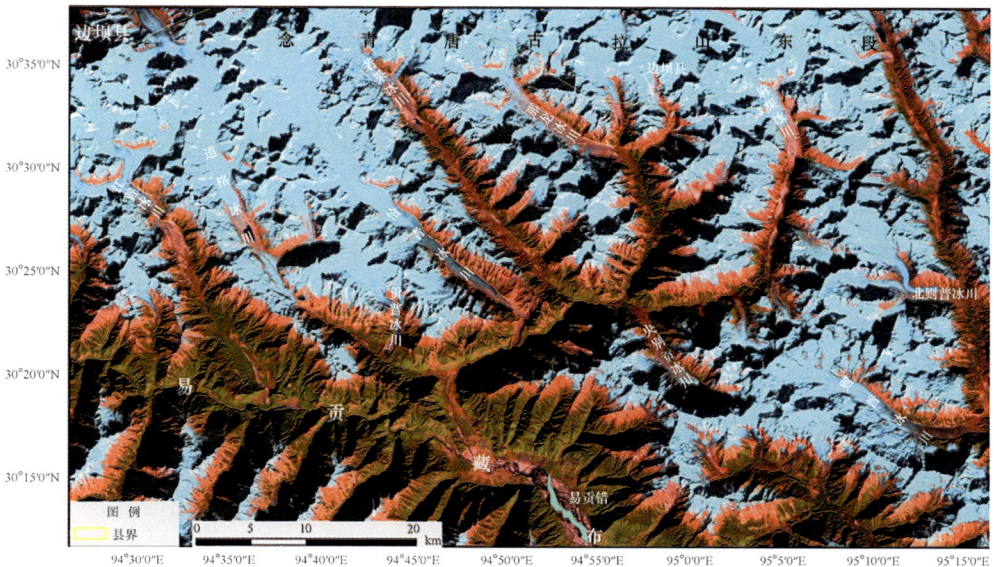

图 7-8 念青唐古拉东段易贡藏布流域冰川群分布图

其中，米堆冰川，距波密县城 103 km，离 318 国道 8 km。米堆冰川（亦称贡扎冰川）长约 10.20 km，面积约 26.25 km^2，拥有天然粒雪盆、冰瀑布与拱弧景观，规模宏大，气势磅礴。米堆冰川末端海拔为 3778 m，游客可直接到达米堆冰川末端及光谢错，该冰川目前已被成功开发。阿扎冰川长度为 20 km，末端海拔仅 2450 m，主体部分位于察隅县木忠乡境内。阿扎冰川形态婀娜，在冰川上部分分布有大冰瀑布，下部则分布有鲜明的弧拱景观。来古冰川位于阿扎冰川以北，仅一山之隔，由 6 条支流冰川汇合而成（其中，岗日嘎布山东端长达 12 km 的雅隆冰川最为雄壮），形成几条十分明晰的中碛垄，冰舌宽度达 2~4 km，表面坡度较小，冰舌末端下伸至主谷 3900 m 处，形成一景观独特的冰碛湖——然乌湖。因地处国道 318 附近，近年冰川旅游极为火热，但仅处于冰川观光旅游层面。念青唐古拉山东段卡钦冰川、江普冰川、来古冰川、米堆冰川、阿扎冰川等冰川最为特别之处在于它们形成了中国现代冰川下伸海拔最低的冰川群。冰川前缘部分深入原始森林长达数千米，分别穿越高山灌丛草甸、山地针叶林带和针阔混交林带，甚至已靠近亚热带种植区，冰川犹如一条银色巨龙，形成世界上极为罕见的森林冰川景观（谢自楚和刘潮海，2010）。

横断山—念青唐古拉东段冰川旅游区地处国家"大香格里拉"旅游区腹地和中国西南"茶马古道"核心区域，有着皑皑雪峰、奇丽冰川、葱郁森林多样的景观，以及四季如春的旅游气候和醇厚悠久的历史文化及民族风情。本区地处亚热带气候区，冰川均属海洋型冰川，冰川末端海拔较低，冰川多延伸至森林地带，河谷拥有绝佳的水热条件，蓝天、白云、冰川、草甸、森林、峡谷多样性景观组合壮观。目前，已形成了几处较为成熟的冰川旅游目的地，如念青唐古拉东段米堆冰川、来古冰川、嘎瓦龙冰川，以及横断山玉龙雪山白水河 1 号冰川、梅里雪山明永冰川、贡嘎山海螺沟冰川、达古雪山达古冰川、岷山雪宝顶冰川等。基于此，该区依托优越的地域水热组合条件，借助成渝近域客源市场和京津冀、长三角、珠三角远域客源市场，以冰川观光、消夏避暑、生态旅游、科考修学为主体产品，使其发展成为中国冰川旅游的龙头和旅游脱贫致富的窗口。同时，结合"香格里拉"、"藏彝走廊"和"茶马古道"文化旅游资源，积极打造一批集冰川观光与文化体验为一体的国际知名的冰川旅游休闲度假区。近中期冰川旅游线路可设计两条：①昆明—丽江（玉龙雪山冰川公园，丽江古城）—香格里拉（明永冰川、哈巴雪山冰川、白茫雪山冰川，三江并流）—芒康（滇金丝猴国家级自然保护区）—八宿（来古冰川、然乌湖）—波密（嘎瓦龙冰川、嘎龙寺、米堆冰川、光谢错、朱西冰川、易贡国家地质公园）—米林县（南迦巴瓦峰，雅鲁藏布江大峡谷）—林芝；②成都—平武（雪宝顶冰川）—松潘（九寨沟—黄龙）—黑水（达古冰川）—小金（四姑娘山）—泸定（海螺沟冰川、燕子沟冰川等）—理塘（理塘寺）—稻城（'仙乃日、央迈勇、夏诺多吉'三神山悬冰川及其角峰、刃脊景观）—西昌（邛海—螺髻山国家地质公园）—雅安（碧峰峡）—成都。

（五）祁连山冰川旅游区

祁连山位于青藏高原东北边缘，西自当金山口东至乌鞘岭，长约 810 km，宽约 200~300 km，是介于甘肃省河西走廊与青海省柴达木盆地、东部高原之间的巨大山系，也是青藏高原与内蒙古高原和黄土高原的分界线（魏锋等，2010）。祁连山海拔 4000 m 以上山体占整个山系面积的 30% 左右。总体上，祁连山由呈西北-东南走向的平行山脉和宽谷组成，山势西高东低。祁连山远离海洋，气候属高原大陆型气候，西段受到西风控制，东段受到东南季风影响，气候干旱，天气干燥寒冷，仅在高山带形成一定降水。在此气候背景下，祁连山共发育现代冰川 2859 条，面积为 1972.50 km²，数量仅为天山冰川的 26%（施雅风，1998）。祁连山区冰川物质平衡线高度约为 4400~5000 m（曹泊，2013）。祁连山冰川主要分布于祁连山西段的托勒山、托勒南山、疏勒南山、野马山、党河南山、土根儿大阪山，以及东段的冷龙岭（图 7-9）。

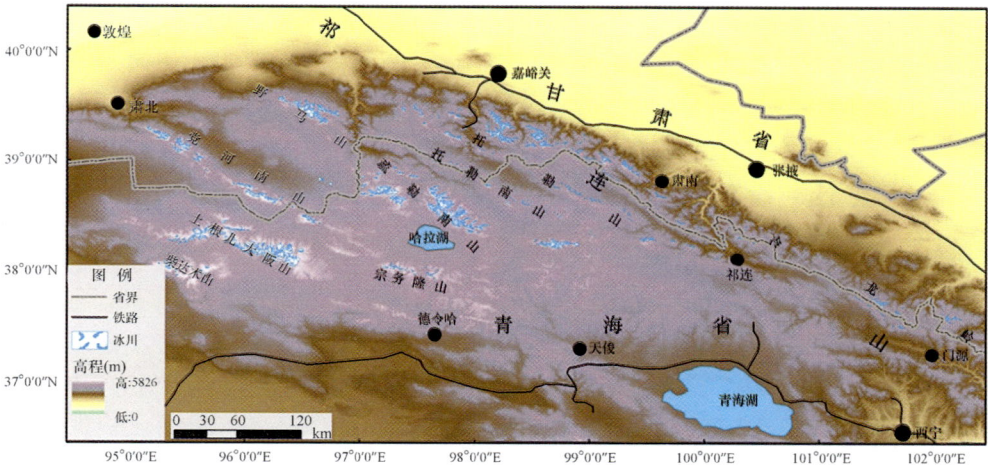

图 7-9　祁连山冰川空间分布图

其中，疏勒南山团结峰（岗则吾结，海拔 5826 m）为祁连山最高峰（图 7-10），其间有多处海拔超过 5000 m 的山峰，形成若干分散的小规模冰川中心。疏勒南山海拔居祁连山系之冠，其南坡有 70 条冰川。岗纳楼 5 号冰川（团结峰 11 号冰川）位于团结峰南坡，冰川总长度为 8.4 km，冰舌长约 5 km，面积为 15.27 km²。岗纳楼 5 号冰川是哈拉湖流域内规模最大的冰川，也是祁连山地按长度名列第三、按面积名列第七的冰川（伍光和和刘潮海，1979）。敦德冰川是祁连山区面积最大的冰川，位于西南部土尔根达坂山东段，为极大陆型平顶冰川，海拔为 4400~5500 m。2010 年，敦德冰帽面积达 59.29 km²（田洪阵等，

2012），厚度约 75 m，冰舌末端为 4580 m，可攀登观光冰川有 7 条。冰帽顶部平缓，坡度约 30°，易徒手攀登而少危险。透明梦柯冰川（老虎沟 12 号冰川）则是祁连山最大的冰川，长度为 10.01 km，面积为 21.9 km²，为极大陆型冷性复式山谷冰川。透明梦柯冰川末端海拔为 4260 m，冰川高差达 900 m，其间坡度平缓（3°~6°）且积累区宽大（中国科学院兰州冰川冻土研究所，1988），具有稳定性冰川特征，适宜冰川体验式旅游开发。"七一"冰川位于祁连山脉的托来山，在形态上属冰斗-山谷型冰川，在冰川物理属性上属于亚大陆型山谷冰川。

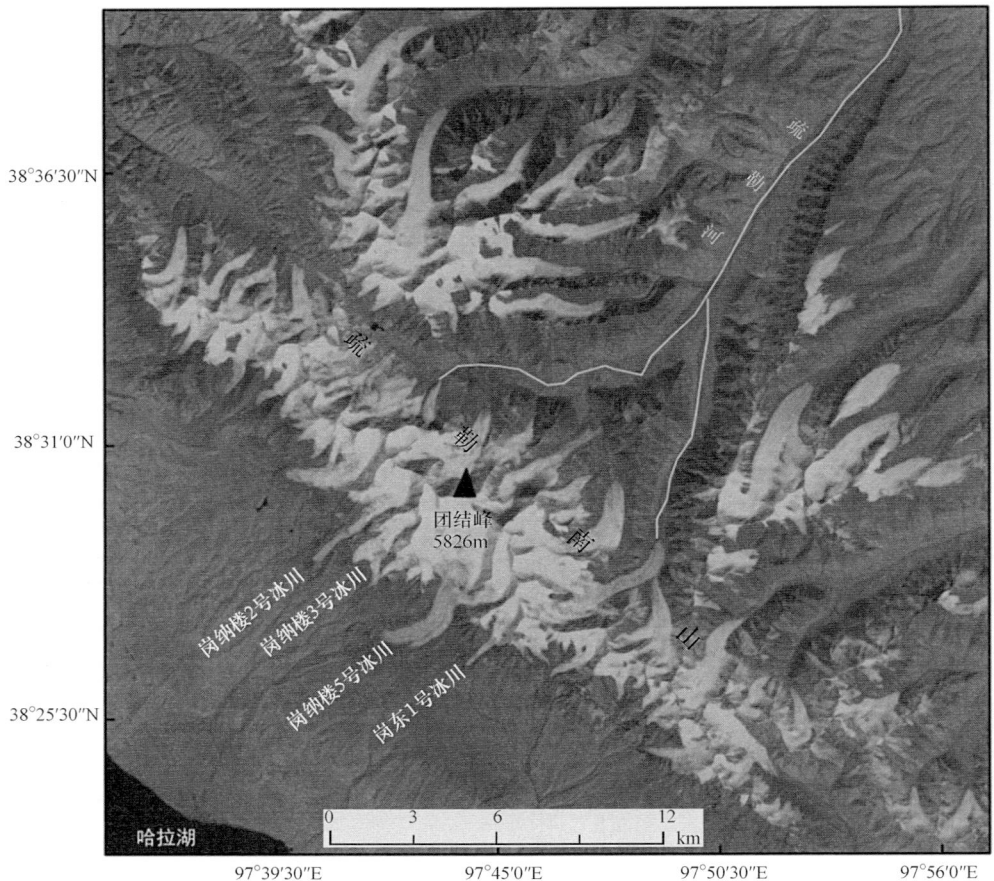

图 7-10 祁连山团结峰（岗则吾结）区主要冰川分布图

与天山一样，祁连山也是亚洲内陆河流域干旱区又一固体水塔。由于冰雪融水补给作用，造就了祁连山北坡河西走廊绿洲城市和柴达木盆地经济的发展，其冰雪资源的存在更是促进了"丝绸之路"的形成。祁连山横贯河西走廊，其间，地质地貌景观和自然景观的纬度地带性分布十分强烈，冰川、雪山、森林、草原、戈壁、大漠、雅丹地貌景观散布于丝绸之路，五彩纷呈，各具特色（王世金等，2007）。

祁连山冰川旅游区冰川数量少、冰川规模较小。其中，东部冰川为亚大陆型，西部冰川为极大陆型，且均为小型山谷冰川、悬冰川、冰斗冰川，地域景观组合状况较差，冰川末端海拔较高、可达性较差。然而，祁连山却是中国冰川科学研究及冰川旅游发展较早的山系，且人文旅游景观极为丰富。目前，祁连山"七一"冰川和透明梦柯冰川旅游发展较快，而祁连山东段冷龙岭南坡岗什卡峰冰川和祁连山最高峰团结峰南坡岗纳楼 5 号冰川观光旅游则得到了零星开发（伍光和和沈永平，2007）。

鉴于此，该区功能定位如下：依托嘉峪关市、酒泉市、敦煌市、张掖市、西宁市和德令哈市 6 个旅游中心城市及兰州市、西宁市近域客源市场，借助祁连山、盐池湾、青海湖 3 个国家级自然保护区和河西走廊丰富的历史文化景观，努力建成以冰川观光、冰川科考、冰川科普与地学实习为主攻方向的冰川与地貌科考科普、环境教育旅游示范基地。该区近期冰川旅游线路可设计为：西宁—门源（岗什卡峰冰川）—祁连（"八一"冰川）—天峻（团结峰，岗纳楼 5 号冰川）—德令哈（敦德冰帽）—共和（青海湖）—海晏（金银滩）—西宁；兰州—天祝（马牙雪山—天池）—武威（冷龙岭北坡冰川、擂台汉墓）—张掖（摆浪河 21 号冰川，大佛寺）—嘉峪关（"七一"冰川，嘉峪关关城）—敦煌（莫高窟，鸣沙山—月牙泉）—肃北（透明梦柯冰川）—兰州。

（六）其他冰川旅游区

除天山、帕米尔—喀喇昆仑山、喜马拉雅山、横断山—念青唐古拉东段和祁连山冰川旅游区外，昆仑山、唐古拉山、羌塘高原、冈底斯山、阿尔泰山、阿尔金山也是重要的冰川作用中心。其中，昆仑山西起帕米尔高原，山脉全长2500 km，平均海拔为 5500~6000 m，宽为 130~200 km，横跨 28 个经度。唐古拉山横亘于青海省与西藏自治区之间，为太平洋与印度洋流域的重要分水岭，西至西藏自治区那曲地区双湖特别区多尔索洞错附近，东延至青海省玉树州和西藏自治区昌都地区之间，总长约 500 km。羌塘高原系冈底斯山以北，昆仑山以南，唐古拉山以西的广大高原内陆流域地区，北部地区平均海拔为 5100 m，自然条件恶劣，大部分处于无人聚居区；以南地区地势稍低，平均海拔为 4800 m，人烟稀少。

昆仑山是中国冰川最多且面积最大的山脉，分布冰川 7697 条，冰川面积达12 267 km²，其冰川面积占中国冰川总面积的 20.30%，集中了 10 条面积大于100 km² 的大冰川（见附录五），并拥有昆仑峰冰川集结中心。其中，西昆仑山地势雄伟，是全山系冰川最集中的区域，共有冰川 4306 条，面积为 8438 km²，其冰川占昆仑山冰川总面积的 3/4 左右，特别是西藏自治区和新疆维吾尔自治区交界的玉龙喀什河上源头的昆仑山主脉，冰川面积达 3300 km²，占该段山地面积的 30.30%，大冰川长度均在 20~30 km，是该山系冰川最集中的地区之一。其中，面积 10 km² 以上的冰川有 33 条，最长冰川为北坡玉龙冰川，长达 30.50 km，面积为 131.30 km²，冰川末端为 5120 m。最大山谷冰川为西侧多峰冰川，长达 27.80 km，面积为 230 km²，是一巨大树枝状山谷冰川，冰舌表面洁净，冰塔林发育成熟。西昆仑平顶冰川规模巨大。其中，古里雅平顶冰川发育在完好的古夷平面之上，冰川面积为 376 km²，是中国已知最大的平顶冰川，最高点海拔为 6667 m，平均坡度仅 4°左右，外围分布有宽尾冰舌（图 7-11）。中昆仑山（83°~95°）是山系中最宽的地段，有若干分散的海拔为 6000 m 以上的山峰和保持良好的山顶夷平面，从而形成多处夷平面平顶冰川。木孜塔格（6973 m）是中昆仑山冰川发育最大的中心，冰川面积约 680 km²。其中，库里宁里冰川是该冰川区最长的冰川，长度为 17.50 km，面积为 88.91 km²，末端海拔为 5240 m。乌鲁克冰川是这里面积最大的山谷冰川，长度为 13.50 km，面积为 99.84 km²。新青峰（6860 m）冰川中心分布有大片完整夷平面，在此发育有小冰帽和宽尾山谷冰川，一些冰舌溢出山口，流至山麓，其尾部宽度 1~3 km。东昆仑山山势较低，冰川仅发育在个别高于 6000 m 的山峰区，规模及体量远不及西、中昆仑山，且主要分布在阿尼玛卿雪山。其中，最大冰川为玛卿岗日（6282 m）东南坡的哈龙冰川，长度为 8.80 km。

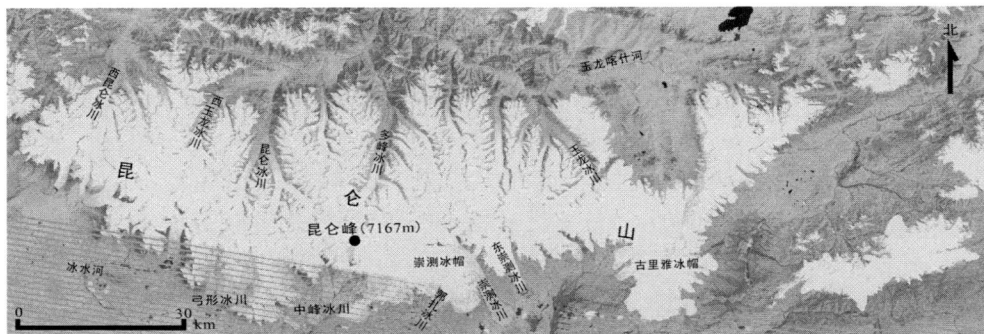

图 7-11　西昆仑山昆仑峰区冰川分布图

唐古拉山地势由东向西降低，最高峰位于西段长江源格拉丹东（6621 m），在此形成大型冰帽；至唐古拉山口附近，地势稍低，有少数几处海拔超过 6000 m 的山峰，冰川数量众多，但缺乏大型冰川；向东至西藏自治区丁青、索县之间，总地势继续降低，至布加岗日又突然升高，在不到 20 km 的主山脊上，分布有 16 座海拔超过 6000 m 的山峰，在此形成了较大的冰川中心。唐古拉山共分布冰川

1530 条，冰川面积为 2213 km²。其中，最大山谷冰川为西段格拉丹东冰川区南部的姜古迪如冰川，长度为 12.80 km，末端海拔为 5395 m，面积为 61.97 km²，其消融区冰塔林极为壮观。长度第二冰川为东段布加岗日的足学会冰川，长度为 11 km（施雅风，1998）。唐古拉山冰川与念青唐古拉山冰川分布明显不同，后者冰川 85% 的面积集中于主山脊南坡，显示了东南季风对其的强大影响。

羌塘高原位于青藏高原腹地，西风环流水汽大部分被喀喇昆仑山、西昆仑山截获。同时，由孟加拉湾北上季风，在此已成强弩之末。本区地势高差相对不大，没有超过 7000 m 高大山体，故冰川面积在西藏自治区各山系中最小，但也发育了几处以高峰或高大山体为中心，呈星斑状辐射分布的冰帽或平顶型冰川。总体上，本区分布冰川有 958 条，面积为 1802 km²，冰储量为 162 km³。本区冰川类型主要以冰帽为主，其冰帽面积约占全区冰川面积的 63.85%，平均每个冰帽面积达 35.90 km²。较大冰帽包括普若岗日（420 km²）、藏色岗日（215.70 km²）、隆格尔山（208.04 km²）、土则岗日（140 km²），其冰帽面积均超过了 100 km²。这些冰帽往往地处海拔 6000 m 以上山顶夷平面，且往往形成复合型冰帽景观，大冰舌溢出山谷，形成宽尾山谷冰川或溢出山谷冰川。其中，普若岗日是青藏高原上面积最大的冰原，冰原面积达 420 km²，冰原外围分布山谷冰川 16 条，面积占整个冰原面积的 72%。冰原积累区面积比消融区面积要大 2～3 倍，外围冰川冰舌部分较宽，表面坡度较缓，一般为 3°～8°，零星分布有孤立冰塔或冰塔林。普若岗日 41 号冰川，长度为 13.30 km，面积为 53.00 km²，是羌塘高原最大的冰川，末端海拔为 5320 m。羌塘高原诸如此类的小型冰帽还包括波波嘎屋峰（91.48 km²）、申扎结岗日（87.67 km²）和布若岗日（80 km²）等。另外，在青藏高原腹地的可可西里，还分布有马兰山、莫诺马哈山两个大型冰帽，其面积分别达 172.75 km²、419.91 km²。其中，莫诺马哈山东缘发育有大型山谷冰川——莫诺马哈冰川，长度为 24.50 km，面积为 99.27 km²。

中国阿尔泰山以北西-南东走向蜿蜒于中国与俄罗斯、哈萨克斯坦和蒙古边界，为亚洲中部国际山脉，主峰友谊峰（4374 m）位于新疆维吾尔自治区布尔津河上游喀纳斯河源中蒙交界处，与其北侧奎屯峰（4104 m）及邻近几座 4000 m 左右的山峰构成该山系最大的冰川作用中心，是中国纬度最高、唯一属于北冰洋水系的现代冰川分布区。2009 年，中国阿尔泰山冰川有 273 条，面积为 178.78 km²（姚晓军等，2012）。其中，喀纳斯冰川为该区最长、最大的山谷冰川。河源为喀纳斯冰川的冰碛堰塞湖喀纳斯湖，现已发展为著名的休闲旅游胜地。阿尔金山地处西北内陆干旱区的新疆维吾尔自治区东南部，阿尔金山为塔里木盆地和柴达木盆地的界山。东端与祁连山相接，以当金山口为界，西端与昆仑山相临，以车尔臣河上游河谷为界。阿尔金山分布有 10 座海拔为 4500～5000 m 的山峰，最高峰阿尔金山峰，海拔为 5798 m，围绕高峰均分布有不同规模的现代冰川。

2010 年，阿尔金山共分布现代冰川 370 条，总面积为 2993.77 km²，以小冰川为主。其中，面积 1 km² 以内冰川多达 307 条，占冰川总数的 77.14%，占冰川总面积的 26.66%，而面积大于 10 km² 冰川仅有 1 条（祝合勇，2012）。由于阿尔金山海拔较高，气候严寒，地形复杂，交通不便，所以那里人迹罕至。

总体而言，昆仑山、唐古拉山和羌塘高原冰川资源禀赋优势明显，该区多地处青藏高原夷平面，冰帽和平顶冰川分布较广，冰川坡度较小，冰川进入性较好，冰川表面洁净，极易适合开展冰川体验旅游项目。然而，这些冰川区基本上地处西部内陆腹地，距目前交通线路和旅游客源市场较远，旅游开发难度较大，但远期具有较强的旅游开发潜力，其旅游后发优势明显。鉴于区位交通条件和旅游环境的限制，该区应依托格尔木市、德令哈市、那曲县旅游中心和节点城市，近期重点依托自驾车旅游，加强冰川摄影和影视拍摄等旅游项目的开发力度，随着区位交通和通信网络的改善，未来可着力打造冰川雪地摩托、冰川滑雪、冰川鸟瞰、冰川探险等体验式旅游项目。

七、冰川旅游组团式开发模式

中国冰川旅游资源类型多样、规模体量巨大，在国内旅游市场具有绝对的优势地位。现代冰川、冰川遗迹与雪域高原、高山峡谷、森林草甸、大漠戈壁、西部文化资源相互影响，相互依存，构成了西部冰雪自然景观与文化景观的和谐统一。然而，冰川旅游功能并非由冰川单体决定，往往由冰川与周边景观的组合程度决定。因此，冰川旅游必须改变以往冰川观光或其他景观旅游单一的开发模式，逐步向冰川雪山、森林草甸、水域风光与民族历史文化组团式开发转变，通过冰川与其他景观旅游形式的组团式开发，扩展冰川旅游类型与内涵，以延伸西部山地旅游产业链。根据中国冰川区冰川旅游发展的实际状况，以及冰川旅游资源及其与周边景观的组合程度，中国冰川旅游组团式开发模式应在以下 6 个方面得以加强，以促使中国冰川旅游跨越式发展。

（一）冰川旅游与城市旅游

中国冰川区一些冰川资源孕育着城市，城市因冰雪景观而美丽，冰雪山峰与山麓城镇相映成趣、相互映衬，这些区域具有冰川旅游与城市旅游组团式开发的天然优势。例如，在青藏高原东南部、横断山、天山、祁连山冰川区，由于气候条件优越，冰川距人类聚居区较近，所以这些冰川区成为中国冰川旅游发展最快和最为成熟的区域。这类区域主要集中于天山、横断山、念青唐古拉山冰川区，城市包括乌鲁木齐市、阜康市、吉木乃县、奎屯市、伊吾县、温宿县、喀什市、阿图什市、库尔勒市、嘉峪关市、香格里拉县、丽江市、康定县、黑水县、泸水县、当雄县、波密县和八宿县。特别地，由于优越的气候条件和冰川资源的存在，横断山冰川区孕育了许多世界级的独特旅游景观，如丽江古城、三江并流、九寨沟—黄龙风景名胜区（世界遗产地），这类区域冰川旅游发展也相对较快。其中，玉龙雪山国家重点风景名胜区，是中国冰川旅游资源开发最早、最成熟的雪山冰川景区。目前，玉龙雪山已开辟雪山冰川观光旅游项目。冰川旅游对促进当地经济社会发展起到了积极作用（图7-12）。

(a)

(b)

图 7-12　冰川与城市旅游组合发展模式
（a）为玉龙雪山冰川与丽江古城；（b）为祁连山冰川与嘉峪关关城

　　玉龙雪山还拥有多处森林、草甸、水域景观。玉龙雪山与丽江古城多处景点交相呼应（图7-12），雪山冰川与悠久的东巴文化源远流长。皑皑雪峰倒映于丽江古城纵横交错的清溪之中，成为古城特有的精致。同时，玉龙雪山冰川径流为丽江古城（世界文化遗产，国家5A级景区）的繁荣昌盛提供了源源不断的水源，而古城布局则以水为脉（络），古城街道和房屋随水势、山势自然伸展，形成了"家家溪水绕户转，户户垂柳赛江南"的独特风貌，体现出一种"天人合一"的园林之美。古城与玉龙雪山景区每年吸引游客数达到1000多万，大部分游客均选择白天登临玉龙雪山感受冰川奇景，晚上夜游丽江古城，目前，已形成玉龙雪山冰川旅游与丽江古城旅游相互影响、相互促进、相得益彰的共赢态势。

在中国冰川区，有多处冰川景观距周边旅游节点城市较近，非常适宜城市旅游与冰川旅游组团式开发。例如，祁连山"七一"冰川与嘉峪关市、冷龙岭冰川与西宁市、乌鲁木齐河源1号冰川与乌鲁木齐市、博格达峰冰川与昌吉市、托木尔峰冰川与阿克苏市、公格尔—慕士塔格山冰川与阿克陶县、念青唐古拉山东段冰川与波密县、横断山冰川与丽江市、雅安市、康定县、泸定县等。

（二）冰川旅游与宗教及其文化旅游

在喜马拉雅山、藏东南以及滇西北冰川区，许多山峰受本土宗教和藏传佛教的影响，这些山峰也多成为当地神山而被顶礼膜拜，有些雪峰还成为整个区域和民族的宗教崇拜物。青藏高原许多山峰为苯教宇宙观中的宇宙山，如冈底斯山脉冈仁波齐峰、念青唐古拉山、阿尼玛卿山、雅拉香波山、梅里雪山、玉龙雪山、哈巴雪山以及其他山峰。其中，冈仁波齐、梅里雪山、阿尼玛卿山和尕朵觉沃并称为藏传佛教"四大神山"。许多旅行者会沿逆时针方向绕这些神山徒步一周（这种宗教仪式又叫"转山"）。在藏区，处处可见嘛呢石堆，其原形也是宇宙山，许多嘛呢石堆上插有树枝，以象征宇宙树。由于传说中的英雄、赞普都是天上神灵，故其名字常有"天"、"山"、"高"意味。于是在青藏高原许多山峰周围均出现大量寺庙，每年都有络绎不绝的僧众前来朝觐、传经，从而形成了冰川区独特的文化景观。

世界上海拔最高的红教寺庙——绒布寺就坐落在珠穆朗玛峰北侧的绒布冰川末端，海拔为5154 m，距珠穆朗玛峰峰顶约20 km。绒布寺始建于1902年，由红教喇嘛阿旺丹僧罗布创建，围绕绒布寺有一条转经道。登山探险者或进行冰川徒步的游客可在此一睹世界最高峰——珠穆朗玛峰的雄姿，并可乘环保车前往珠穆朗玛峰大本营，有幸者还可看到有如生命之火般飘荡的珠穆朗玛峰旗云。绒布寺是观赏和拍摄珠穆朗玛峰的绝佳地点，其门外嘛呢石堆通常会被摄影人作为拍摄珠穆朗玛峰的前景。绒布寺曾为电影《2012》老僧与小和尚对话场景的取景地之一。云南省梅里雪山卡瓦格博峰藏语为"雪山之神"，亦为藏传佛教朝觐圣地，传说是宁玛派分支伽居巴的保护神，位居藏区"八大神山"之首。距云南省迪钦州德钦县城10 km的飞来寺，也是观赏梅里雪山的最佳之地，飞来寺道路两旁，五彩经幡随风飘动。藏民们把美好心愿与祈祷写进经幡，经幡顺着风势把心愿与祈祷送到遥远的天国和雪域之巅。每年秋季，西部藏区藏民都要来此朝觐（图7-13）。

冰川、雪峰自然景观与冰川区寺庙、嘛呢石堆、经幡等人文景观组合绝佳，具有组团式开发的天然优势。在藏区，诸如此类的景观组合还包括喜马拉雅山中段曲登尼玛冰川与曲登尼玛寺、横断山贡嘎山大小贡巴冰川与贡嘎寺、海螺沟冰川与金花寺，沙鲁里山卡洼洛日峰冰川与日巴觉姆寺、多拉神山冰川与嘛呢石

(a)　　　　　　　　　　　　　　　　　　　(b)

图 7-13　冰川与宗教文化旅游组合发展模式
（a）为珠穆朗玛峰冰川与绒布寺；（b）为梅里雪山冰川与飞来寺

堆。其中，昌都地区八宿县白马镇以东 63 km 川藏公路旁分布着藏区著名的多拉神山，从山麓至多拉神山冰川末端，沿途可观赏各类嘛呢石刻艺术，漫山遍野堆积着刻满佛像和六字真言的巨大嘛呢石，过往游人无不为这种自然景观与文化景观膜拜。在丝绸之路天山山脉冰川区，同样也孕育了多处文化景观。例如，木扎尔特冰川南部冰口地势险要，两侧山峰巍峨，千仞陡峭，在冰口最前端一处绝壁上有一碉堡，此乃军事要塞，史书上记载的开凿"冰梯"处就在于此。因为木扎尔特冰川乃古代木扎尔特冰川古道的必经之地，位于天山第二高峰汗腾格里峰东侧，古道曾是汉通乌苏、大宛的主要商路，也是连接南北疆的一条捷径，传说当年玄奘法师西行也经过此。在这一区域，可以深度挖掘古代"丝绸之路"文化资源，并与冰川旅游有机结合，从而提升冰川旅游内涵及内容。在东天山的吐哈盆地，由于干旱少雨，冰川融水极为珍贵，许多城市与绿洲农业均依赖于冰川融水，进而形成本流域著名的坎儿井文化景观，坎儿井引来滔滔不断的高山冰川融水，不断地滋养着这片绿洲和城市。诸如以上这些区域，皆可通过冰川旅游与文化景观的组团式开发，推进该区冰川旅游的快速发展，使冰川自然景观与文化景观有机结合，发挥其最大经济社会效益。

（三）冰川遗迹旅游与科考科普旅游

冰川遗迹主要是指在冰川运动过程中形成的许多冰蚀地貌、冰碛地貌、冰水堆积地貌。冰川遗迹是气候变化在冰川上的具体反映。其中，包含了许多环境信息，对研究古气候变化具有不可低估的作用。同时，它既可供观赏，又可进行科普和环境教育。例如，邛海—螺髻山国家级风景名胜区完整地保存了第四纪冰川遗迹，以"冰川刻槽、杜鹃花海、古冰湖泊、角峰刃脊、温泉瀑布"等景观构成景区"螺髻五绝"（图 7-14）。邛海—螺髻山景区位于四川省凉山彝族自治州境内，面积为 1160 km²，景区是一个融独特自然风光和浓郁民族风情为一体的国家 4A 级旅游景区，是中国建立的第一个以古冰川地貌为主体的国家级景区。螺髻山主峰海拔为 4359 m，因其主峰高耸入云，形似青螺，宛若玉髻，而得其美名。螺髻山具有中外罕见的古冰川遗迹，第四纪冰川地貌类型保存十分完整，在中国已知山地中亦为罕见。规模巨大的角峰群、星罗棋布的冰斗湖、罕见的冰川刻槽、古老的"U"形谷、千姿百态的冰缘岩柱，以及形态各异的围谷冰斗、冰蚀洼地、冰坎、冰阶、冰溜面、羊背石、侧碛垄等古冰川地貌，展现了螺髻山在地质史上的沧桑巨变。螺髻山第四纪冰川遗迹内容丰富、景观异质性和欣赏价值高，具有很高的旅游、探险、科考科普等多重价值。其中，景区最为著名的是巨大的古冰川刻槽，它为国内外地质界公认的地质奇观，科考科普意义巨大。另外，景区冰蚀湖蔚为壮观，50 余个冰蚀湖分布于海拔为 3650 m 以上的各期冰围和冰斗之中。早在 1938 年，袁复礼教授曾对螺髻山第四纪冰川遗迹作过考察报告。20 世纪 60 年代初，李四光组织的西南第四纪冰川考察中曾把螺髻山列为重点，并进行了综合考察，1964 年则被列入中国科学院项目《中国东部第四纪冰川问题与环境变迁》和《攀西裂谷》的研究内容。同年，在兰州召开的中国古冰川研究会上，国内外专家学者曾建议在螺髻山建立中国第一个古冰川公园，供人们观赏、考察、研究。同时，螺髻山，叠岭层峦、茂林修竹、繁花似锦、香飘四溢。螺髻山作为中国已知山地中罕见的保存完整的第四纪古冰川地貌遗迹博物馆，不仅具有内容丰富、景观异质性高的景观欣赏价值，而且还极具科研价值。

(a)   (b)

图 7-14   邛海—螺髻山国家级风景名胜区

（a）为邛海—螺髻山国家级风景名胜区正门；（b）为景区内最大冰川刻槽

冰川遗迹旅游资源具有冰川演化、地质构造运动、古气候环境等多学科科考科普价值。中国冰川遗迹地貌分布广泛、形态多样，适宜开展冰川遗迹科考科普旅游，其典型区域包括新疆维吾尔自治区中央天山托木尔峰、东天山博格达山、阿尔泰山友谊峰，四川省横断山贡嘎山海螺沟、海子山、亚丁—稻城、雀儿山和沙鲁里山等。总体而言，冰川遗迹是冰川旅游资源的重要组成部分，开发冰川旅游资源不可忽视冰川遗迹旅游资源。冰川遗迹景观形态丰富多样，是冰川、地质、地貌、气候学相关专业学生或科研工作者的天然教学课堂，开展冰川遗迹科考科普及环境教育等旅游活动潜力巨大。同时，第四纪冰川遗迹往往与浩瀚的原始森林、广阔无垠的草原牧地、壮观奇特的温泉瀑布、瞬息万变的高山气象（云海、日出、佛光）景观、层次分明的立体生物群和名目繁多的奇花名卉、异兽珍禽相映成趣，因此适宜进行旅游组团式开发。

（四）冰川旅游与湖泊旅游

中国冰川区是中国湖泊分布最密集的地区之一，与青藏高原隆起过程相伴随，这里形成了大小不一、各具特色的众多湖泊，它们星罗棋布点缀在高原的不同部位，与冰川景观一起构成了该区特殊的自然地理景观要素。特别是，由于冰川侵蚀或刨蚀作用，在冰川末端往往形成冰川终碛湖，或冰碛物堵塞槽谷积水而形成堰塞湖，或在冰斗和槽谷处形成冰斗湖和冰蚀槽谷湖，或由冰川融水形成构造湖泊。这类湖泊周边雪峰连绵，湖泊晶莹剔透、碧光盈盈，湖泊倒映雪山，山水同色。一些湖泊与冰川末端巨大冰塔林共存，一些与森林或草甸相间分布，一些则与温泉景观"水火相容"。冰川与湖泊的完美结合，形成了冰川区极具魅力的自然景观，为冰川与冰湖欣赏、冰湖巡游和冰塔林观赏提供了基础性条件。

例如，西藏自治区最大湖泊纳木错，是藏传佛教的著名圣地，其湖水来源主要是天然降水和念青唐古拉山冰雪融水。虔诚的佛教徒把纳木错湖敬为神湖，甚至印度、尼泊尔的佛教徒也长途跋涉赶来朝圣。目前，它已发展成为西藏自治区最为著名的旅游目的地。在西藏自治区昌都地区八宿县念青唐古拉山东南端的来古冰川，其冰川末端为然乌湖，冰川与冰湖距川藏公路仅 20 km。然乌湖常漂浮有许多冰块，冰川末端与冰湖之间露出数十米高蓝幽幽的冰层，看上去蔚为壮观。皑皑雪山、潺潺流水、莽莽森林、茵茵田野与乡村田野绘成了一副美丽迷人的画卷（图7-15）。在西藏自治区阿里地区普兰县喜马拉雅山西端分布有玛旁雍错（又称"神湖"）和拉昂错（又称"鬼湖"），两湖南北高山屹立，南面是巍巍挺拔的纳木拉尼峰（海拔 7694 m），终年白雪皑皑，冰雪盖顶，北面是冈仁波齐峰（海拔 6638 m），湖水由喜马拉雅山冰雪融水补给。两湖清澈见底，一望无际，蓝天白云，湖光山色，组成难以想象的色彩，古人将其称为"西天瑶池"。冈仁波齐峰和神湖旁玛雍错是世界两大宗教——佛教和印度教，以及西藏原生宗教苯教共同崇拜的圣地，众多信徒和僧侣常年转山、转湖，是世界公认的神山神湖。又如，横断山脉雀儿山主峰绒麦俄扎峰东坡冰川与新路海"圣湖"，晶莹剔透的冰川从海拔 5000 m 粒雪盆直泻新路海湖滨草原，极为壮观。湖泊周围由云杉、灌木和草甸环绕。蓝天白云、雪峰皑皑、冰川闪烁、青山融融、绿草茵茵、波光粼粼，可谓世间仙境。

(a)　　　　　　　　　　　　　　　　(b)

图 7-15　冰川与湖泊景观组合发展模式
（a）为念青唐古拉峰冰川与纳木错湖；（b）为来古冰川与然乌湖

在中国冰川区，诸如此类的冰川与湖泊景观组合还包括念青唐古拉山东段则普冰川与达玉措，阿尔泰山喀纳斯冰川与喀纳斯冰碛湖，北天山博罗科努山北坡冰川与塞里木和艾比湖，东天山博格达峰冰川与天池冰斗湖，慕士塔格及公格尔冰川群与卡拉库里湖，喀喇昆仑山克亚吉尔冰川与克亚吉尔特索湖，喜马拉雅山库宁金岗桑峰冰川与羊卓雍错冰川圣湖、曲登尼玛冰川与其冰碛湖、卓木拉日冰川群与多庆错，祁连山岗则吾结峰冰川与哈拉湖，昆仑山昆仑峰冰川与郭扎错冰湖、布喀达坂峰冰川与太阳湖，横断山脉沙鲁里山卡瓦洛日峰冰川与姊妹湖、仙乃日冰川与卓玛拉错等。在藏东南和横断山海洋型冰川区，由于气候舒适度好、景观组合度高，可以在湖泊周边寻求最佳雪山冰川拍摄点，修建冰川-湖泊观景台和自驾车营地，以便于游客观赏，也可在湖泊周边进行露营、休闲度假等旅游活动。在大陆型冰川区，在条件许可的情况下，可在大型冰湖开展冰川游轮或皮划艇巡游旅游项目，让游客近距离观赏冰湖中的浮冰、冰塔林和冰墙景观。

（五）冰川旅游与森林草地旅游

中国冰川区植被类型较多，其分布与地理条件密切相关，特别是在青藏高原湿润、半湿润的东南部，广泛分布有阔叶树种构成的森林景观，而在江河上游山区，则多分布有针叶林景观。同时，中国冰川区中东部还广泛分布有多年生草本植物组成的高寒草甸和草原。中国冰川区森林草地植被资源不仅在保持水土、改善环境方面有明显的生态功能，而且在冰川与植被景观组合方面也具有重要的景观价值功能。

喜马拉雅山、念青唐古拉山东段和横断山绝大部分地区属海洋型冰川区，海洋型冰川总面积约 13100 km²，占中国冰川总面积的 22%。海洋型冰川区年降水

| 152 |

量高达 1000~3000 mm，丰富的固体降水和优越的气候水热条件，造就了这一区域丰富的冰川资源和优美的生态植被资源，进而形成了"冰川、草甸、森林、油菜花、农舍"为一体的田园画卷。例如，念青唐古拉山东段南坡的山谷冰川冰舌大部分穿越亚高山灌丛草甸带、山地暗针叶林带和针阔混交林带，前端接近亚热带种植区或牧场，北坡冰川末端较高，但一般也与高山草甸相接，景色吸引力极强，非常适宜开展冰川观光、休闲度假、露营等旅游活动。其中，西藏自治区林芝地区波密县的米堆冰川，以发育美丽的冰川弧拱而闻名，其主峰海拔为 6585 m，雪线为 4850~4900 m，是西藏自治区最典型的海洋型冰川之一，也是离村落最近的冰川。冰川末端嵌入高山森林景观带，形成了明显的冰川森林景观，景观级别很高。米堆冰川冰体洁白如玉，冰川弧拱波浪起伏、黑白相间，冰川形态各异，冰川末端田园风光如诗如画，景色优美，冰川、湖泊、森林、农田与村舍共生，周围牛羊成群、藏式民居古朴典雅，是人类与自然界和谐共处的典范。米堆冰川也被《中国国家地理》评为"中国最美丽六大冰川"之一（图 7-16）。

图 7-16　冰川与森林草甸旅游组合发展模式
（a）为梅里雪山明永冰川；（b）为念青唐古拉米堆冰川

目前，米堆冰川旅游基础设施开发较快，已修建观景台和一些简易的住宿设施。又如，在"川山之王"贡嘎山脚下的海螺沟冰川则以低海拔现代冰川著称于世，冰川犹如一银色长龙，在"U"形谷里伸入绿色林海达 6 km，周边青山翠谷、针阔混交林、湿性常绿阔叶林原生状态保存良好，其景观组合蔚为壮观，且目前冰川森林旅游项目开展较为成熟。在藏东南和横断山区，大多数冰川末端均接近或嵌入高山森林景观带，形成了明显的冰川森林景观，景观级别很高，大部分属于国家级景区。例如，玉龙雪山与海螺沟分别为国家冰川地质公园与国家冰川森林公园，且大部分从属于国家级自然保护区和国家森林公园，如贡嘎山国家级自然保护区、四姑娘山国家级自然保护区、雪宝顶国家自然保护区、高黎贡山自然保护区、白茫雪山国家级自然保护区、雅鲁藏布大峡谷国家级自然保护区，以及海螺沟国家森林公园、巴松错国家森林公园、然乌湖国家森林公园、飞来寺国家森林公园。

不仅海洋型冰川区拥有这样的景观组合，而且在西北大陆型冰川区这种景观组合亦然优美。例如，在中央天山伊犁河流域的北木扎尔特冰川，冰舌末端海拔较低，是全天山冰川末端海拔最低的冰川之一，冰川下伸至北木扎尔特河谷森林地带，景观组合甚是壮观。中国冰川区适宜冰川、森林草甸景观旅游组团式开发的冰川还包括念青唐古拉东段的来古冰川、若果冰川、朱西冰川、则普冰川、贡普冰川、卡钦冰川、阿扎冰川，南迦巴瓦峰则隆弄冰川等，横断山梅里雪山明永冰川、雨崩冰川、斯农冰川、白茫雪山冰川、贡嘎山海螺沟冰川、燕子沟冰川、磨子沟冰川、达古冰川等。这类冰川集"雪山、冰川、森林、田园、村落"于一体，适宜将冰川观光与森林体验旅游相结合进行组团式开发。

（六）冰川旅游与温泉度假旅游

由于青藏高原地壳运动强烈，岩浆活动频繁，所以造就了喜马拉雅山以北和冈底斯山—念青唐古拉山以南、横断山脉冰川区大量的类型多样的温泉、热泉、沸泉、热水塘、热水河等，如西藏自治区拉萨市羊八井温泉、日喀则地区拉孜温泉、山南地区曲桌木温泉、林芝地区排龙与羊易温泉、昌都地区曲孜卡热泉、阿里地区麦卡温泉，四川省甘孜州海螺沟神泉、康定县二道桥温泉与榆林宫温泉、甘孜州拖坝中根曲、阿坝州古尔沟温泉等。在这里，游客可以亲历"冰火两重天"的不同感受。其中，一些冰川与温泉已经得到了很好的商业开发（图 7-17）。这类区域应充分发挥冰川与温泉景观相互依存的旅游经济价值，适时分步骤进行冰川-温泉休闲度假旅游项目的开发，以建成中国冰川旅游休闲度假的先行示范区。

(a)   (b)

图 7-17 冰川与温泉旅游组合发展模式
（a）为念青唐古拉山冰川区羊八井温泉；（b）为横断山贡嘎山海螺沟冰川区海螺沟温泉

例如，在念青唐古拉山西段纳木错南部分布有一处羊八井地热温泉，面积为 7000 km²，温度保持在 47℃ 左右，含多种矿物质，是中国大陆上开发的第一个湿蒸汽田，也是世界上海拔最高的地热发电站，融融热流的羊八井蒸汽田在白雪皑皑的念青唐古拉群山的怀抱之中，这一完美的契合，构成了世界屋脊上引人入胜的天然奇观。目前，羊八井温泉已与念青唐古拉山冰川和纳木错圣湖成为西藏最为青睐的旅游目的地。同样，在横断山脉贡嘎山海螺沟冰川"飞流直下三千尺，疑是银河落九天"的冰瀑布脚下，分布有数 10 处温泉，一些温泉水温高达 90℃，冷热集于一地，海螺沟冰川与森林共生，冰川与温泉相容，游客在感受冰川寒冷的同时，又可领略高山温泉的温暖（图 7-17）。另外，青海省可可西里布喀达坂峰现代冰川末端和太阳湖之间也分布有热汽泉，水温达 92℃，水柱上扬 1.0 m 左右，属分散冒汽型沸泉，构成了"蓝天、冰川、热汽泉、冰湖"并存的独特景象。随着 21 世纪人类以休闲健康为主要目的和特征的休闲旅游度假时代的到来，人们对冰川与温泉康体健身休闲活动的需求也将日趋旺盛。

八、中国冰川区旅游整合开发构想

中国冰川区冰川旅游发展较为缓慢，其他旅游资源开发程度低，景区（点）规模小、档次低，现有部分景区在空间和经营管理上较为分散，旅游资源和产品整体形象不够突出。特别地，中国冰川区"丝绸之路"甘新段、青藏铁路公路沿线作为中国早期重点推出的旅游线路之一，长期以来处于不温不火的境地，其旅游现状不容乐观，沿线各省区旅游投资规模低、基础设施不完善、旅游形象不鲜明、区际旅游资源空间和经营管理较为分散等问题制约着该区域旅游的快速发展。特别是，该旅游产品仍以历史古迹文化观光旅游为主，结构较为单一，且仅停留在观光层面，人流多而现金流不大，旅游产业链短。对比之下，自然旅游资源开发相对落后，其人文与自然景观组合度较差，进而形成该区域 6~9 月的旅游黄金期，其余时间段大多处于旅游淡季。然而，该区域冰川旅游资源丰富，是区际自然旅游资源的重要组分，其冰川旅游资源的开发不仅可以丰富该区域旅游资源内涵及组成，而且将有力弥补该区域冬、春季旅游淡季之缺憾，因为冰川旅游资源是冬、春季美学和旅游价值最为丰富的自然景观。

鉴于此，中国冰川区旅游开发思路及经营理念必须从整体考虑，充分发挥旅游的整体和规模效应。具体旅游资源整合构想如下：①旅游主体对消费形式的多样化追求，势必会刺激旅游资源整合开发的多向度发展。中国冰川区旅游资源开发一定要遵循多样化和特色化相统一的原则，以冰川旅游为地域特色，由原来主打人文景观一张牌向同时打自然旅游、人文旅游、民族风情、冰川旅游等特色旅游于一体的旅游格局转变，特别是要培育如冰川科考探险旅游、滑雪旅游、极旱荒漠生态旅游、绿洲观光旅游、雅丹地质地貌旅游、沙漠探险旅游等一系列具有中国冰川区特色的多种旅游项目，以适应游客"异中求同、同中求异"的心理，以此来增强区域旅游整体竞争力。②以战略联盟思想整合旅游支撑系统，实现中国冰川旅游"共赢"。旅游业"吃、住、行、游、购、娱"六大要素决定了它必须是一个资源共享的产业。建立战略联盟，首先需要破除"自我为中心"、"各自为政"的独赢思维，确立起共同利益基础上的"协同"意识和"共赢"思维。为适应冰川区经济和旅游一体化发展的新趋势，首先要通过联盟战略，组建一批旅行社、旅游饭店、旅游购物企业、旅游餐饮企业、旅游景区及旅游娱乐企业等大公司、大集团，彻底改变冰川区旅游企业小、散、弱、差的现状，以适应国内外旅游企业间的强烈竞争。其次，在旅游发展战略的制定、旅游项目和线路的安排、旅游信息的共享等方面相互合作，以期优势互补，发挥出集中和合并的整体优势。最后，促使旅游要素与旅游资源的有机整合，实现旅游要素一体化经营，形成开发、销售、服务一体化，也形成完整的区域旅游产业体系，以促使冰川区旅游业真正"上规模、成体系、出品牌"（王世金等，2007）。

第八章 典型案例：玉龙雪山冰川旅游开发

一、玉龙雪山概况

玉龙雪山（27°10′N~27°40′N，100°9′E~100°20′E）位于青藏高原东南缘，云南省丽江市古城区（世界文化遗产，国家5A级景区）北20 km处，距丽江机场57 km。玉龙雪山是横断山西云岭山脉主峰，属年轻的石灰岩断块褶皱山，山势呈由北向南走向，南北长40 km，东西宽15 km，有大小山峰60~70座（任美锷，1957）。在地质发育史上，玉龙雪山原属滇西大地槽的一部分，地层主要以泥盆纪和石炭纪石灰岩为主体，厚度约3000 m。高耸的玉龙雪山是由于在早第三纪和中更新世东西向强烈挤压的作用下沿东西两侧双剪型断裂逆冲而快速抬升的，而且这种上升运动至今仍在继续（王运生等，2000）。玉龙雪山是中国纬度最南的亚热带极高山和欧亚大陆距赤道最近的冰川区（WWF-Nepal，2005），也是中国季风海洋型冰川发育最为典型的代表性地区（施雅风，2005）（图8-1）。

玉龙雪山海拔在5000 m以上的山峰有13座，主峰扇子陡，海拔为5596 m，是云南第二高峰。玉龙雪山气候雪线在海拔5000 m左右，地形雪线为4000~4500 m。玉龙雪山南北纵列，山顶终年积雪，山腰常有云雾，宛如一玉龙腾空。玉龙雪山位于低纬度区，从金沙江面到玉龙主峰的垂直高差达4000 m，具备完整的生态系统植被带谱。在海拔4300 m以上，为永久性高山冰川积雪带、高山流石滩及冻荒漠植被地带。在海拔3500~4300 m，为高山岩漠稀疏植被、高山杜鹃等灌草丛植被带。在海拔3000~4300 m，流水侵蚀作用强烈，河流深切，在平缓山坡分布有阔叶林、针阔叶交错林、针叶林、灌木、草原和高山草甸等植被。在海拔3000 m以下，则为半湿润常绿阔叶林、云南松林带及干热河谷稀疏灌木草植被带。玉龙雪山拥有丰富齐全的垂直植物带谱，是中国植物物种最为丰富的地区，（赵希涛等，1998）。

玉龙雪山以险、奇、美、秀著称，气势磅礴、玲珑秀丽，随时令和阴晴变换、气象万千、风采卓绝。10月至次年5月，玉龙雪山属干季，晴空万里，雪峰毕现，适合登山、滑雪、观景，冬季银装素裹，春季杜鹃花漫山遍野，秋季则秋叶点缀、气候宜人。玉龙雪山以现代冰川、古冰川遗迹、高山动植物生态景观为主要特色，景观丰富多样，生态环境优良，景观组合度高，特色鲜明，具有冰

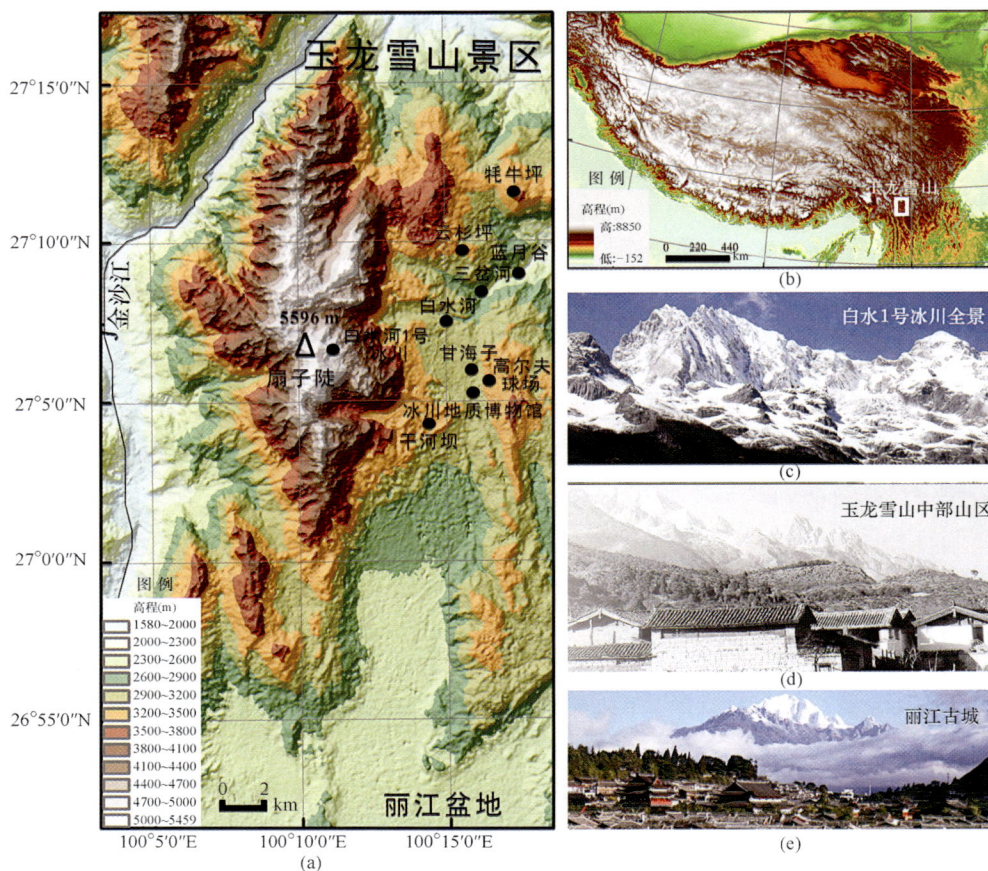

图 8-1　玉龙雪山及其冰川分布图

川观光、登山探险、科考科普、旅游度假、教育修学等多项旅游功能。总体上，玉龙雪山旅游资源可以分为高山雪域景观、水域景观、森林景观、高山草甸景观、气候景观五大类。鉴于玉龙雪山距离川、渝、黔、桂和东南亚国家客源市场较近，可进入性较强，数千千米外的游客当天就可以到达和游览，因此它具有冰川旅游保护性开发的天然区位优势和市场条件。目前，玉龙雪山景区已发展成为具有国际水准的冰川旅游休闲度假胜地。近期，先后与瑞士阿尔卑斯山马特洪峰结为姊妹峰，与安徽省黄山、四川省九寨沟等知名景区建立姊妹景区友好合作关系。

　　玉龙雪山景区总面积为 415 km²，包括冰川公园、牦牛坪、云杉坪、蓝月谷、甘海子、干河坝等在内的 16 个著名景区（点）。其中，玉龙雪山冰川公园是中国现在开发最为成熟且保护力度最大，也是目前中国能通过登山索道到达并进行观光的少数几个现代冰川旅游景区之一，公园东侧为白水河和黑水河冰川谷、云杉坪、牦牛坪，其间流水清澈、跌瀑多姿、森林草地苍翠欲滴，与玉龙雪山冰川的晶莹剔透和在晨阳东升、丽日当空和夕阳西下中变幻莫测的景致相映成趣，互成画卷。玉龙雪山旅游主要包括冰川旅游、牦牛坪草地旅游和云杉坪森林旅游。其中，冰川公园接待游客量最大，也是玉龙雪山的核心景点。目前，玉龙雪山景区已经发展成为中国冰川旅游游客数最多的景区，年游客量早已超过当地人口数量。2010年，玉龙雪山景区旅游人数达到234.6万人次，较1998年增长10.43倍。同时，景区旅游收入达72000万元，较1998年1836.35万元，增加近39倍（图8-2）。景区通过旅游开发，带动周边的19个村落近1900名百姓参与旅游，产生了良好的社会经济效益，实现了旅游反哺农牧业的双赢目标，玉龙雪山现已成为冰川区的支柱产业和富民产业，为丽江经济社会的快速发展作出了极大贡献。

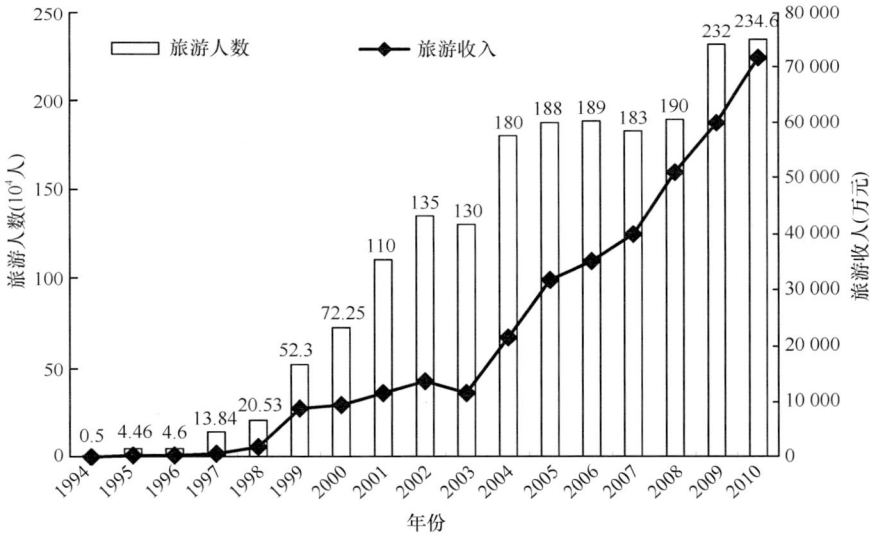

图 8-2　玉龙雪山景区旅游人数与收入年际变化

二、玉龙雪山冰川资源

根据中国冰川编目资料（蒲健辰，1994），玉龙雪山在海拔4500 m以上分布有19条现代冰川，类型齐全，有悬冰川、冰斗冰川、山谷冰川、冰斗悬冰川、冰斗山谷冰川等，覆盖面积为11.61 km²，雪线高度为4620～4900 m，永久和季节积雪及冻土面积达200 km²，是一个天然的冰川地质博物馆（谢又予和崔之久，1989；郑本兴等，1999；李铁松，1999）。玉龙雪山冰川规模小，对气候变化极为敏感。

　　研究表明: 2001 年和 2009 年, 与 1957 年相比, 玉龙雪山地区 6 条冰川已完全消失了, 现仅存 13 条, 总面积分别为 5.30 km² 和 4.42 km²。2009 年, 剩余 13 条冰川平均末端海拔为 4771 m, 较 1957 年, 平均海拔上升了 221 m, 年均上升了 4.25m (Du et al., 2013)。至 2013 年, 玉龙雪山冰川面积仅存 4.12 km²。通过对比研究发现, 冰川面积变化率较大的冰川, 都具有较低的末端海拔, 尤其是消失的 6 条冰川, 末端海拔均低于 4400 m。特别地, 1957 年, 小于 1 km² 冰川共 16 条, 面积占冰川总面积的 59%。截至 2009 年, 冰川面积减少了 83%。其中, 6 条冰川已完全消失。1~2 km² 冰川共 3 条, 面积减少了 31%。在规模较小的玉龙雪山冰川区, 依然体现了冰川规模越小, 退缩越明显的规律。总体上, 玉龙雪山冰川退缩明显。1957~2001 年, 冰川总面积从 11.60 km² 减小至 5.30 km², 减少了约 54.31%, 年均减少约 0.143 km², 减少率约为 1.23%/a; 至 2009 年, 冰川总面积减小至 4.42 km², 冰川退缩了约 61.90%, 年均减少约 0.138 km², 减少率约为 1.19%/a。玉龙雪山冰川变化存在明显坡向差异, 南侧冰川面积减小幅度大于北侧冰川, 冰川末端海拔上升也更为显著, 6 条消失冰川全部集中于玉龙雪山主峰南侧 (图 8-3)。玉龙雪山冰川面积退缩率与年均退缩率远高于中国已报道和记录的冰川退缩率 (Du et al., 2013)。

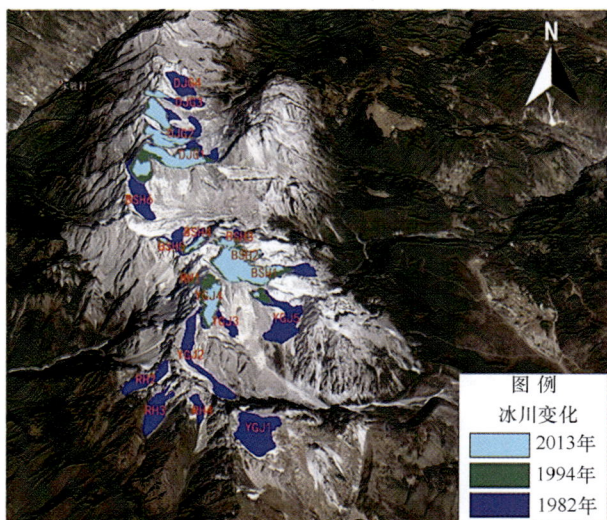

图 8-3　1982~2013 年, 玉龙雪山冰川变化

YGJ、BSH、DJG、RH 分别代表漾弓江、白水河、大具沟、仁河支流域

三、玉龙雪山冰川地质公园

玉龙雪山冰川主要集中于冰川公园，公园位于玉龙雪山海拔 4500 m 以上，其中最为壮观的景点便是白水河 1 号冰川，冰川公园游客栈道和观景台大部分紧靠白水河 1 号冰川，游客可一览无余冰川公园风貌（图 8-4）。冰川公园位于主峰东北坡，海拔为 4500~4680 m，年均温度为 3.65℃，空气中氧含量为 19.30%，最大风速为 20 m/s，四季均可开展各类旅游活动。当年 11 月至次年 4 月，在玉龙雪山海拔 4000 m 以上积雪覆盖面积较大，其雪质在海拔 4000 m 以上较硬，人站在雪面上，可以踩下 5~10 cm 深，适合进行滑雪娱乐活动。

图 8-4　云南省丽江市玉龙雪山冰川公园局部（王世金 摄）

玉龙雪山冰川旅游则主要集中于白水河 1 号冰川，该冰川是玉龙雪山最大的冰川，长度为 2.70 km，面积为 1.52 km²，积累区广阔平坦、面积约为 1 km²。白水河 1 号冰川积累区位于海拔介于 4800~5000 m，该处为粒雪盆，平坦开阔，粒雪盆处发育有圈椅状聚冰盆地，周围刃脊环绕，扇子陡为玉龙雪山最高峰，状如金字塔。海拔 4600~4800 m 地带是冰川消融区与积累区的过渡区，冰陡坎和弧形裂隙交错分布，冰面呈波状起伏，巨厚的冰川冰从粒雪盆流出，在自身压力和重力的共同作用下发生塑性流动，沿山谷蜿蜒而下，形成消融区下部的冰舌。冰舌区海拔 4300~4600 m，地形陡峭，冰川流动产生强烈的断裂、刨蚀、搬运和堆积等作用，加之不同部位消融的差异，导致冰舌区冰面崎岖不平、夏秋季节表面污浊不堪。特别地，在较陡地形，形成了较大的冰瀑布，突起的冰体和冰裂隙交错分布。该冰川是玉龙雪山冰川公园乃至冰川国家地质公园（第五批国家地质公园）最具吸引力的垄断性景点（图 8-4）。

现代冰川展现给游人的是冰川处于生存期时的景观，古冰川遗迹则留给游人一个想象空间，那就是几个世纪或更早以前，这里曾经被冰川冰雪所覆盖，由于全球变暖，冰川退缩甚至消失，只留下一片由于冰川地貌作用而形成的如 "U"

形谷、终侧碛、冰川修剪线、冰川擦痕、羊背石、冰川漂砾等景观。玉龙雪山拥有丰富的古冰川遗迹景观，古冰川地貌在高山区表现为冰川侵蚀地貌，在河谷区为冰川堆积地貌。在"U"形谷地则广泛分布着冰碛沉积物，区内大多数河流沿古冰川"U"形谷发育。在玉龙雪山可见冰蚀谷、角峰和冰斗等冰川侵蚀地貌。其中，5000 m 雪线以上是以"玉龙十三峰"为代表的角峰、刃脊、冰斗为主的冰蚀地貌带；雪线以下、终碛堤以上是以槽谷、悬谷、侧碛堤、冰碛丘陵为主的冰蚀冰碛地貌带。

目前，玉龙雪山冰川地质公园是中国最早（1998 年）通过登山索道到达现代冰川进行观光的景区。2010 年，景区对冰川观光索道进行改造，改造后的旅游索道采用单线循环脱挂抱索器吊厢式技术，吊厢一次可载 8 人，索道运力由原来每小时 420 人提升至每小时 1200 人，极大地提升了冰川观光质量及冰川旅游者对冰川的游览需求。游客可以乘坐 2.97 km 的玉龙雪山旅游索道（海拔 3356~4506 m），10 min 左右即可到达白水河 1 号冰川 4506 m 观景台，其间，游客可以一睹玉龙雪山完整的植被垂直带谱，远眺白水河 1 号冰川末端千姿百态的冰塔林等冰川表面形态及独具特色的冰川侵蚀和堆积地貌。在白水河 1 号冰川左侧建有步行栈道，4506 m 和 4680 m 观景台紧靠白水河 1 号冰川消融区，在此，游客可以近距离欣赏白水河 1 号冰川上部形态。由于融化强烈，冰川已支离破碎，冰川末端冰塔林形态各异、琳琅透彻，如冰墙、冰桥、冰柱、冰洞、冰下河道等，恰似一座宏大而多变的翡翠玉雕，形成了冰川最为漂亮的部位，令难得有机会见到冰川雪海的游客到此大饱眼福。

鉴于白水河 1 号冰川规模较小，对气候变化极为敏感，目前景区主要提供冰川观光旅游产品和索道上部站附近的滑雪娱乐项目，旅游交通主要通过冰川一侧的栈道、观光索道与观景台相互连接。由于冰川公园与世界文化遗产地丽江古城的完美结合，使其成为云南省乃至全国最为火热的景区之一。

四、冰川旅游空间开发模式

玉龙雪山最具垄断性的旅游资源便是冰川与雪峰，其现代冰川、冰川遗迹却与高山峡谷、森林草甸、自然环境、生物多样性和纳西文化相互影响、相互依存，构成了玉龙雪山自然与文化的和谐统一。因此，必须改变以往冰川观光和其他景点单一的开发模式，向冰川雪山、森林草甸、河谷溪流水域风光与纳西民族历史文化的组团式开发转变，通过玉龙雪山冰川旅游组团式开发，扩展冰川旅游类型与内涵，延伸山地旅游产业链，以满足不同游客的多样性旅游需求和适应全球气候变暖对玉龙雪山冰川旅游带来的负面影响。主要空间开发战略为依托玉龙雪山现代冰川资源，提升现有冰川观光质量，以露营和休闲度假项目激发高山、气象气候和植被旅游资源开发，以康体、科考科普和野营项目促进古冰川遗迹旅游资源高效利用，以徒步、探险和体验旅游项目带动冰川河谷溯源旅游项目发展，以科普和环境教育旅游项目拓展冰川地质博物馆体验功能，以文化体验旅游项目引领玉龙雪山冰川文化旅游快速发展。

（一）冰川与气象气候旅游资源

气象气候旅游资源主要指气象景观、天气现象及不同地区的气候资源与岩石圈、水圈、生物圈旅游资源景观的结合，加上人文景观旅游资源的点缀，便构成了丰富多彩的气象气候旅游资源。玉龙雪山气象旅游资源数不胜数，是景区宝贵的气象旅游资源，如冰川云海、冰川云雾、冰川月色、冰川日出、玉龙丽日轻雾飘等（图8-5）。

(a)　　　　　　　　　　　　　　　　(b)

图 8-5　玉龙雪山云雾景观（王世金 摄）

玉龙雪山冰雪资源属于气候旅游资源，因四季变化显示出冰川的不同形态。随着海拔的增加、气温的递降、雨量的变化，玉龙雪山形成了突出的垂直气候带景观，从河谷到山顶依次出现暖性、温凉性和寒温性等山地垂直气候类型。早在清代，就有"三春烟笼、六月云带、晓前曙光、暝后夕阳、晴霞五色、夜月双辉、绿雪奇峰、银灯炫焰、玉湖倒影、龙甲生云、金沙壁流、白泉玉液"玉龙十二景的描述。游客在游览雪山时，随高度的增加，能够充分感受到"山顶白雪山坡花，顶穿皮袄腰披纱，谷底露膊汗流颊，一山四季汇天涯"的气候奇观（明庆忠等，2001）。

目前，玉龙雪山气候气象旅游资源利用非常有限，今后要以露营项目和休闲度假为纽带，重点在牦牛坪、云杉坪开展露营项目，扩展现有观光旅游的不足，同时考虑在白水河1号冰川附近（如古冰斗洼地）、竹蓬坪和虫草坪开展临时露营项目，在干河坝、蚂蝗坝、画眉坪、三岔河等附近修建临时简易露营点。通过露营和休闲度假项目与冰川观光的有机结合，充分利用气象气候旅游资源，给游客提供具有较高观赏价值的天象景观，如日出、云海、朝霞、晚霞、明月、星辰，生物景观，冰雪景观等（表8-1）。

表 8-1 玉龙雪山冰川区气象气候旅游资源分类

景象	景观	备注
风雨阴晴	天景	傍晚，雪山红霞起于山顶，青黄朱碧相错，五色斑斓，冰川雪光隐约其间
气候景象	垂直带景观	疏林灌丛草坡带、半湿润常绿阔叶林、硬叶常绿阔叶林带、亚高山寒温性针叶林带、高山杜鹃灌丛和草甸带、流石滩荒漠植物带及冰川积雪带
	四季常青	玉龙雪山四季常青，冰川与山地植被成一体，构成了南国冰峰与翠绿共存景象
云雾景观	低云	六月时分，雪山横腰白云一围，有似束带，冰川似乎直插云海（图8-5）
	形象云	雪山云景，冰雪与云相溶，呈玉龙状，非常壮观
	山岚	雪山春景，轻烟薄雾，暧暧玲珑，与冰川一色，别具一番神韵
冰雪霜露	积雪	冰川粒雪盆，阳光照耀雪花，如群灯攒目，明灭闪烁，令人目不暇接
日月星辰	夜景	雪山与月光两相辉映，于乡间村舍观看，有瑶台珠宫之感
	晨景	雪山日出，白色雪峰呈黄袄色，如冷焰起棱，辉映半壁
	暮景	雪山在夕阳余晖下，呈由红而淡黄、由黄而浅碧，直至满天明星璀璨

依据相关温湿指数（THI）计算方法（Thom，1959；Mieczkowski，1985；范业正和郭来喜，1998），玉龙雪山山麓全年处于 0~15℃，相对湿度绝大部分月份处于 50%~70%，温湿指数为 3.30~14.20（气象数据源来自 2009 年玉龙雪山山麓甘海子气象站）。春季气温为 5~12℃，温湿指数为 7.80~12.30，气温偏冷，较为干燥。夏季气温为 13~15℃，相对湿度较大，温湿指数为 13.40~14.20，气候适宜。秋季气温为 4~13℃，温湿指数为 6.10~12.90，在着装情况下，气温和相对湿度也较为适中，至 11 月，气温降至 5℃ 以下，相对湿度也随之下降。冬季气温处于 0~5℃，气温较低，相对湿度与春季相当，温湿指数为 3.30~7.40（表8-2），在配有棉布外套的典型常用便服的情况下，气候依然适宜。由此可见，玉龙雪山景区冬无严寒，夏无酷暑，气候宜人，全年具有优良的旅游气候适宜期，是良好的山岳型避暑、消寒、休闲度假旅游胜地。

表 8-2 玉龙雪山游客中心月温度、相对湿度与温湿指数

月份	气温（℃）	相对湿度（%）	THI	月份	气温（℃）	相对湿度（%）	THI
1	0.5	63.99	3.3	7	14.22	80.2	14.2
2	4.46	46.63	7.4	8	13.24	79.55	13.4
3	5.28	49.19	7.8	9	12.69	80.44	12.9
4	9.06	59.71	10.2	10	8.14	72.9	9.1
5	11.79	62.96	12.3	11	4.44	66.87	6.1
6	13.42	77.24	13.5	12	1.41	55.47	4.6

（二）冰川与冰川遗迹旅游资源

现代冰川展现给游人的是冰川处于生存时的景观，古冰川遗迹则留给游人一个想象空间。冰川遗迹旅游资源具有给人以科学知识和科学规律的启迪作用，能对人们生态环境保护行为产生规范和指导。玉龙雪山冰川遗迹类型多样齐全，包括"U"形谷、悬谷、刃脊、角峰、冰斗，侧碛、底碛丘和终碛，冰溜面、羊背石、漂砾等，冰川遗迹旅游资源主要集中于主峰扇子陡、云杉坪和干河坝。其中，以干河坝最为典型，干河坝系阿尔卑斯式大"U"形谷，谷底有水平层理冰水沉积物和终碛垄。干河坝谷内地形条件开阔，谷底海拔为 3200 m，谷宽约 300 m，两侧冰碛垄与谷底高差在 1000 m 以上，谷底有树林或天然草坪，风景较为优美，距玉龙雪山景区游客中心较近，可进入性好，可将整个干河坝谷底作为一个露天冰川地质公园，为游人提供科考科普，为青少年夏（冬）令营修学旅游提供理想场所。同时，以干河坝古冰川沟槽遗迹等地质景观为依托，以雪山主峰和冰川为背景，以沿途森林植被、高山花卉、高山冰蚀峰丛、悬崖绝壁为重要吸引物，可适当开展徒步探险、自行车健身、野营等专项旅游项目，努力营造玉龙雪山轻松、休闲、经济、环保、体验、度假等为一体的山地探险、康体等专项旅游项目，同时，积极构建玉龙雪山冰川学、地质学、生态学、旅游学教学实践基地或科普基地。通过地球日、环境日等节日，向青少年开展地学、生态学和环境学相关的科普和环境教育，以增强青少年对全球变化与冰川变化的理解，激励他们努力践行中国资源节约和环境友好的可持续发展目标。

玉龙雪山冰川的快速消失必将导致现代冰川旅游景观质量的下降，冰川地质博物馆是冰川旅游可持续发展的另一旅游项目，在瑞士卢瑟恩和挪威松恩峡湾冰川博物馆运行已非常成熟（Wick, 1998）。目前，玉龙雪山已在甘海子游客中心建成一处冰川地质博物馆（图 8-6），主要以展板形式展示现代冰川、古冰川类型，及冰川对气候变化的响应等。下一步，应借助声光电、三维数码技术和计算机等现代化手段以及全景沙盘和模型等媒介，全面介绍玉龙雪山第四纪冰川的形成演变与人类的关系，以及玉龙雪山冰川分布、类型、规模、形态、冰川遗迹等景观，让游客真正探索超级冰宫、体验冰川世界、感受冰川形成过程和机理，同时开展形式多样的展览展示、学术交流、知识讲座和冬夏令营活动，以满足不同游客对冰川的好学、好奇心理需求，这将是未来玉龙雪山冰川旅游的另一主导方向和新的旅游增长点。

（三）冰川与高山植被旅游资源

玉龙雪山壮丽雄伟，因其巨大的垂直高差，自上而下分布有冻原气候，苔原气候、亚寒带、寒温带、暖温带等山地气候类型，形成了完整的植被垂直带谱，

(a)   (b)

图 8-6　玉龙雪山冰川地质博物馆（影像由玉龙雪山冰川与环境观测研究站提供）

（a）为室外；（b）为室内

不仅发育了同纬度独特的冰雪景观，而且孕育了极为丰富的植被旅游资源，曾吸引许多中外植物学家和旅游者慕名前来探奇览胜。玉龙雪峰挺拔峻险、皑皑雪山、冰雪景观晶莹剔透，与浩瀚的林海和五彩缤纷的草甸景观，构成了玉龙雪山最为典型的景观组合。目前，玉龙雪山景区通过索道将云杉坪森林景观和牦牛坪高山草甸景观与白水河 1 号冰川观光旅游进行了有机整合开发，且取得了显著成效，两个景区已成为玉龙雪山景区除冰川公园外最热的景点。云杉坪位于玉龙雪山东麓海拔为 3200 m 的原始森林，云杉坪四周云杉环拥、雪山映翠，冬春白雪皑皑、一片静谧，夏秋绿草如茵、百鸟低鸣。玉龙雪山冰川与森林草甸景观的完美结合已经诠释了冰川旅游组团式开发的潜力与方向。较云杉坪，牦牛坪海拔为3700 m，更接近现代冰川。牦牛坪植被盖度较高、地形起伏变化。夏秋，芳草萋萋，杜鹃争艳。冬春，林海雪原，千里冰封。牦牛坪视野开阔，向西可观雄伟的玉龙雪山冰川雪峰，向南可以鸟瞰海拔较低的云杉坪和甘海子美景。

　　然而，对于冰川旅游与高山植被观赏相结合的旅游项目仍显欠缺。沿着白水河 1 号冰川河谷，分布有不同的植被类型。当游客沿白水河 1 号冰川退缩迹地行进时，可以明显看到植物种群的演替过程。白水河 1 号冰川最早退缩迹地现已分布为现代亚热带针叶阔叶混交林，再往上，便是落叶灌木林。走出落叶灌木林，相间分布有草甸与灌木林。由于典型的高海拔气候和极佳的土壤、水热条件，该区域分布有大量的玉龙雪山杜鹃花，其种类达 80 余种。杜鹃花耐严寒，喜气候冷凉、空气潮湿、云雾缭绕、雨量充沛的高山气候。杜鹃花生命力极强，从低海拔直至 4400 m 高海拔均有生长，均能蔚然成林成片。特别地，在海拔为 4400 m 的白水河 1 号冰川末端附近分布有大量成片的杜鹃花灌丛，每年春夏之交，一边是鲜花盛开，一边是皑皑冰雪，使游客仿佛同时进入冬春两个季节（图 8-7）。

　　在冰川末端中上部，零星分布有一些地衣、苔藓，海拔再高一些，由于降水

图 8-7　玉龙雪山冰川与杜鹃花共存景观（王世金 摄）

丰沛，分布有一定数量的流石滩、稀疏植被。鉴于此，玉龙雪山景区可考虑在冰川末端周边增设观景台，以步道与冰川上部观景台和山麓道路相连，让游客在感受与冰川零距离接触的同时，还可亲身经历不同海拔梯度的植被类型演替。同时，在冰川末端安全区域，可增设露营项目，依托冰川末端冰塔林和高山杜鹃共存景观，借助夕阳斜照、雨后彩虹等高山气象旅游资源，开展冰川植被旅游项目，以扩展冰川旅游和高山植被观赏的内涵和功能。

（四）冰川与水域旅游资源

目前，玉龙雪山分布有现代冰川 14 条，现代冰川融水形成了景区较大的漾弓江、白水河、黑水河和大具河等水系，其现代冰川、高山峡谷、径流水域景观相互影响、相互依存、相互影响、密不可分。特别地，白水河 1 号冰川河谷分布着多处泉瀑，如马尾瀑、千尺瀑、山丫喷泉、抱子泉等。冬季白水河河谷溪流泉瀑冻结，形成冰瀑、冰帘、冰洞等奇观，形态万千、巧夺天工。穿行其间，似有"山重水复、柳暗花明"的幽深意境。然而，目前玉龙雪山景区冰川旅游、峡谷旅游、森林草地旅游等项目相互独立，没有被整体开发或营销，徒步旅游线路未形成环线，游客无法体验山地景观的系统功能。

鉴于此，可在玉龙雪山多处河谷地带开展冰川河谷溯源体验旅游项目。其中，玉龙雪山白水河 1 号冰川下端至三岔河河谷，适宜游人夏、秋季节徒步探险，亲近自然，在此可远观冰川、沐浴森林、呼吸新鲜空气，可以赏云、看花、淋雨，亦可赏峰、观瀑、探幽、寻觅等，此线路可开展玉龙雪山冰川河谷溯源体验旅游，项目可设计为大众生态体验旅游项目。同时，应以白水河 1 号冰川为主体，突出冰川下游峡谷、险峰、断壁、悬崖、潭、泉、瀑、林、花等自然景观特色，其徒步旅游线路要自然化、生态化、人性化和安全化。该线路重点路段主要以游览步道为主，局部险峻地段以栈道、栈桥、爬梯处理，以保证游客的人身安全。同时，在危险路段还应设立指路牌、安全告示、休憩点、垃圾收集点等标志标牌。通过该旅游项目的开展和整体营销，必将使其成为中国冰川河谷溯源徒步体验旅游的精品线路和高档旅游品牌。

（五）冰川与山岳文化旅游资源

中国长期的历史文化过程在高山地区留下了深厚的文化沉积。古往今来，文人雅士无不被玉龙雪山的神奇所折服和吸引，并发出由衷的赞叹。元代，诗人宣慰使李京曾游历玉龙雪山发出"丽江雪山天下绝，积玉堆琼几千叠；足盘厚地背摩天，衡华真成两丘垤"的赞叹。明代，中国著名大旅行家、地理学家徐霞客惊叹玉龙雪山"雪山一指，竖立天外，若隐若现"，用"玉龙独挂山前，荡漾众壑，领挈诸胜"来赞美玉龙雪山的气势磅礴。明朝丽江第八代知府木公土司在《题雪山》一文中写道"郡北无双岳，南滇第一峰。四时光皎洁，万古势龙从。绝顶星河转，危巅日月通。寒威千里望，玉立雪山崇。"清代神州禁毒第一人马子云描写云龙雪山"看山爱白雪，看雪爱白云。高歌白雪曲，相赠云中君"。同时，在《雪山》诗中写道："林叶有时飞，林花有时绝。相看不相离，只有雪山雪。"清代纳西族学者木正源曾归纳出玉龙十二景，即"玉湖倒影、绿雪奇峰、三春烟笼、六月云带、晓前曙色、螟后夕阳、晴霞五色、夜月双辉、银灯炫焰、龙甲生云、金沙壁流和白泉玉液"。当代画家吴作人感叹："崎岖千里访玉龙，不见真形誓不还。趁月三更悄露面，长缨在手缚名山。"近代，诗人郭沫若先生在丽江黑龙潭得月楼对联中写道："龙潭倒映十三峰，潜龙在天，飞龙在地；玉水纵横半里许，墨玉为体，苍玉为神。"毛泽东曾描写玉龙雪山"飞起玉龙三百万，搅得周天寒彻"，雄浑壮丽，佳句天成，可谓写尽玉龙大雪山神态及神威。沈从文曾赞玉龙雪山："黄昏时光炊烟四起，上映雪山皎洁，景色非人间所有。"原台北故宫博物院副院长，知名画家、散文家李霖灿先生在《神游玉龙山》中写道："'玉龙'是石的雪山，'玉龙'是花的雪山，'玉龙'是画的雪山，'玉龙'是游的雪山。"纳西族民歌这样唱道："巍巍玉龙山，面对丽江坝；丽江得繁荣，因有玉龙山。"纳西族亦有谚云："贵人到，雪山笑"。

玉龙雪山冰雪诗文形成了特有的山岳型文化旅游资源，其旅游开发可涉及3个方面：①将玉龙雪山冰雪诗文配以图片或影像进行电视展播（纪录片、散文或旅游展播等方式）。②出版玉龙雪山山岳诗文书籍和文化旅游产品（诗、画等产品）。③在游客中心，用大理石或其他建筑材料修建玉龙雪山冰雪诗文墙或诗文林人造景观，来展示玉龙雪山冰雪诗文的内涵美、空间美和时序美，扩展山地冰雪旅游内涵和形式，以全新方式向游客展现玉龙雪山冰雪诗文的历史意境和冰川旅游的另一番感受和理解。

五、冰川旅游保护性开发战略

玉龙雪山冰川公园作为精品景区为丽江市旅游业带来了巨大的社会经济效益。然而，玉龙雪山特殊的地理位置和气候背景，使冰川退缩剧烈，从而波及玉龙雪山旅游业的可持续发展，为此，在冰川旅游发展的过程中，玉龙雪山景区经营管理部门陆续实施了一系列冰川旅游保护性开发战略，从而为其他冰川旅游景区可持续发展提供了典型案例，其主要保护性战略措施包括以下4个方面。

（一）人工影响天气试验

玉龙雪山海拔在4300 m以上，冰川区拥有丰富的云水资源，具有人工影响天气（人工增雨/雪）的气候条件。实施冬季人工增雪，其目的在于增加玉龙雪山冰川积累量，进而达到增添玉龙雪山景观靓丽的目的。同时，还可减缓玉龙雪山冰川的强烈消融，对于改善山麓丽江盆地生态环境和人地关系都具有重要的科学研究价值和意义。玉龙雪山夏秋季高温、少雨雪，仅4500 m以上高山背风低洼处残留少量雪，裸露山体严重分化，特别是白水河1号、2号冰川由于没有积雪覆盖，消融明显，冰川被高山风化碎岩石、沙尘等污染，加速了冰川消融。自2006年至今，玉龙雪山景区联合中国科学院寒区旱区环境与工程研究所及丽江市气象局科研人员在景区实施了多次人工影响天气试验，效果明显（图8-8）。实施人工增雪不仅增加了玉龙雪山景区旅游经济收益，而且对保护和延缓中国最南端冰川的快速消融有着非常重要的作用，包括为冰川加盖保温被、维持冰川内外温度、防止风化山岩碎石侵蚀和消融、填充冰川缝隙和融沟洞、增加固态水库冰雪水容量、增强调节冰川区物质平衡等，同时，也为丽江市水资源和环境（湿地，海子湖泊）以及气温调节产生有利影响。

（二）景区生态环境工程战略

玉龙雪山景区生态环境工程主要包括提高植被覆盖率和增加水域面积两个方面。一方面，2006~2010年，玉龙雪山景区为恢复改善生态绿化，平均每年投入生态绿化恢复改善的专项预算资金达到300万元以上，极大地改善了景区生态环境和旅游环境。同时，为保护植被在基因、物种和生态系统上的多样性，严防物种侵入，不以人工林或其他土地利用方式替代原生天然林和生长良好的次生林。由于玉龙雪山景区地质地貌的特殊性，以及开山取石、挖沙、乱伐林木等人为因素的影响，景区在开发建设初期的森林覆盖率为50.52%。在景区18年的开发建

图 8-8　玉龙雪山人工增雪前后降雪对比（影像由张鸿发提供）

（a）为玉龙雪山上作业；（b）为人工增雪作业后降雪覆盖对比图

设工程中，着力恢复景区植被，加上在 1998 年国家实施天然林保护工程的背景下，到 2010 年，景区森林覆盖面积率上升至 53.22%。另一方面，为维持景区湿度与气温平衡，景区内兴修了 12 个"人工湖"，面积约 $30×10^4$ m²；建设白水河生态景观廊道，建筑 6 个水坝，恢复 6 个水面，面积约 $15×10^4$ m²；建设景区周边水库，包括文海、中继海、文笔海、玉龙、玉湖、清溪、果乐、罗美水库在内的大小 10 多个湖泊和水库，总库容达到 $3×10^8$ m³，这些湖泊和水库充分发挥了冷湖效应，维持了景区湿度与气温平衡，避免了景区环境倾向于干燥恶化，对形成区域小气候、保护玉龙雪山冰川具有重要作用（图 8-9）。

图 8-9　玉龙雪山植被保育与人工湖修建

（a）为植被保育；（b）为人工湖

（三）景区数字化管理模式

玉龙雪山省级旅游开发区管理委员会与中国科学院玉龙雪山冰川与环境观测研究站合作研发了基于数据库方式的玉龙雪山三维 GIS 系统，该系统可提供多种形式的交互式三维动态可视化功能（宋波，2010）。三维 GIS 系统不但可以依据经纬度坐标查询并显示指定的地理区域，而且在数据库的支持下，可以依据检索条件迅速查询到满足要求的地理要素，如冰川公园、牦牛坪、云杉坪、蓝月谷等景点。除三维场景的转移外，系统还提供精确的录入坐标（经纬度、高度）及方位角等功能，实现了三维场景视角的精确定位。游客在游客接待大厅实现自助导游，在三维动态浏览整个玉龙雪山景区的同时，可以对选定的景点进行查询，了解它的特色、最佳时间及费用等，还可以欣赏系统录入的高质量景点照片（图8-10）。

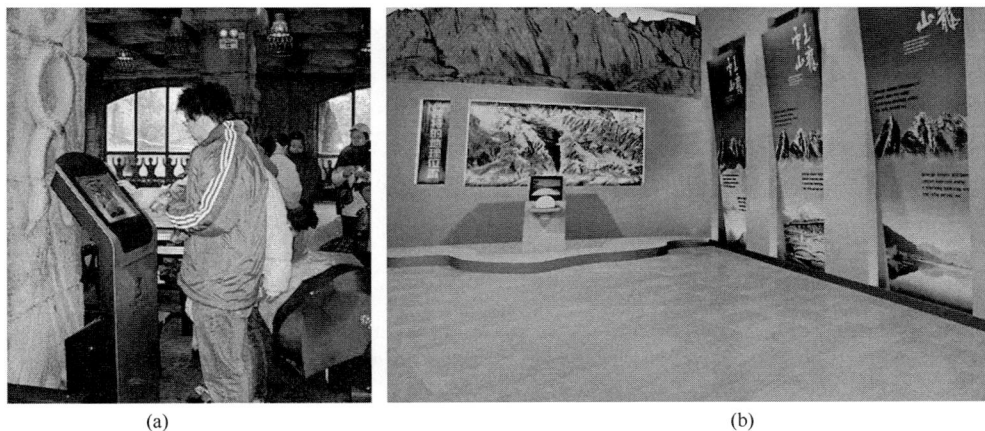

(a)   (b)

图 8-10　利用三维 GIS 系统进行自助导游（宋波，2010）

通过景区三维 GIS 自助系统，可以为玉龙雪山景区的旅游个人或团体提供极大的便利，增强玉龙雪山旅游的品牌影响力。特别地，很多游客缺乏该地区的地理知识，"身在庐山不识真面目"，因此在景区各个旅游景点布设大幅景区三维立体图就显得十分必要。以往的宣传图像多是二维平面，而且无准确地理数据的支撑，只能起到示意性的效果，缺乏科学性。通过三维 GIS 系统提供的场景导出功能，可以生成指定角度的玉龙雪山景区三维立体图像，并进一步进行图像处理即可满足一般要求，并且还可以制作三维动画电影。

（四）冰川旅游衍生产品开发

借助冰川公园和丽江市东巴文化，景区《印象丽江》大型实景演出项目已趋于成熟。之后，相继推出 4D 电影《玉龙神剑》和影视剧《东巴王朝》等一批具有国际顶级水平的影视文化产品，并不断形成了"玉龙热点"。同时，景区聘请著名播音员录制解说，制作精美的景区背景专题片，邀请作曲家创作《梦中的圣地》等系列主题背景音乐，还邀请民族歌手进行演唱，与解说一并融入到冰川索道广播、旅游巴士、餐饮休息场所和景区（点）步道之中，让游客在步换景移中随着解说和音乐遐思冥想，陶醉于玉龙雪山冰雪美景和纳西圣境之中。特别地，景区还推出了《虚拟玉龙雪山》电子杂志，杂志同样邀请著名作家和摄影家负责撰稿、拍摄和编辑，通过声、像、动画、视频等元素，以系列专题形式，在互联网上全面、系统地推出，介绍玉龙雪山山川美景、冰川奇观、动植物资源、历史文化和民俗风情等。通过影视艺术网络等营销中介，多方位、多渠道进行冰川旅游战略营销，这必将使玉龙雪山冰川旅游发展趋于成熟。另外，景区依托得天独厚的冰雪景观、四季宜人的气候环境和别具一格的纳西东巴文化资源，在玉龙雪山山麓甘海子建成亚洲唯一的雪山高尔夫球场（图 8-11），其特别设计的十八洞 72 杆 8415 码的球道长度已被吉尼斯世界纪录官方证实为一项世界纪录。

图 8-11 玉龙雪山高尔夫球场与冰雪景观

第九章　中国冰川旅游跨越式发展保障机制

伴随着青藏铁路复线工程的建成、川藏与滇藏铁路的规划设计，以及新藏、青藏、川藏和滇藏公路的逐步改善，西部基础建设将得到进一步提升。同时，伴随着国民休闲计划、国家生态功能区划和主体功能区规划战略的逐步实施，以及西部大开发、丝绸之路经济带国家战略、青藏铁路旅游带和大香格里拉生态旅游圈跨省区合作项目的逐步深入，中国丰富而独特的冰川旅游资源，必将以强烈的吸引力吸引国内外旅游者前来观光、体验、休闲度假。然而，冰川区区位、气候条件及自然、人文、旅游环境的特殊性，则决定了冰川旅游跨越发展依然存在多种因素的制约。

一、制约因素

旅游是旅游者不以谋利为目的的旅行和在目的地暂时停留的活动。旅游系统总体上由旅游者、旅游客源地、旅游交通线路、旅游目的地、旅游资源等功能要素组成，其与旅游相互作用的区位、自然、文化、社会、经济、政策、气候等组成该系统的外部环境。其中，旅游客源地、旅游交通线路和旅游目的地是旅游系统的3个地理空间组成要素，旅游者和旅游资源则是该系统的功能组成要素。这些要素之间相互吸引、相互影响、相互制约，共同构成一个完整的旅游系统（图9-1）。

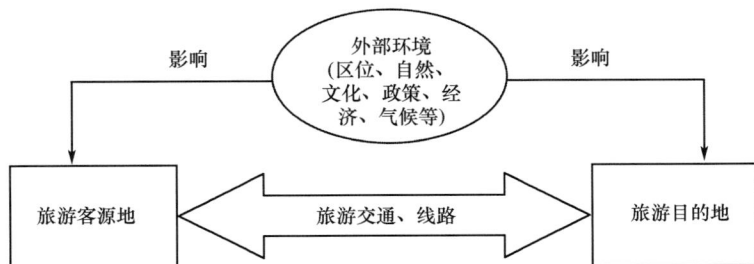

图 9-1　旅游系统模型

（一）交通因素与地缘因素

交通因素与地缘因素可以总称为区位因素。交通因素，即在区域交通大格局中的位置、客源地到冰川旅游区的空间距离及可达程度。交通是游客在客源市场与旅游目的地之间流动的通道系统，它影响旅游地的可达性和游客的旅行成本，进而影响旅游目的地对客源地的吸引力，并制约着冰川旅游开发者的决策和冰川旅游者对旅游目的地的选择。地缘因素，包括地缘优势和地缘劣势，当边境国家处于和睦共赢发展时期时，地缘因素就显示出了优势地位，反之则处于紧张态势。西藏自治区和新疆维吾尔自治区冰川区大部分与多国接壤，其地缘因素是冰川旅游的区域合作和边境旅游重要的影响因素。鉴于此，中国冰川区要针对不同客源市场和地缘因素，分析其自身的区位优劣势，以及区域交通的通达性和各地市州的旅游资源之间的相对通达性，依靠已有的交通条件和地缘状态，确立冰川区不同的冰川旅游功能区，同时，冰川区要制定相应的交通建设规划和跨国合作战略，以更快地推动西部非优区冰川旅游的跨越式发展。

（二）经济因素与政策因素

中国冰川旅游的跨越式发展中，区域经济条件占重要地位。经济基础好的区域往往是资金流、信息流、旅游流最为集中的区域。优越的经济实力为冰川旅游的发展提供了充足的启动资金和扩展资金，带动了相应基础设施的建设和相关产业的快速发展，并促进旅游消费市场的兴旺，这是冰川旅游发展最重要的驱动力。例如，深圳虽然旅游资源缺乏，属旅游非优区，但其强劲的经济实力，却使它一跃成为旅游发达城市，兴建了包括世界之窗、欢乐谷、东部华侨城和海洋世界在内的多处人造景观，从而带动了深圳旅游业的快速发展。

政策因素对于中国冰川旅游跨越式发展起到一种促进作用。例如，西部大开发战略政策的实施，特别是青藏铁路的开通，有力地改善了西部地区基础建设的落后局面，从而极大地促进了西藏自治区和青海省旅游事业的快速发展。目前，国家又推出全国主体功能区划与国家生态功能区规划战略，这对于中国冰川旅游跨越式发展又将是一次难得的历史机遇。同时，国家在产业政策、休假政策、税收政策、旅游扶贫政策、带薪休假制度等许多政策方面都给予了旅游多方面的支持，诸多政策因素都将会加快中国冰川旅游跨越式发展的进程。

（三）市场因素与人文因素

客源市场是旅游业赖以存在的外在基础和需求驱动力。目前，中国冰川旅游区大部分客源市场位于周边城市，这对于中国冰川旅游跨越式发展还远远不够，今后要集中在中域客源或远域客源市场做文章，着重分析冰川旅游区对客源地潜在的吸引力，科学预测客源市场，确定本地客源、区域客源、国内客源、国际客源的规模和时空变化规律，从而确定中国冰川旅游地的开发规模、力度和开发时间序列。人文因素，包括目的地与客源地人文因素，主要指目的地居民对冰川旅游资源开发所持的态度与当地的文化氛围，以及客源地游客对冰川旅游地资源或环境的认识与态度。旅游目的地居民与客源地游客对冰川旅游的认识与感知在某种程度上会直接或间接地影响冰川旅游资源的开发进程。

（四）自然环境与旅游环境

自然环境（特别是气候条件）是构成旅游资源的要素，也是影响旅游资源开发的重要条件，它包括气温、降水、日照时间、风速、紫外线、昼夜温差等（吴普等，2010）。自然环境是冰川存在的基础条件，同时决定旅游季节的长短和质量。在旅游活动中，自然环境还影响游客的出游意愿和旅游目的地的选择（WTO and UNEP，2008）。旅游环境主要指冰川区旅游发展状况、旅游项目及基础设施的安全性、区域旅游协作程度等。总体上，自然环境与旅游环境较好的区域，往往也是目前冰川旅游发展较为成熟的区域，如玉龙雪山、梅里雪山、贡嘎山冰川旅游区。自然环境是客观存在的因素，具有不可抗衡性，但旅游环境具有人为因素，可通过当地政府及冰川旅游开发者进行改善。综合考虑以上各种因素，可以看出，中国冰川旅游跨越式发展受到很多因素的影响和制约，各因素相互联系、相互影响，共同制约冰川旅游跨越式发展的进程。

二、保障机制

一般而言，冰川旅游资源组团式开发要先考虑的是冰川资源的区位特性与旅游单体价值。在较长尺度上，冰川旅游组团式开发则主要受制于冰川旅游资源单体的规模、形态、大小等。在短期内，区位交通条件和冰川区人文、政策、客源市场等因素则是制约冰川旅游组团式发展的主要因素。鉴于此，中国冰川旅游跨越式发展要从以下 12 个方面得以加强和提升。

（一）加强冰川旅游资源调查，实现资源优势向产品优势转化

中国冰川资源目录对中国冰川的分布、类型、大小、储量均有较为详尽的描述和总结，具体见《中国冰川概论》、《中国冰川目录Ⅷ——长江水系》、《横断山冰川》、《中国冰川与环境——现在、过去和未来》、《简明中国冰川目录》等。然而，冰川资源未必就全是冰川旅游资源，只有在现有基础和技术条件上，能够被开发，且能吸引旅游者的冰川旅游单体才被称为冰川旅游资源。因此，加强冰川旅游资源本底调查就显得非常重要。一般而言，冰川旅游资源遵循距离衰减原理，也就是交通因子近期起决定性作用。只有临近旅游客源市场，或靠近铁路、公路干线周边的冰川资源才具有被优先开发的可能。因此，首先要加大对省会城市、中国冰川区地市州周边冰川资源的本底进行调查，从而为冰川旅游资源的开

发奠定基础。由于冰川资源所处区位、环境、交通、社会经济条件的不同，所以应因地制宜，按照不同开发类型进行有序开发。本书通过区位交通、资源环境、开发基础、经济社会4个因子的综合评价，提出了功能分区，即最优潜力区、重要潜力区、一般潜力区、后备潜力区，本底调查和冰川旅游开发者，应该以此类型进行科学合理的开发，以实现冰川资源优势向产品优势转化。

（二）拓宽融资渠道，改进基础建设水平

中国冰川区旅游基础设施较为薄弱，现已成为中国冰川旅游发展最大的瓶颈所在。然而，旅游基础设施建设需要大量的资金，需要各级政府部门的大力支持和引导。中国冰川区旅游基础设施建设包括各航空网络、铁路、公路、景区基础建设等，虽然西部大开发的实施在中国冰川区已经进行了大量的基础设施建设投资，但是中国冰川旅游的实施，还需要兴建一定程度的旅游服务设施，开发冰川旅游地景点、住宿、餐饮设施等多方面，这就要求各级政府，特别是地方政府要扩大融资渠道，加大财政资金的投入，增强冰川旅游吸引力。因此，当地政府应运用有限的地方财政资金，发挥示范、引导作用，吸引其他各类投资主体增加对中国冰川旅游产业的投资。

实践证明，要使旅游业获得长远发展动力，必须建立市场化运作机制。在融资方面，各级地方政府要制定优惠政策，按照"谁投资、谁开发、谁受益、谁保护"的原则，调动社会办旅游的积极性，鼓励具备条件的企业参与旅游项目的开发建设，通过积极引进外资、发动社会及群众集资、返还旅游企业税收等多种方式和途径，充分调动国家、地方、部门、集体和个人到中国冰川旅游地进行投资，特别是基础设施建设、景区景点和旅游商品开发。在体制方面，要深化冰川旅游景区的体制改革，逐步建立自我发展、自我约束的激励机制，同时，要对旅游企业实行股份制改造，组建旅游集团，走规模化发展之路。特别是要积极支持符合条件的旅游企业通过上市发行股票等方式进入资本市场融资，吸引社会资金，从而缓解资金短缺、投入不足的问题，以此推动中国冰川旅游区旅游基础设施的快速发展。在铁路交通方面，应该在目前陇海线、南疆铁路、青藏铁路、兰青铁路的基础上，加快滇藏线丽江之香格里拉段、川藏线成都—康定段、川藏线康定—拉萨段、川青线茂县—马尔康段、川青线马尔康—格尔木段、成都—西宁线等新建项目的规划与开发。在航空运输方面，近期应该重点对兰州、西宁、乌鲁木齐、拉萨、敦煌、嘉峪关、阿勒泰、库尔勒、伊宁、阿克苏市、喀什市、和田、格尔木、昌都、林芝、阿里、日喀则、丽江机场进行扩建和改造，并新建青海省玉树、果洛，西藏自治区普兰、那曲，云南省贡山、德钦等机场，尽快形成中国冰川区合理的航空运输网络，努力增加中国冰川区国际航空口岸数量，增加一批国家对外开放的一类航空口岸，进而

改善中国冰川区旅游航空交通网络。在公路方面，冰川区现有干线公路多数路段等级低，抵御自然灾害能力较差，与干线相衔接的公路不足，公路网络不畅，未来应在加强公路等级和改进公路网络上加大投资力度。通过航空、铁路和公路运输网络体系的改善和提升，中国冰川区必将形成"西进东出"、"东进西出"、"东西并进"的旅游网络新格局（图9-2）。

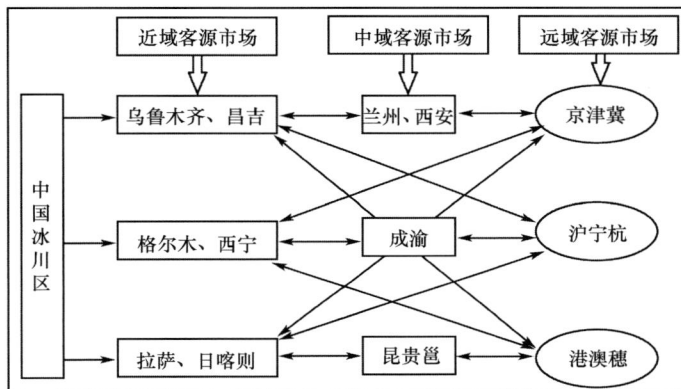

图 9-2 中国冰川区与近中远域旅游流格局

（三）全方位旅游推介，加大市场营销力度

中国冰川旅游资源与中东部旅游资源类型差异显著、互补性强，具有明显的垄断和竞争优势。然而，冰川资源地处西部腹地高山区，大众游客对其认知程度较小，因此，全方位冰川旅游推介与市场促销是该区冰川旅游发展的首要任务。近年来，《中国国家地理》杂志对冰川资源进行了大力推广，但受众群体仍然很小，区域知名度不高，信息不畅，冰川旅游发展仍显缓慢，其原因除基础设施落后、区域进入性较差外，其中一个不容忽视的原因是市场营销力度不够，旅游推介与市场营销经费投入不足，政府主导性不强。游客旅游决策过程与一般消费品购买决策过程有很大区别。在很多情况下，旅游者选择旅游目的地时，面对众多陌生旅游目的地及旅游产品，常犹豫不决，主要原因是旅游产品具有不可移动性，旅游者在作旅游目的地选择时，一般见不到旅游产品实体，旅游产品的不可移动性就决定了旅游产品要靠旅游形象来传播，使其为潜在旅游者所认知，从而产生旅游动机，并形成出游决策。因此，冰川旅游市场推介和营销是连接旅游者、冰川旅游地和客源市场最重要的桥梁。中国冰川区应在冰川旅游产品营销的主题、方式、渠道、产品和价格等方面相互协调，从深度和广度两方面深入挖掘近、中、远域客源市场，提升客源市场规模和层次，共同推出有竞争力的旅游产品，提升冰川旅游整体形象，促进区域冰川旅游协调发展。

中国冰川区地域范围广达、区域知名度不高、信息不畅，其旅游推介与市场营销的作用就显得越为重要，然而，大部分中国冰川区旅游推介与市场营销经费投入相当低，特别是冰川旅游产品的营销力度与资源禀赋极不相符。横断山及藏东南地区冰川区应该继续加大成渝、昆邕近域客源市场，以及东南亚、日韩，欧洲的旅游推介与市场营销力度。天山冰川旅游区要加大乌鲁木齐市、昌吉市、石河子市、奎屯市、克拉玛依市等近域客源市场以及中亚各个国家的营销力度。例如，第1~第45届中国新疆冰雪节暨冬季旅游产业博览会的成功举办，已使新疆维吾尔自治区冬季旅游、丝绸之路冰雪风情旅游、阿勒泰国际冰雪旅游等配套活动得到了空前发展，从而为中国冰川旅游发展提供了新的思路。在区域空间营销上，西北冰川旅游市场营销可借助丝绸之路旅游带国际品牌进行促销，青藏高原腹地可依托兰青—青藏线旅游做大市场，特别要加强京津冀、长三角、珠三角远域客源市场的旅游对接工作。横断山冰川旅游区冰川旅游发展较快，也较为成熟，未来可依托香格里拉生态旅游圈国家战略的实施进行强化营销，力争在冰川旅游上起示范作用。总体而言，中国冰川旅游市场营销，要立足国内市场，积极开拓境外市场。就开发境外市场而言，重点是港澳台、日韩、东南亚传统客源市场，并创造机会积极开发欧美等新兴市场，形成多元化的国际市场格局。对于国内市场，应立足各个冰川所在地市州近距离的双休周末市场，巩固和发展中域客源市场的西安、成渝、贵昆邕省会城市和直辖市，同时，积极拓宽京津冀、长三角、珠三角远域客源市场。另外，冰川区要加强与相邻省市及旅游发达地区的协作，形成开放、联动的旅游客源网络。同时，根据各个细分旅游市场所体现的特点，采取不同的营销组合策略。无论是海外市场还是国内市场，都要确立全方位开拓，重点突破，广泛招来的原则，形成大旅游格局。在旅游线路推销方面，一定要注重当前旅游消费者求知、求新、求奇、求乐的特殊心理要求，开发适宜不同年龄段的冰川体验探险旅游项目，只有这样才能使旅游线路开发在短期内获得较大进展，赢得更加广阔的客源市场。

（四）实施以点带面，点轴开发原则，实现区域联动

冰川旅游资源大部分地处青藏高原、天山、阿勒泰山系，由于大部分地区被高山覆盖，区域内城镇较少，绝大部分城镇沿各大水系或交通干线分布于峡谷、盆地、走廊之间，区位交通较为闭塞，经济落后，景点稀少且很分散，旅游服务设施相对滞后。因此，依托冰川区中心城市及铁路、公路干线，有选择、有步骤地开发冰川旅游资源显得尤为重要。乌鲁木齐市、西宁市、拉萨市中心城市在旅游资源、客源市场、基础设施等方面具有较强的辐射力、吸引力和综合服务能力，应当成为冰川区重点旅游开发的经济"增长极"。另外，中国冰川区旅游资源主要依托东西亚欧大陆桥、青藏铁路、南疆铁路、丝绸之路和南方茶马古道等

天然旅游黄金通道，这些通道周围都分布有不同规模等级的中心城市，是运用点-轴开发理论的最好区域。

中国冰川区不同区域冰川旅游资源与文化资源组合关联性强，且一部分具有垄断性地位。然而，目前中国冰川区旅游产业还未形成一体化发展格局，行政区条块分割制约着区域间旅游产业的分工与协作，它成为中国冰川区旅游产业跨区域合作的瓶颈。因此，中国冰川区在旅游项目和特色产品开发、线路设计、客源市场开发、对外营销宣传方面必须实施区域共赢战略，注重区域间横向联合、优势互补、串联成线，包括东西旅游地的横向联合和南北向的纵向联合，共同构建多层次、多功能、多方向的地域旅游网络，发挥规模经济和集聚经济效应，拓展与共享旅游客源市场，最终实现冰川区"资源共享、优势互补、互惠互利、合作共赢"的发展战略。

（五）实施政府主导型旅游发展战略，加快冰川旅游快速发展

中国冰川区区位闭塞，经济落后，且远离客源市场，因此，该区域实施资源导向性、市场导向性、资源加市场导向性的冰川旅游开发模式就显得不切实际。为了便于冰川旅游的快速发展，实施政府主导型旅游发展战略就显得尤为重要。政府主导是中国冰川旅游跨越式发展的动力源。实施政府主导型旅游发展战略，是由旅游业自身的特点决定的，也是被国内外旅游业快速发展实践所证明的。目前，西部旅游行政部门行为仍受制于现行的旅游管理体制，职能相对较弱，并呈现出较强的部门利益倾向，这在一定程度上制约了中国冰川旅游业的发展。中国冰川区由于经济相对落后，大多数地区以往过多关注于地区工业、农业的发展，而往往忽略产值相对较小的旅游业，从而导致中国冰川区旅游发展政府主导力度不强的现象。然而，伴随着国家生态功能区划、主体功能区规划的相继实施，旅游作为最具活力的生态产业，必将被各级政府提上议事日程，这也要求中国冰川区各级政府部门要积极落实区域政府主导型旅游发展战略，加快中国山地及其冰川旅游的快速发展。

实施政府主导型旅游发展战略，就是要求加强中国冰川区各级政府的宏观调控，发挥市场与计划的作用，实现对冰川区各类旅游要素的优化配置。具体而言，即冰川区各级政府应积极采取制订冰川旅游发展规划，实施区域旅游产业政策，筹集和引导社会资本投资冰川旅游，加强宏观调控和旅游法规建设等手段，营造良好的中国冰川区旅游投资环境，有意识地推进中国冰川旅游业的发展。其本质特点是通过政府行政的强力干预，使旅游业按照市场经济的要求，实现有序繁荣和快速增长。

（六）以冰川旅游与扶贫开发相结合，实现西部边疆省份快速发展

近年来，世界上相对贫困落后的地区通过发展生态旅游逐步走上了脱贫致富

之路，从而引起了国际社会对贫困与旅游业之间关系的关注。英国国际发展局甚至提出"有利于贫困人口发展的旅游（pro-poortourism，PPT）"这一全新概念，并建立了PPT旅游发展基金，用于援助发展中国家的旅游与扶贫项目，呼吁国际社会在国家发展援助项目中探索实施PPT旅游扶贫战略。

中国冰川区大多地处祖国内陆腹地，自然条件恶劣、地广人稀、土地贫瘠、基础设施建设滞后，加之历史原因，目前绝大部分地区社会经济仍较为落后，大多数区域仍处于温饱阶段。然而，这些地方却是中国冰川资源分布最为广泛和集聚的地区，其旅游开发较为缓慢，但后发优势突出。伴随着西部大开发、国家主体功能区规划和生态功能区划、丝绸之路经济带建设的逐步落实，这些区域丰富的冰川资源旅游价值必将显现。通过依托青藏铁路、新亚欧大陆桥、丝绸之路甘新段、南方丝绸之路、川藏、新藏、青藏、滇藏等铁路、公路干线及航空网络，这一区域冰川旅游必将进入快速发展轨道，通过冰川旅游的快速发展，也必将带动相关旅游的整体开发，进而通过旅游扶贫式开发逐步带动边疆省区经济社会的和谐、健康发展。

（七）建立冰川旅游专业旅行社，满足游客消费需求

冰川奇异多姿、气势磅礴、银光闪烁、晶莹耀眼，是高寒山区特有的自然景象。游客对冰川资源具有明显的求新、求知欲望。然而，冰川大多地处内陆腹地的高海拔地区，不易到达，加之冰川景观不同于一般旅游产品，其专业性较强，目前中国冰川旅游多限于科考和探险旅游，对普通游客来说仍是一个陌生事物。同时，冰川旅游目的地，气候条件特殊，不同类型和形态的冰川结构不同，冰上冰裂隙遍布，冰上体验旅游危险度极高，须有专业人士或导游陪同才可。

然而，目前中国旅行社从业人员对冰川知识相对缺乏，不能很好地对冰川知识及冰川旅游进行推广和推介。因此，西部各省区旅游系统应急需在客源市场或旅游目的地建立冰川旅游专业旅行社，以推介各地冰川旅游景点，普及冰川及其相关知识。同时，专业旅行社需要和国内冰川研究专业机构（如中国科学院冰冻圈科学国家重点实验室、中科院青藏高原研究所等科研机构）建立合作关系，加强冰川旅游从业人员对冰川及其相关知识的业务培训，提高从业人员对冰川知识的了解，以迎合游客对冰川的求知、求新、求异的旅游消费需求。另外，山地冰川地形复杂、冰川区空气稀薄、冰川灾害时有发生。基于此，专业旅行社还需加强导游或从业人员对冰川旅游风险防范和安全的业务培训与实践工作。

（八）重视公众环境教育，提高游客的环保意识

气候变化是一个复杂的自然与社会问题，往往被旅游者忽视和不理解。在旅游旺季，每天成千上万的游客访问冰川公园，环境影响不可避免。因此，建立一

个公众教育基地以提高游客环境保护意识非常必要也非常有意义。第一，景区经营管理人员应当在教育基地建立一些有关气候变暖与冰川退缩相关知识的公告牌，以唤醒游客去减小人为原因对冰川和生态环境的破坏。第二，培训冰川旅游导游，使他们掌握冰川变化与气候变暖的相关知识，以责任旅游和文明旅游，提升游客对冰川变化和气候变化问题的正确理解。第三，通过编著《冰川与气候变化》科普读物，使旅游者及时了解冰川、冰川变化、生态环境、景区旅游现状、景观变化、旅游人数、旅游区污染情况、生态破坏、可进入性程度、住宿交通、游客满意度评价和旅游地诚信服务程度等相关信息。第四，经营管理者应该提升游客和从业人员关于气候变化影响冰川的环境意识，使他们统筹考虑景区气候、环境、社会和经济对景区的影响，并践行责任旅游、文明旅游和可持续旅游（Blanke and Chiesa，2007）。总之，通过环境公众教育，冰川旅游地不仅可以让游客更好地了解冰川变化、生态环境和人类活动的关系，而且还可增强游客对冰川旅游资源的保护意识。

（九）多向度开发冰川旅游产品，迎合冰川旅游者多样性需求

旅游主体对消费形式的多样化追求，势必会刺激冰川旅游产品的多向度开发。考虑到高山冰川的特征和吸引力，冰川旅游目的地应适时开发多种类型的旅游产品，以迎合游客的多层次消费需求。第一，冰川景区应建立索道或改善现有索道设施，扩大可视角度，以提高冰川全景观赏旅游的质量和效果。第二，围绕冰川景点举行集体婚礼和摄影比赛。通过这些活动，将扩大冰川旅游目的地形象，拉长冰川旅游产业链，将更多冰川和山地风景展现给游客。第三，在较大冰川实施冰川徒步和探险活动，为游客提供冰川体验场所或线路。在冰川表面，游客还可享受高山天气和气候在不同的季节变化不同的景色。第四，在冰川旅游目的地游客中心建立冰川博物馆和科普教育基地。通过冰川旅游、科普教育和地学实习等活动的结合，冰川旅游者将学到更多的知识，如冰川与冰川遗迹的形成和构造以及冰川变化与气候降水之间的关系等。同时，游客的冰川和环境保护意识也将通过冰川、植被、岩石标本，三维虚拟场景，多媒体和冰川旅游论坛等途径有所提升。这一途径也将为未来冰川旅游可持续发展提供新的范式。第五，适度发展夏秋季度假旅游项目，扩大冰川旅游时间，增加冰川区旅游收入。第六，通过结合高山徒步、骑马、山地自行车、野营旅游、高山杜鹃花欣赏等旅游项目，加强和扩大冰川旅游项目类型，以减缓旅游活动对冰川景点的直接影响。

（十）整合冰川区旅游资源，强化区域旅游组团式开发

中国冰川雪山大多与高山森林草甸共存，游客将伴随着不同季节和海拔欣赏到不同的景观变化，因此，中国冰川旅游绝不能就冰川开发论冰川旅游，而是要

建立一种组团式开发理念，即通过区域旅游资源的组团式开发发挥各个旅游资源的最大效益。在新亚欧大陆桥甘新段和南疆铁路沿线，可以将冰川雪峰、沙漠绿洲、丝绸之路文化相结合，通过丝绸之路文化品牌效应拓展冰川旅游客源市场，从而使其相得益彰，相互促进。在西南冰川区，冰川雪峰往往与高山峡谷和茶马文化为一体，构成了藏东南和滇西北重要的旅游资源富集区，如玉龙雪山、白茫雪山、梅里雪山冰川区以及雅鲁藏布江、怒江、虎跳峡等大峡谷。在青藏线，冰川、草地、河流与藏文化交相呼应，在青藏高原形成了著名的雪域高原与天路等文化品牌效应。同时，这些区域有几千年的历史，各族人民创造了独特的传统文化，使其成为多民族、多语言、多宗教、多种生活方式和习俗共存的边疆区域，并留下了丰富的历史和文化遗产，如世界文化遗产丽江古城、布达拉宫、莫高窟、丝绸之路：起始段和天山廊道的路网、世界自然遗产三江并流、新疆天山、世界记忆遗产纳西东巴古籍文献。基于此，中国冰川区要加大区域冰川、峡谷、森林、草原、河流、古镇、绿洲和民族文化旅游产品的整合力度。同时，区域地方政府需要协调区域旅游市场，扩大客源旅游市场份额，着力区域的协调发展，相互合作，促进区域协调发展与自身优势，避免旅游项目同构，最终形成一个有机整体、相互促进、相互协同、优势互补、整体联动的区域旅游协调发展格局。

另外，中国冰川区与周边多个国家接壤，应充分认识到冰川区的地缘优势，积极支持边境地区开展多种形式的边境旅游，特别是进行跨境冰川旅游。为此，在保障国家安全和边境稳定的前提下，遵循国际惯例，积极消除边境旅游的种种障碍，简化边境旅游手续，积极主动地与周边国家或地区寻求边境冰川旅游资源（如阿勒泰市的中俄蒙古国边境的友谊峰冰川、中哈边境的汗腾格里峰地区冰川、中国与吉尔吉斯斯坦之间的托木尔峰地区冰川、中国与塔吉克斯坦以及阿富汗交界的帕米尔冰川资源等）的合作开发途径，并给予政策上的优惠，将边境冰川旅游与边境贸易发展结合起来，促进边境地区冰川旅游的快速发展。通过旅游资源的整合和联盟战略，必将使西部丰富的冰川资源优势转换成为经济优势，从而为未来中国冰川区冰川旅游与人口、资源、环境和经济社会的和谐发展提供基础平台。

（十一）借助网络信息技术，共建冰川旅游一体化网络体系

当前，中国经济发展面临经济全球化和知识经济的新挑战，随着信息时代、网络经济（信息经济、数字经济和虚拟经济）的到来，在未来的旅游业中，科技贡献率将越来越高，信息、科技、体制创新等新要素对区域发展的作用将越来越大。中国冰川区区位交通不便、冰川旅游目的地可进入性较差，同时，区域经济基础较为薄弱，旅游营销成本极为有限，加之冰川旅游往往具有跨区域的特点，其区际旅游合作是冰川旅游发展的新趋势。同时，随着社会经济的发展，越

来越多的旅游者开始改变传统大众出游、组团旅游的方式，选择个人自助旅游，追求与众不同的旅游体验。而互联网全面普及并迅速进入 Web2.0 时代，旅游与互联网结合将更为紧密。互联网信息技术正改变着传统旅游形式、旅游企业经营理念、市场营销推介方式、区域旅游合作等多方面，它在当前旅游发展中发挥着越来越重要的作用。可以说，基于网络技术的冰川旅游信息网络一体化战略将是未来中国冰川旅游发展的重要途径。

旅游信息系统是旅游行业内部各个环节联系的纽带，其内容繁多，如网上预订服务系统（包括机票、火车票、门票和房间等）、网络咨询系统、电视会议、可视图文系统、航空电子出票系统、电子货币交易系统、求援系统、网上旅游互动博客系统、旅游网络服务系统等，它在满足游客对旅游目的地的信息需求方面有着不可替代的作用，同时，还可建立旅游网上广告宣传、网上招商信息发布、旅游电子商店、旅游信息交流平台和旅游网络服务为主题的一系列冰川旅游市场营销新理念。另外，在旅游资源开发与管理上，通过互联网，旅游企业、旅游消费者和冰川景区（点）之间可以形成良好的互动关系，并可以减少旅游中介机构的业务交易，从而降低交易成本。通过加强区际旅游联合，由单个冰川旅游景点向跨区域冰川群旅游目的地转变，将区际冰川旅游纳入跨区域旅游网络之中，实现冰川旅游产品开发由点向旅游带、旅游区的转变，通过优势互补、错位竞争、相互促进、共同发展的理念，最终达到冰川旅游资源共享、利益共享的目的。

（十二）重视冰川旅游规划，完善景区环境与风险评价体系

中国冰川旅游发展要坚持"保护第一、开发第二，先规划、后建设"的旅游规划原则。根据旅游资源特点和环境承载能力，科学制定和有效实施旅游规划，合理确定旅游发展规模和发展次序，严格限定频繁的人类活动和企业污染。每年成千上万的旅游者、从业人员、建设人员、科考队伍等访问西部山地冰川，他们不可避免地遗留下大量废弃物和垃圾。同时，游客过分拥挤、践踏植被、攫取珍贵资源等行为和活动无疑也会影响冰川区生态环境（Naithani et al.，2001），并且恶化后的生态环境又会反过来影响冰川。旅游者应该要高度关注冰川区环境的脆弱性和在他们遗留下废弃物后所产生的相关问题（Anonymous，2001）。中国冰川区由于特殊的地理地质环境以及交通不便、区域闭塞、自然灾害频繁、生态环境脆弱、居住分散、基础设施薄弱等原因，决定了冰川旅游开发要坚持保护优先与可持续利用的原则。

因此，一个为冰川保护、旅游环境治理、废弃物管理和污染控制的冰川旅游规划将在最小化影响山地冰川自然环境方面扮演重要角色。冰川旅游规划应该以公众参与、高效、环保、真实性、逐步发展、高品质和以人为本等管理理念为核

心特征（Sanjay，2000，2002）。同时，为防止过度开发，应制订规划，合理利用冰川进行旅游。旅游规划中，游览线路布局要合理，避免雷同，景点之间的线路设计要考虑旅游活动对景区生态环境影响的最小化，注意游览线路的分流和扩散作用，分流是将旅游者从热点景点分开，把一部分人或时间分散到其他非热点景点；扩散则是发挥热点景点的带动辐射作用，带动周围和游览线路上其他景点的发展，以热带冷。同时，根据季节变化，采用一定路线、方式控制游客数量，避免频繁的旅游活动影响冰川区生态系统。另外，在景区已建和再建项目中要适时、适地完善旅游规划和扩大环境影响评价内容，必须优先通过环境影响评价和旅游总体规划，做到先规划后开发，边开发边评价。在特定地区进行集中开发，最大限度地利用已开发景区资源，保护特别有自然科学价值和美学价值的景观，并设立保护区，避免无序开发造成冰川资源和景区生态环境的破坏。景区环境影响评价内容要扩至景区自然资源、经济条件、景观美学鉴赏、社会环境以及文化层次上的影响力，特别是环境敏感区，无论是直接的还是间接的都加以评价（吴必虎，2001）。旅游管理人员应敦促旅游者参与景区环境规范（如果不符合规范，一切活动应被严令禁止）制订（Kuniyal，2002）。最后，由于冰川内在结构复杂，表层冰裂隙遍布，积累区雪崩、冰舌冰崩、冰碛湖溃决等潜在风险较大。因此，在冰川旅游开发和规划过程中，还需建立完善的冰川旅游风险评价和安全应急预案等体系。

第十章　结论与展望

一、结论

本书系统地回顾了国内外冰川旅游发展进程，构建了集"区位交通、资源环境、基础开发和社会经济"于一体的冰川旅游资源开发潜力评价体系，并通过专家咨询、层次分析和熵权系数相结合的综合赋权方法，采用多目标线性加权综合评价模型，综合评价和分析了中国冰川旅游资源开发总体潜力水平。结合旅游空间结构理论，根据评价结果，本书提出了中国冰川旅游资源总体空间开发与规划战略及区域冰川旅游组团式开发模式。在分析影响冰川旅游发展因素的基础上，提出了相应的战略对策和保障机制。主要结论如下。

1) 中国冰川区区位闭塞、自然环境恶劣、生态脆弱，但冰川资源丰富、少数民族众多、历史文化内涵浑厚，在资源和政策方面具有突出优势。同时，冰川区经济落后，距主体客源市场较远，旅游季节差异大，绝大部分冰川资源优势并未得到有效发挥。目前，西部冰川旅游发展成熟区域也仅仅集中于水热条件好、通达性容易、客源市场较近的几处海洋型冰川，且大部分仅限于浅层次的冰川观光旅游，对于规模较大的大陆型冰川资源开发则略显缓慢。

2) 冰川旅游资源具有明显的区域特性，因冰川大部分集中于西部内陆腹地高海拔地区，冰川进入性较差，故区位交通潜力是影响近期冰川旅游发展的最大瓶颈。在较长时间尺度上，随着区位交通条件的改善，冰川资源的自然属性将变得越来越重要。另外，冰川区经济社会状况和基础开发潜力也是冰川旅游发展重要的基础性保障。

3) 中国冰川旅游资源开发区位交通潜力较高的地区主要集中于冰川进入性和通达性较好的省会城市及周边地区，以及具有明显地缘优势的区域；资源环境潜力较高的地区位于冰川资源禀赋高、规模大，冰川与周边景观组合度高，以及旅游资源富集的区域；基础开发潜力较高的地区主要包括现已开展冰川旅游的地市州；社会经济发展潜力较高的地区集中于省会城市与工业基础较好的地区，以及将旅游产业作为支柱产业的地市州。总体上，区位交通条件通达、冰川资源富集、社会经济条件优越，或拥有近域客源市场，或冰川进入性好，或隶属旅游资源富集区的地市州，其冰川旅游开发潜力相对较高，反之，开发潜力较低。

4) 具有较高冰川旅游开发潜力的区域应充分利用相对较好的社会经济水平、

较大的客源市场、较好的景观组合度，以及较高的知名度，在冰川旅游的提质增效上做文章，加大冰川旅游关联产品的开发力度，努力建成一批有区域代表性的冰川旅游休闲度假胜地。具有较低冰川旅游开发潜力的区域应借西部大开发、国家生态功能区划和主体功能区规划战略实施的东风，因地制宜，量力而行，在改善本区旅游基础设施建设的基础上，逐步开发适宜本区的冰川旅游产品，适度增加如高山滑雪、冰川徒步等旅游体验项目，以弥补区位劣势和气候适宜期较短给区域旅游带来的不足。

5）按照"突出中心城市、依托交通干线、巩固重点区域、形成网络市场"的旅游空间结构优化理念，中国冰川旅游可实施"十心、三带、五区"的总体旅游空间规划战略。"十心"指 10 个冰川旅游中心城市。"三带"指甘新—南疆线丝绸之路冰川文化旅游带、兰青—青藏线雪域高原冰川体验旅游带和川藏—滇藏线香格里拉冰川休闲度假旅游带。"五区"指五大冰川旅游区，分别指天山、祁连山、横断山—念青唐古拉东段、帕米尔—喀喇昆仑山和喜马拉雅山冰川旅游区。在此基础上，提出了区域冰川旅游组团式空间开发模式。

6）以玉龙雪山冰川旅游开发为典型案例，认为玉龙雪山现代冰川、冰川遗迹与高山峡谷、森林草甸、自然环境、生物多样性和纳西文化相互影响、相互依存，其冰川旅游开发必须改变以往冰川观光和其他景点单一开发的模式，逐步向雪山冰川、冰川遗迹、森林草甸、高山峡谷、水域风光与历史文化的组团式开发转变，通过冰川旅游组团式开发，扩展冰川旅游类型与内涵，延伸山岳景区旅游产业链，以满足不同游客的多样性旅游消费需求。

7）未来中国冰川旅游跨越式发展应在以下几方面得以加强：加强冰川旅游资源调查，实现资源优势向产品优势转化；加大融资渠道，改进冰川区基础建设水平；实施全方位的旅游推介战略，加大市场促销力度；实施以点带面，点轴开发原则，实现地区联动；实施政府主导型旅游发展战略，加快冰川旅游快速发展；以冰川旅游与扶贫开发相结合，实现边疆省份快速发展；整合冰川区旅游资源，强化区域旅游组团式开发；改善冰川旅游规划，制定景区环境保护规划。

二、展望

中国冰川旅游资源开发潜力综合评价结果与当前冰川旅游发展状况基本相符，说明本书所采用的评价体系、分析方法，以及所遵循的旅游空间结构理念是可行、可信，且值得推广的。由于缺乏大量的实地勘察和中远域客源市场调研，以及评价指标数据和资料的有限性等因素，本书尚存在以下 3 方面问题，还有待进一步改进。

1）下一步，拟选择珠三角、长三角、京津冀远域客源市场和成渝、西安、长株潭中域客源市场为典型研究区,对潜在旅游者进行冰川认知水平、冰川旅游出行意愿、出行动机、出游时间、出游方式、目的地选择等方面的系统调查与分析,为中国冰川旅游资源开发潜力评价及冰川旅游产品深度开发提供基础资料。

2)本书主要集中于区域典型冰川旅游资源的开发潜力评价,对于区域冰川旅游资源群开发潜力评价并未涉猎。在综合评价中,基于距离衰减理论,冰川区各地市州冰川景点以离地市州最近冰川或已开发冰川为研究对象,对其他冰川考虑较少。下一步,将使评价单元缩小至县域,特别是对基于县域尺度的典型冰川旅游资源提出空间开发与规划方案。

3)中国冰川旅游资源开发潜力影响因素较多,评价体系势必会遗漏一些评价因子,进而影响其综合评价结果。下一步,本书将更为细化、科学、合理地对县域尺度冰川旅游资源开发潜力进行评价。通过冰川旅游资源开发潜力评价,指导或建议冰川区各县域政府及相关旅游部门进行相应的冰川旅游资源空间开发与规划。

主要参考文献

白明晖．1983．第四纪冰川地质调查方法．北京：地质出版社．

保继刚．2003．旅游开发研究：原理·方法·实践．北京：科学出版社．

保继刚，楚义芳．1999．旅游地理学（修订版）．北京：高等教育出版社．

保继刚，郑海燕，戴光全．2002．桂林国内客源市场的空间结构演变．地理学报，57（1）：96-106．

北京旅游研究院．1987．旅游资源的开发与观赏．北京：北京旅游研究院．

曹泊．2013．祁连山东段冷龙岭现代冰川变化研究．兰州：兰州大学博士学位论文．

常学礼，杨持，刘颖如，等．2003．裸沙生境中沙米异质种群的时空动态研究．内蒙古大学学报，34（6）：
  630-635．

陈传康，保继刚．1989．北京旅游地理．北京：中国旅游出版社．

陈诗才．1993．自然风景旅游．北京：地震出版社．

陈晓梅．2009．水体类旅游资源评价方法初探．北京第二外国语学院学报，171（7）：66-70．

陈鹰．2006．旅游资源评价体系、方法与实证研究——以浙江省为例．上海：复旦大学博士学位论文．

陈勇，周立华，孙希科．2011．青藏高原典型县域冰川退化情景下的适应对策研究．冰川冻土，33（1）：
  205-213．

楚义芳．1989．旅游的空间组织研究．天津：南开大学博士学位论文．

邓俊国，李加林，王占利，等．2004．旅游资源多级模糊综合评价探讨-以河北省涞源县为例．资源科学，
  26（1）：76-82．

丁永建．2009．中国冰冻圈变化影响研究50年//中国科学院寒区旱区环境与工程研究所．中国寒区旱区环
  境与工程科学50年．北京：科学出版社．

樊杰．2007．我国主体功能区划的科学基础．地理学报，62（4）：339-348．

范业正，郭来喜．1998．中国海滨旅游地气候适宜性评价．自然资源学报，13（4）：305-306．

范中桥．2004．地域分异规律初探．哈尔滨师范大学自然科学学报，20（5）：106-109．

冯雅力，吴忠军．2012．基于AHP分析的民族旅游地竞争力研究-以大寨瑶族梯田景区为例．中南林业科技
  大学学报（社会科学版），6（6）：33-38．

傅伯杰，刘国华，陈利顶．2001．中国生态区划方案．生态学报，21（1）：1-6．

甘枝茂，马耀峰．2000．旅游资源与开发．天津：南开大学出版社．

高光贵．2003．多指标综合评价中指标权重确定及分值转换方法研究．经济师，3：265-266．

郭来喜．1997．中国生态旅游：可持续旅游的基石．地理科学进展，16（4）：1-10．

郭来喜，吴必虎，刘锋，等．2000．中国旅游资源分类系统与类型评价．地理学报，55（3）：295-300．

国家旅游局．2003．GB/T18972-2003，旅游资源分类、调查与评价．北京：中国标准出版社．

何效祖．2007．基于地域系统结构研究的旅游资源评价与旅游地实证分析．兰州：兰州大学博士学位论文．

洪剑明，冉东亚．2006．生态旅游规划设计．北京：中国林业出版社．

胡丽，张卫国，叶晓姓．2006．基于多层次模糊评价法的三峡旅游资源定量分析．重庆大学（自然科学
  版），29（2）：144-146．

胡汝骥，姜逢清，王亚俊．2003．新疆雪冰水资源的环境评价．干旱区研究，20（3）：187-190．

胡自治．2000．青藏高原的草业发展与生态环境．北京：中国藏学出版社．

环境保护部，中国科学院．2008．全国生态功能区划．北京：环境保护部，中国科学院．

黄辉实 . 1986. 旅游资源的评价汇 . 北京旅游学会, 旅游论丛, 1：41-43.

黄汲清 . 1984. 中国的冰川 . 冰川冻土, 6（1）：85-88.

黄锡畴 . 1996. 自然地理与环境研究 . 北京：科学出版社 .

黄裕新, 吕波, 施品贵 . 2004. 基于改进灰色关联度的权重确定方法 . 武汉科技学院学报, 17（3）：
72-75.

康尔泗 . 1983. 天山博格达峰北坡的冰川融水径流及其对河流的补给 . 冰川冻土, 5（3）：113-122.

李吉均, 苏珍 . 1996. 横断山冰川 . 北京：科学出版社 .

李佳 . 2014. 东天山冰川与气候变化研究（1990~2011）. 兰州：兰州大学硕士学位论文 .

李金昌, 苏为华 . 2006. 统计学 . 北京：机械工业出版社 .

李军, 韩冬 . 2003. 旅游发展战略规划中旅游资源评价方法初探 . 武汉大学学报（工学版）, 36（6）：
121-126.

李瑞, 刘长运 . 2000. 南阳市旅游资源开发潜力评价 . 地域研究与开发, 19（2）：90-93.

李铁松 . 1999. 玉龙雪山冰川公园的旅游资源特色及其保护 . 资源开发与市场, 15（5）：311.

李卫朋, 刘起, 鲜锋, 等 . 2010. 洛川黄土国家地质公园 SWOT 分析与深度开发 . 地球学报, 31（4）：
593-598.

李文华, 周兴民 . 1998. 青藏高原生态系统及优化利用模型 . 广州：广东科技出版社 .

李新运, 郑新奇, 范纯增, 等 . 1997. 山东省旅游资源开发潜力评价研究 . 地理科学, 7（4）：372-376.

李因果, 李新春 . 2007. 综合评价模型权重确定方法研究 . 辽东学院学报（社会科学版）, 9（2）：92-97.

李忠勤, 李开明, 王林 . 2010. 新疆冰川近期变化及其对水资源的影响研究 . 第四纪研究, 30（1）：
96-106.

李宗省, 何元庆, 辛惠娟, 等 . 2010. 中国横断山区 1960~2008 年气温和降水时空变化特征 . 地理学报,
65（5）：563-579.

刘潮海, 丁良福 . 1987. 中国天山冰川资源及其分布特征 . 冰川冻土, 9（2）：100-105.

刘潮海, 施雅风, 王宗太, 等 . 2000. 中国冰川资源及其分布特征 . 冰川冻土, 22（2）：106-112.

刘潮海, 王宗太, 丁良福, 等 . 2001. 中国冰川目录Ⅳ——帕米尔山区（喀什噶尔河等流域）（修订本）.
兰州：甘肃文化出版社 .

刘时银, 丁永建, 张勇, 等 . 2006. 塔里木河流域冰川变化及其对水资源影响 . 地理学报, 21（5）：
482-490.

刘时银, 蒲健辰, 邓晓峰, 等 . 2014. 中国冰川图鉴 . 上海：上海科学普及出版社 .

刘时银, 姚晓军, 郭万钦, 等 . 2015. 基于第二次冰川编目的中国冰川现状 . 地理学报, 70（1）：3-16.

刘卫东, 樊杰, 周成虎, 等 . 2003. 中国西部开发重点区域规划前期研究 . 北京：商务印刷馆 .

卢云亭 . 1988. 中国当代游记选 . 北京：北京教育出版社 .

卢云亭 . 2006. 旅游研究与策划 . 北京：中国旅游出版社 .

卢云亭, 王建军 . 2004. 生态旅游学 . 北京：旅游教育出版社 .

陆大道 . 1986. 2000 年中国工业布局总图的科学基础 . 地理科学, 6（2）：110-118.

陆大道 . 1995. 区域发展及其空间结构 . 北京：科学出版社 .

陆大道 . 2001. 论区域的最佳结构与最佳发展——提出"点-轴"系统和"T"型结构以来的回顾与再分析.
地理学报, 56（2）：127-135.

陆大道 . 2002. 关于"点-轴"空间结构系统的形成机理分析 . 地理科学, 22（1）：1-6.

陆大道 . 2003. 中国区域发展的新因素和新格局 . 地理研究, 22（3）：261-271.

陆大道, 刘毅 . 2001. 2000 中国区域发展报告——西部开发的基础、政策与态势 . 北京：商务印刷馆 .

罗成德 . 1994. 旅游地貌资源的综合模糊评价 . 地理学与国土研究, 10（3）：45-49.

罗琼．2002．运用综合价值法评价巴南区旅游资源．重庆工学院学报，16（4）：65-69．

马耀峰，陶丽莉．2004．延安旅游开发的 SWOT 和 GIS 分析．陕西师范大学学报（自然科学版），32（4）：112-115．

毛明海，应丽云，杨秀石．2002．浙江省水利旅游资源潜力评价．科技通报，18（3）：213-218．

明庆忠，王子新，王金亮．2001．试论云南雪山旅游资源开发利用．云南师范大学学报（自然科学版），21（5）：56．

宁建新．2000．企业市场适应性分析模式：介绍一种新的市场环境分析矩阵．商业研究，10：85-88．

欧阳志云，王效科，苗鸿．2000．中国生态环境敏感性及其区域差异规律研究．生态学报，20（1）：9-12．

蒲健辰．1994．中国冰川编目（Ⅷ）——长江水系．兰州：甘肃文化出版社．

齐德利，李加林，葛云健，等．2004．沿海生态旅游资源评价指标及尺度研究：以江苏沿海为例．自然资源学报，19（4）：508-518．

秦大河．1999．喜马拉雅山冰川资源图．北京：科学出版社．

秦大河．2002．中国西部环境演变（综合卷）．北京：科学出版社．

秦大河，效存德，丁永建，等．2006．国际冰冻圈研究动态和中国冰冻圈研究的现状与展望．应用气象学报，17（6）：649．

秦大河，姚檀栋，丁永建，等．2012．英汉冰冻圈科学词汇．北京：气象出版社．

秦大河，姚檀栋，丁永建，等．2014．冰冻圈科学辞典．北京：气象出版社．

邱东．1991．多指标统计综合评价方法的系统分析．北京：中国统计出版社．

邱云美．2009．基于价值工程的生态旅游资源评价研究．自然资源学报，24（12）：2159-2162．

全国农业区划委员会，中国农业资源与区划要览编委会．1987．中国农业资源与区划要览．北京：测绘出版社．

任美锷．1957．丽江与玉龙雪山地貌的初步研究．云南大学学报，（4）：9-18．

上官冬辉，刘时银，丁永建，等．2005．利用 ASTER 影像对慕士塔格公格尔山冰川解译与目录编制．冰川冻土，27（3）：344-349．

施雅风．1998．中国冰川概论．北京：科学出版社．

施雅风．2005．简明中国冰川目录．上海：上海科学普及出版社．

施雅风．2008．中国冰川与环境．北京：科学出版社．

施雅风，王宗太．1979．历史上的木扎尔特冰川谷道和中西交通．冰川冻土，（2）：22-26．

施雅风，崔之久，苏珍．2005．中国第四纪冰川与环境变化．石家庄：河北科学技术出版社．

施雅风，赵井东，王杰．2011．中国第四季冰川新论．上海：上海科学普及出版社．

室谷正裕．1998．新时代的国内观光：魅力度评价的试み．东京：运输政策研究机构．

宋波．2010．GIS 和遥感在中国海洋型冰川区的应用研究．北京：中国科学院研究生院博士学位论文．

苏宏超，魏文涛，韩萍，2003．新疆近 50a 来的气温和蒸发变化．冰川冻土，25（2）：174-178．

苏为华．1998．统计指标理论与方法研究．北京：中国物价出版社．

苏为华．2000．多指标综合评价理论与方法问题研究．厦门：厦门大学博士学位论文．

苏珍，赵井东，郑本兴．2014．中国现代冰川平衡线分布特征与末次冰期平衡线下降值研究．冰川冻土，36（1）：9-19．

覃建雄．2002．四川旅游资源评价内容、指标及规范初探．成都理工学院学报，29（1）：113-118．

唐立久，穆少杰．2014．"丝绸之路经济带"：打造区域合作新模式．新疆师范大学学报（哲学社会科学版），35（3）：35-40．

田洪阵，杨太保，刘沁萍．2012．基于遥感技术的近 40a 来敦德冰川变化和气候变化的关系研究．冰川冻土，34（2）：278-280．

田洪阵. 2013. 祁连山区现代冰川面积变化研究. 兰州：兰州大学博士学位论文.

汪诗平. 2003. 青海省"三江源"地区植被退化原因及其保护策略. 草业学报, 12 (6)：1-9.

汪侠, 顾朝林, 刘晋媛, 等. 2007. 旅游资源开发潜力评价的多层次灰色方法——以老子山风景区为例. 地理研究, 26 (3)：625-635.

汪宇明. 2002. 核心-边缘理论在区域旅游规划中的运用. 经济地理, 22 (3)：374-378.

汪宇明, 张海霞, 刘通. 2010. 自然遗产地旅游发展的国家公园模式及其启示. 旅游研究, 2 (1)：1-6.

王芳. 2009. 基于模糊综合评判的陇南市生态旅游资源评价及产品开发研究. 兰州：西北师范大学硕士学位论文.

王根绪, 程国栋, 沈永平, 等. 2001. 江河源区的生态环境变化及其与综合保护研究. 兰州：兰州大学出版社.

王俊. 2007. DEA模型中的权重确定方法研究. 长沙：中南大学硕士学位论文.

王绍武, 董光荣. 2002. 中国西部环境特征及其演变//秦大河. 中国西部环境演变评价（第一卷）. 北京：科学出版社.

王圣杰, 张明军, 李忠勤, 等. 2011. 近50年来中国天山冰川面积变化对气候的响应. 地理学报, 66 (1)：39-40.

王世金, 赵井东. 2011. 中国冰川旅游发展潜力评价及其空间开发策略. 地理研究, 30 (8)：1528-1542.

王世金, 白永平, 石惠春. 2007. 河西走廊地带旅游资源整合开发思路. 经济地理, 27 (2)：327-328.

王世金, 何元庆, 和献中, 等. 2008. 中国海洋型冰川旅游资源的保护性开发研究. 云南师范大学学报, 40 (6)：38-43.

王莹, 王峥, 黎华群. 2004. 旅游资源的GIS评价系统. 地球信息科学, 6 (1)：62-66.

王运生, 王士天, 李渝生. 2000. 滇西北玉龙雪山隆升机制. 山地学报, 18 (4)：313 - 317.

王宗太, 刘潮海. 2001. 中国冰川分布的地理特征. 冰川冻土, 23 (3)：231-237.

王宗太, 苏宏超. 2003. 世界和中国的冰川分布及其水资源意义. 冰川冻土, 25 (5)：598-599.

魏锋, 王劲松, 李宝梓, 等. 2010. 祁连山近45a 5~9月日降水气候特征. 干旱区气象, 28 (3)：285.

魏长晶, 李江风, 王振伟. 2006. 我国森林旅游业发展综述. 林业经济问题, 26 (2)：142-146.

吴必虎. 2001. 区域旅游规划原理. 北京：中国旅游出版社.

吴承照, 曹霞. 2005. 景观资源量化评价的主要方法（模型）：综述及比较. 旅游科学, 19 (1)：32-39.

吴殿廷. 2003. 区域经济学. 北京：科学出版社.

吴开亚, 李如忠, 陈晓剑. 2006. 区域生态环境评价的灰色关联投影模型. 长江流域资源与环境, 12 (5)：473-478.

吴普, 席建超, 葛全胜. 2010. 中国旅游气候研究综述. 地理科学进展, 29 (2)：131-137.

伍光和, 刘潮海. 1979. 哈拉湖流域的冰川作用特征及水资源利用问题. 冰川冻土, 2：79-82.

伍光和, 沈永平. 2007. 中国冰川旅游资源及其开发. 冰川冻土, 29 (4)：665.

伍光和, 田连恕, 胡双熙, 等. 2000. 自然地理学（第三版）. 北京：高等教育出版社.

向灵芝, 刘志红, 柳锦宝, 等. 2013. 1980~2010年西藏波密地区典型冰川变化特征及其对气候变化的响应. 冰川冻土, 35 (3)：593-600.

谢季坚, 刘承平. 2000. 模糊数学方法及其应用. 武汉：华中科技大学出版社.

谢又予, 崔之久. 1989. 滇北玉龙雪山中国东部第四纪冰川作用. 北京：科学出版社.

谢自楚, 刘潮海. 2010. 冰川学导论. 上海：上海科学普及出版社.

谢自楚, 苏珍. 1975. 珠穆朗玛峰地区冰川发育条件、数量及分布//中国珠穆朗玛峰登山队科学考察队. 珠穆朗玛峰地区科学考察报告（1966~1968）. 现代冰川与地貌. 北京：科学出版社.

新疆综合考察丛书. 1978. 新疆地貌. 北京：科学出版社.

星球地图出版社．2006．中华人民共和国交通地图集．北京：星球地图出版社．

徐菲菲，杨达源，黄震方，等．2005．基于层次熵分析法的湿地生态旅游评价研究——以江苏盐城丹顶鹤湿地自然保护区为例．经济地理，25（5）：707-719．

许春晓．1993．旅游资源非优区适度开发与实例研究．经济地理，13（2）：81-84．

许春晓．2000．21 世纪中国旅游地理学的新领域：旅游资源非优区研究．旅游学刊，1：59-62．

杨树珍．1990．中国经济区划研究．北京：中国展望出版社．

杨威，姚檀栋，徐柏青，等．2008．青藏高原东南部岗日嘎布地区冰川严重损耗与退缩．科学通报，53：2901-2905．

杨学燕，戴瑜靖．2005．宁夏旅游资源潜力分析及开发研究．宁夏大学学报（自然科学版），26（3）：278-282．

姚檀栋．2008．青藏高原及毗邻地区冰湖泊图．西安：西安地图出版社．

姚檀栋，姚治君．2010．青藏高原冰川退缩对河水径流的影响．自然杂志，32（1）：4-8．

姚晓军，郭万钦，郭万钦，等．2012．近 50a 来中国阿尔泰山冰川变化．自然资源学报，27（10）：1735-1740．

姚玉碧，肖国举，王润元，等．2009．近 50 年来西北半干旱区气候变化特征．干旱区地理，32（2）：159-165．

尹贻梅，陆玉麒，邓祖涛．2004．国内旅游空间结构研究述评．旅游科学，18（4）：49-54．

尤联元，杨景春．2013．中国地貌．北京：科学出版社．

于涛方，顾朝林，徐逸伦，等．2002．吉林省旅游资源评价与分析研究．自然资源学报，17（2）：198-202．

余莲．2011．青藏高原地区气候变化的特征及数值模拟研究．兰州：兰州大学博士学位论文．

余武生，姚檀栋，田立德，等．2006．慕士塔格地区夏季降水中 $\delta^{18}O$ 与温度及水汽输送的关系．中国科学 D 辑：地球科学，36：23-30

俞孔坚，奚雪松．2010．发生学视角下的大运河遗产廊道构成．地理科学进展，29（8）：975-986．

约瑟夫·洛克．1994．中国西南古纳西王国．昆明：云南美术出版社．

曾磊．2012．基于 RS 和 GIS 的东帕米尔高原冰川近 40 年来的冰川变化研究．兰州：兰州大学硕士学位论文．

张海霞，汪宇明．2010．可持续自然旅游发展的国家公园模式及其启示——以优胜美地国家公园和科里国家公园为例．经济地理，30（1）：156-161．

张继承．2008．基于 RS/GIS 的青藏高原生态环境综合评价研究．长春：吉林大学博士学位论文．

张捷，周寅康，都金康．1996．旅游地理结构与旅游地持续发展研究．南京大学学报：自然科学版，32（5）：146-151．

张立明．2005．湖北区域旅游空间发展模式与战略布局．资源开发与市场，21（5）：473-475．

张荣祖，郑度，杨勤业，等．1997．横断山区自然地理．北京：科学出版社．

张祥，彭夏岁．2014．天山托木尔峰南坡地区旅游发展模式创新研究．干旱区资源与环境，28（1）：200-208．

张秀卿．2008．草原旅游风景质量评价研究——以格根塔拉草原为例．内蒙古农业大学学报（自然科学版），29（1）：93-97．

赵希涛，郑本兴，肖泽榕，等．1998．玉龙雪山冰川公园旅游资源调查、规划和深层次开发研究报告．北京：中国科学院地质研究所．

郑本兴．1984．尼泊尔兰坦喜马尔地区冰川与泥石流考察．冰川冻土，6（3）：91-95．

郑本兴，赵希涛，李铁松．1999．梅里雪山明永冰川特征及其变化．冰川冻土，21（2）：145-150．

中国科学院兰州冰川冻土研究所．1988．中国冰川概论．北京：科学出版社．

中国科学院青藏高原综合科学考察队 . 1986. 西藏冰川 . 北京：科学出版社 .

中国科学院自然区划工作委员会 . 1959a. 中国地貌区划（初稿）. 北京：科学出版社 .

中国科学院自然区划工作委员会 . 1959b. 中国综合自然区划 . 北京：科学出版社 .

中国统计局 . 1998. 中国统计年鉴 . 北京：中国统计出版社 .

中国统计局 . 2006. 中国统计年鉴 . 北京：中国统计出版社 .

中国统计局 . 2013. 中国统计年鉴 . 北京：中国统计出版社 .

钟林生，王婧，唐承财 . 2009. 西藏温泉旅游资源开发潜力评价与开发策略 . 资源科学，31（11）：1849-1853.

钟祥浩 . 2002. 青藏高原东缘环境与生态 . 成都：四川大学出版社 .

周凤杰 . 2007. 旅游资源评价标准与评价方法新探 . 中国市场，(10)：10-11.

祝合勇 . 2012. 近40年来阿尔金山现代冰川变化的遥感监测研究 . 兰州：兰州大学硕士学位论文 .

朱竑 . 2005. 从五种矛盾论旅游资源分类、调查与评价的国际视野和发展眼光 . 旅游学刊，20（1）：8-9.

朱力，郭城 . 2002. 黄山旅游地域空间研究 . 城市规划，26（12）：49-54.

朱专法 . 2005. 数量化法在旅游资源评价中的运用：以山西古塔为例 . 经济地理，25（6）：891-897.

邹志红，孙靖南，任广平 . 2003. 模糊评价因子的熵权法赋权及其在水质评价中的应用 . 环境科学学报，25（4）：552-556.

Ahlman HW. 1935. Contribution to the physics of glaciers. Geographical Journal, 86（2）：97-113.

Alean J. 2004. Swisseduc. ch-Glaciers Online. http：//www. swisseduc. ch/glaciers/ ［2014-12-20］.

Alean J, Hambrey M. 2013. Swisseduc. ch-Glaciers Online. http：//www. swisseduc. ch/glaciers/index-enhtml ［2014-12-20］.

Andrew BP. 1997. Tourism and the economic development of Cornwall. An Tourism Res., 24（3）：721-735.

Anonymous. 2001. Environmentalstatement, rotrek：Patagonia Mountain trekking. http：//www. rotrek. com/enviro. htm ［2014-12-20］.

Arctic Council. 2009. Arcticmarine Shipping Assessment（AMSA）Report. Tromsø, Norway：Arctic Council.

Arendt A, Bolch JG, Cogley A, et al. 2012. Randolph Glacier Inventory ［v2.0］：A Dataset of Global Glacier Outlines. Global Land Ice Measurements from Space, Boulder Colorado, USA. Digital Media 32 pp. http：//www. glims. org/RGI/RGI_ Tech_ Report_ V2. 0. ［2014-12-10］.

Arendt AA, Echelmeyer KA, Harrision WD, et al. 2002. Rapid wastage of Alaska glaciers and their contribution to rising sea level. Science, 297：382-386.

Armstrong T, Roberts B, Swithinbank CWM. 1973. Illustrated Glossary of Snow and Ice. Cambridge：Scott Ploar Research Institute.

Arrowsmith C, Inbakaran R. 2002. Estimating environmental resiliency for the Grampians National Park, Victoria, Australia：a quantitative approach. Tourism Management, 23：295-309.

Barry RG. 2001. Mountain Climate Change and Cryospheric Responses：A Review. Interlaken：World Mountain Symposium.

Beniston M. 2004. The 2003 heat wave in Europe：a shape of things to come? An analysis based on Swiss climatological data and model simulations. Geophys Res Lett., 31：20-22.

Benn DI, Evans DJA. 1998. Glaciers and Glaciation. Oxford：Oxford University Press.

Blanke J, Chiesa T. 2007. The Travel & Tourism Competitiveness Report 2007. Geneva：World Economic Forum Geneva, Switzerland.

Bolch T, Yao TD, Kang SC, et al. 2010. A glacier inventory for the western Nyainqentanglha Range and the Nam Co Basin, Tibet, and glacier changes 1976-2009. The Cryosphere, 4：419-433.

Bolch T, Kulkarni A, Huggel C, et al. 2012. The state and fate of Himalayan glaciers. Science, 336 (6079): 310-314.

Bramwell B, Lane B. 2000. Collaboration and partnerships in tourism planning//Bramwell B, Lane B. Tourism Collaboration and Partnership: Practice and Sustainability Clevedon. Bristol: Channel View Publications.

Buckley R, Pickering C, Weaver DB. 2001. Nature-based Tourism, Environment, and Land Management. Cambridge: CABI Publishing.

Carey M. 2005. Living and dying with glaciers: people's historical vulnerability to avalanches and outburst floods in Peru. Global Planet Change, 47: 122-34.

Chaverri R. 1989. Coastal management: the Costa Rica experience//Maggon OT. Coastal Zone´87 Proc 5th Symposium on Coastal and Ocean Mangement. Reston: Amer. Soc. Civ. Eng.

Chueca J, Julian A, Saz MA, et al. 2005. Responses to climatic changes since the little ice age on Maladeta glacier (Central Pyrenees). Geomorphology, 68: 3-4, 167-182.

Connell J, Page SJ. 2008. Exploring the spatial patterns of car-based tourist travel in Loch Lomond and Trossachs National Park, Scotland. Tourism Management, 29 (3): 561-580.

Cruikshank J. 2005. Do Glaciers Listen? Local Knowledge, Colonial Encounters, and Social Imagination. Vancouver: University of British Columbia Press.

Cullen NJ. Mölg T, Georg K. 2006. Kilimanjaro glaciers: recent area area extent from satellite data and new interpretation of observed 20th century retreat rate. Geophys Res Lett, 33: 1-6.

DCCED (Alaska Department of Commerce, Community and Economic Development). 2004. The Alaska Tourism Satellite Account in 2002. Lexington: Global Insight.

Diamant R. 1991. National heritage corridors: redefining the conservation agenda of the 90s. George Wright Forum, 8 (2): 13-16.

Dreimanis A. 1989. Tills: their genetic terminology and classification//Goldthwait RP, Matsch CC, Balkema AA. Genetic Classification of Glacigentic Deposits. Rotterdam: Balkema.

Du JK, He YQ, Li S, et al. 2013. Mass balance and near-surface ice temperature structure of Baishui Glacier No. 1 in Mt. Yulong. J. Geogr. SCI., 23 (4): 668-678.

Dunteman GH. 1989. Principal Components Analysis (Quantitative Applications in the Social Sciences). Thousand Daks: Sage Publications.

Elsasser H, Burki R. 2002. Climate change as a threat to tourism in the Alps. Climate Research, (20): 253-257.

Espiner SR. 1999. The Use and Effect of Hazard Warning Signs: Managing Visitor Safety at Franz Josef and Fox Glaciers. Wellington: Department of Conservation (DOC).

Eugster JG. 2003. Evolution of the heritage areas movement. George Wright Forum, 20 (2): 50-59.

Fabac R, Zver I. 2007. Applying the modified SWOT-AHP method to the tourism of gornje medimurje. Tourism and Hospitality Management, 17 (2): 201-215.

Fahey BD, Thompson RD. 1973. Research in Polar and Alpine Geomorphloghy. Norwich: Geo. Abstracts Ltd.

Francou B, Ramirez E, Caceres B, et al. 2000. Glacier evolution in the tropical Andes during the last decades of the 20th century: Chacaltaya, Bolivia, and Antizana, Ecuador. Ambio, 29 (7): 416-422.

Friedman JR. 1966. Regional Development Policy: A Case Study of Venezuela. Cambridge: MIT Press.

Gilbert OD, Manning RE. 1998. Indicators and stalldards of quality for ski resort management. Journal of Travel Research, 36 (2): 35-41.

Gill A, Williams P. 1994. Managing growth in mountain tourism communities. Tourism Management, 3 (15): 212-220.

Glacier Monitoring Research. 2007. Monitoring and Assessing Glacier Changes and Their Associated Hydrologic and Ecologic Effects in Glacier National Park. Reston: U. S. Geological Survey.

Global Climate Observing System. 1995. GCOS/GTOS Panel for Terrestrial Climate Related Observations, Version 1. 0. Geneva: World Meteorological Organization.

Gobiet A, Kotlarski S, Beniston M, et al. 2013. 21st century climate change in the European Alps: a review. Science of The Total Environment, 493: 1138-1151.

Gore A. 2006. An Inconvenient Truth. Emmaus: Rodale Press.

Gossling S. 1999. Eco-tourism: a meansto safeguard bio-diver site and ecosystem functions. Ecological Economics, (29): 74-76.

Gough JD, Ball RJ. 1995. The Contribution of Conservation Lands to the West Coast Regional Economy. (Information Paper No. 52). Lincoln: Centre for Resource Management Lincoln University and Lincoln International.

Gret-Regamey A, Walz A, Peter B. 2008. Valuing ecosystem services for sustainable landscape planning in alpine regions. Mt Res Dev. , 28 (2): 156-158.

Gunn CA. 1998. Vacationscape: Designing Tourist Regions. New York: Van Nostrand Reinhold.

Grinsted A. 2013. An estimate of global glacier volume. Cryosphere, 7: 141-151.

Gunn CA, Larsen TR. 1993. Illinois Zones of Tourism Potential. Chicago: A. T. Kearney Inc. , Illinois Bureau of Tourism.

Gunn CA, Mcmillen JB. 1979. Tourism Development: Assessment of Potential in Texas. Brazos: Texas Agricultural Experiment Station, Texas A & M University.

Guo WQ, Liu SY, Yao XJ, et al. 2014. The Second Glacier Inventory Dataset of China (Version 1. 0). Lanzhou: Cold and Arid Regions Science Data Center at Lanzhou.

Haeberli W. 2007. Changing views to changing glaciers//Orlove B, Wiegandt E, Luckman B. The Darkening Peaks: Glacial Retreat in Scientific and Social Context. California: University of California Press.

Hall CM, Higham JES. 2005. Tourism, Recreation, and Climate Change. Cardiff: Channel View.

Hall MHP, Fagre DB. 2003. Modeled climate-induced glacier change in Glacier National Park, 1850-2100. BioScience, 53 (2): 131-140.

Hallegatte S, Przyluski V, Vogt-Schilb A. 2011. Building world narratives for climate change impact, adaptation and vulnerability analyses. Nature Clim Change, 1 (3): 151-155.

Hambrey M, Alean J. 2004. Glaciers (second edition). Cambridge: Cambridge University Press.

Hambrey M, Alean J. 2006. Glaciers of the World. Glaciers Online. http: //www. swisseduc. ch/glaciers/glossary/kettle-hole-en. htm [2014-12-20] .

Hastenrath S. 1993. Toward the satellite monitoring of glacier changes on Mount Kenya. Ann Glaciol. , 17: 245-249.

Hastenrath S, Greischar L. 1997. Glacier recession on Kilimanjaro, East Africa, 1912-89. J. Glacio, 43 (145): 55-59.

Hastenrath S, Polzin D. 2004. Volume decrease of Lewis Glacier, Mount Kenya, 1978-2004. Zeitschrift für Gletscherkunde und Glazialgeologie, 39: 133-139.

Hock R, Jansson P, Braun LN. 2005. Modelling the response of mountain glacier discharge to climate warming. Global Change and Mountain Regions, (23): 243-252.

Holtz ME, Bemis KI. 1917. Glacier National Park: Its Trails and Treasures. New York: George H. Doran Company.

Huss M, Farinotti D. 2012. Distributed ice thickness and volume of 180000 glaciers around the global. J. Geophys. Res. , 117: F04010.

Huss M, Bauder A, Funk M, et al. 2008. Determination of the seasonal mass balance of four Alpine glaciers since 1865. J Geophys Res., 113: F01015.

IAATO. 2014. Tourism Statistics. http://iaato.org/zh/tourism-statistics [2014-12-25].

IPCC. 2013. Summary for Policymakers. Climate Change 2013: The Physical Science Basis. Geneva: Working Group I Contribution to the IPCC Fifth Assessment Report SPM1-SPM36.

Kajanusa M, Kangasb J, Kurttila M. 2004. The use of value focused thinking and the SWOT hybrid method in tourism management. Tourism Management, (25): 499-506.

Kang ES, Shen YP, Li X, et al. 2004. Assessment of the Glacier and Snow Water Resources in China. Lanzhou: A Report to the Ministry of Water Resources of China.

Kang SM, Kim MS, Lee MH. 2002. The trends of composite environmental indices in Korea. Journal of Environment Management, 64 (2): 199-206.

Key CH, Fagre DB, Menicke RK. 2002. Glacier retreat in Glacier National Park, Montana//Williams Jr. RS, Ferrigno JG. Satellite Image Atlas of Glaciers of the World: North America. Washington D. C.: U. S. Government Printing Office.

Klein AG, Kincaid JL. 2006. Retreat of glacier on Puncak Jaya, Irian Jaya, determined from 2000 and 2002 IKONOS satellite images. J Glaciol., 52 (176): 65-80.

Kuniyal JC. 2002. Mountain expeditions: minimising the impact. Environmental Impact Assessment Review, 22: 561-581.

Labhart T. 2007. Geology-earth 500 million years//Wallner A, Bäschlin E, Grosjean M, et al. World of the Alps-The World's Heritage. The UNESCO World Heritage Jungfrau-Aletsch-Bietschhorn. Bern: Haupt Press.

Lagally M. 1932. Basics of vector analysis. Annual Report of the German Mathematical Society, 41: 94-104.

Ledeniški S. 2014. Dobrodošlina straneh. http://alpirocnik.rasica.org [2014-10-10].

Lee CK. 1999. Valuation ofnature-base tourism resources using dielmtomous choice conation valuation method. Tourism Management, (3): 84-88.

Lee CK, Lee JH, Han SY. 1998. Measuring the economic value ofecotourism resources the case of South Korea. Journal of Travel Research, 36 (4): 35-38.

Leiper N. 1990. Tourist attraction systems. Ann, Tourism Res., 17 (3): 367-384.

Li X, Chen GD, Jin HJ, et al. 2008. Cryospheric change in China. Global Planet Change, 62: 210-218.

Liu XL, Yang ZP, Xie T. 2006. Development and conservation of glacier tourist resources: a case study of Bogda Glacier Park. Chinese Geographical Science, 16 (4): 366.

Lucas AM. 1972. Environment and Environmental Education: Conceptual Issues and Curriculum Implications. Ohio: College of Education, Ohio State University.

Machado KB. 2001. Willingness topay for conservation programs: a contingent yaluation study of the galapagos. National Park, (8): 21-26.

Marzeion B, Jarosch AH, Hofer M. 2012. Past and future sea-level change from the surface mass balance of glaciers. Cryosphere, 6: 1295-1322.

Meier MK, Dyurgerov MB, Rick UK, et al. 2007. Glaciers dominate eustatic sea-level rise in the 21st century. Science, 317: 1064-1067.

MeNeely JA, Miller KR, Reid WV, et al. 1990. Conserving the World's Biological Diversity. Gland: International Union for Conservation of Nature and Natural Resource.

Mieczkowski Z. 1985. The tourism climatic index: a method of evaluating world climates for tourism. The Canadian Geographer, 29 (3): 220-233.

Moore K, Simmons DG, Fairweather JR. 2001. Visitors to the West Coast: Characteristics, Attractions and Decision-Making. (Westland case study report No. 22). Lincoln: Tourism Recreation Research and Education Centre, Lincoln University.

Morland AM. 1916. Through South Westland: A Journey to the Haast and Mount Aspiring New Zealand (2nd ed.). London: Whitcombe & Tombs.

Morrison A. 2008. Franz Josef Glacier Ka Roimate o Hine Hukatere. http://www.doc.govt.nz/ [2008-05-14].

Mountain Agenda. 1999. Mountains of the World: Tourism and Sustainable Mountain Development. Switzerland: Institute of Geography, University of Berne.

Muller F, Caflish T, Muller G. 1977. Instruction for Compilation and Assemblage of Data for a World Glacier Inventory. Zurich: Temporary Technical Secretariat for World Glacier Inventory, Swiss Federal Institute of Technology, Zurich.

Naithani AK, Nainwal HC, Sati KK, et al. 2001. Geomorphological evidences of retreat of the Gangotri glacier and its characteristics. Curr. SCI., 80 (1): 87-94.

Nesje A, Bakke J, Dahl SO, et al. 2008. Norwegian mountain glaciers in the past, present and future. Global Planet Change, 60 (1-2): 10-27.

Niu Y, Wang DG, Qian J. 2014. The impact of the published tourism articles in Chinese on high citation frequency. Tourism Tribune, 29 (4): 114-124.

Ontario Ministry Industry of Tourism. 1981. Peterborough-Haliburton Tourism Development Strategy. California: Laventhol and Horvath.

Orlove B, Wiegandt E, Luckman BH. 2008. The place of glaciers in natural and cultural landscapes//Orlove B, Wiegandt E, Luckman BH. Darkening Peaks: Glacier Retreat, Science and Society. Cambridge: University of California Press.

PAIA. 2005. Mountain Tourism: Making It Work for the Poor. Rome: PAIA-MTNS/FAO.

Pan BT, Zhang GL, Wang J, et al. 2011. Glacier changes from 1966-2009 in the Gongga Mountains, on the south-eastern margin of the Qinghai-Tibetan Plateau and their climatic forcing. The Cryosphere Discuss., 5: 3479-3516.

Parr JB. 1973. Growth poles, regional development, and central place theory. Papers in Regional Science, 31 (1): 173-212.

Paterson WSB. 1994. The Physics of Glaciers (third edition). Oxford Etc: Pergamon.

Perrous F, Higgins B, Savoie DJ. 1998. The Pole of Developments New Places in a General Theory of Economic Activity. London: Unwin Hyman Ltd Press.

Perry MA, Wynn HP, Bates RA. 2006. Principal components analysis in sensitivity studies of dynamic systems. Probabilistic Engineering Mechanics, 21: 454-460.

Pfeffer WT, Arendt AA, Bliss A, et al. 2014. The randolph glacier inventory. J Glaciol., 60 (221): 537-552.

Priskin J. 2001. Assessment of natural resources for nature-based tourism: the case of the central coast region of Western Australia. Tourism Management, 22 (6): 637-646.

Qi XZ, Lin ZS. 2005. Grassland evolution under soil degradation: numerical simulation and test. Pedoshere, 15 (1): 41-45.

Radić V, Bliss A, Beedlow AC, et al. 2013. Regional and global projections of 21st century glacier mass changes in response to climate scenarios from global climate models. Clim. Dyn., 42: 37-58.

Richard S, Williams JR, Ferrigno JG. 2013. Satellite Image Atlas of Glaciers of the World. Reston: U.S. Geological Survey, Professional Paper, 1386-A-2.

Richardson RB, Loomis JB. 2003. The Effects of Climate Change on Mountain Tourism: A Contingent Behavior Methodology. Djerba: First International Conference on Climate Change and Tourism.

Rock JF. 2006. Joseph F. Rock and His Shangri-La. Kunming: Caravan Press.

Ross GF. 1993. Tourism and hospitality work interest and motivation among potential employees. Hospitality Research Journal, 16 (2): 17-27.

Sanjay K. 2000. Tourism in protected areas: the Nepalese Himalaya. Ann Tourism Res., 3 (27): 661-681.

Sanjay K. 2002. Nepal, mountain ecotourism and sustainable development- ecology, economics, and ethics. Mt Res Dev., 22 (2): 104-109.

Sara WA. 1970. Glaciers of Westland National Park: A New Zealand Geological Survey Handbook. Wellington: Department of Scientific and Industrial Research.

Saussure HB. 1796. Voyages dans les Alpines, tome I, Neuchotel, 1779, tome II, Geneve, 1786, tome IV (French edition). Neuchatel: Hachette Livre-BNF.

Scott D, Jones B, Konopek J. 2007. Implication of climate and environmental change for nature-based tourism in the Canadian Rocky Mountains: a case study of Waterton Lakes National Park. Tourism Management, (28): 570-572.

Shi YF, Huang MH, Yao TD, et al. 2008. Glaciers and Related Environments in China. Bejing: Science Press.

Su Z, Shi YF. 2002. Response of monsoonal temperate glaciers to global warming since the Little Ice Age. Quat Int., (97-98): 123-131.

Tarbuck EJ, Lutgens FK. 2009. Earth Science. Bergen: Prentice Hall.

Te Ara. 2008. Glaciers in New Zealand. http://www. teara. govt. nz [2008-01-16].

Thom EC. 1959. The discomfort index. Weatherwise, 12: 57-60.

Thompson GR, Turk J. 1994. Essentials of Modern Geology: An Environmental Approach. Philadelphia: Saunders College Publishing.

Thompson LG. 2004. High-altitude, mid and low-latitude ice core records: implications for our future//Cecil LD, Green JR, Thompson LG. Earth Paleoenvironments: Records Preserved in Mid- and Low-Latitude Glaciers. Dordrecht: Kluwer Academic.

Thompson LG, Yao T, Davis ME, et al. 1997. Tropical climate instability: the last glacial cycle from a Qinghai-Tibetan ice core. Science, 276: 1821-1825.

Thompson LG, Mosley-Thompson E, Davis ME, et al. 2002. Kilimanjaro ice core records: evidence of holocene climate change in tropical Africa. Science, 298: 589-593.

Thompson LG, Mosley-Thompson E, Davis ME, et al. 2006. Ice core evidence for asynchronous glaciation on the Tibetan Plateau. Quat Int., 154/155: 3-10.

Tsaur SH, Wang CH. 2007. The evaluation of sustainable tourism development by analytic hierarchy process and fuzzy set theory: an empirical study on the Green Island in Taiwan. Asia Pacific Journal of Tourism Research, 12 (2): 127-145.

Tsaura SH, Linb YC, Lin JH. 2006. Evaluating ecotourism sustainability from the integrated perspective of resource, community and tourism. Tourism Management, (27): 640-653.

Tzeng GH, Tsaur SH, Laiw YD, et al. 2002. Multicriteria analysis of environmental quality in Taipei: public preferences and improvement strategies. J Environ Manag., 65 (2): 109-12

UNEP. 1993. Guidelines for Country Studies on Biological Diversity. Nairobi, Kenya. Oxford: Oxford University Press.

UNESCO. 1970. Perennial Ice and Snow Masses—A Guide for Compilation and Assemblage of Data for a World Inventory. Paris: United Nations Educational, Scientific, and Cultural Organization, International Association of Scientific Hydrology, Technical Papers in Hydrology.

Vaske JJ, Carothers P, Donnelly MP. 2000. Recreation conflict among skiers and snow boarders. Leisure Sciences, 22 (4): 297-313.

Vaughan DG, Comiso JC, Allison I. 2013. Observations: cryosphere// Stocker TF, Qin D, Plattner GK, et al. Climate Change 2013: The Physical Science Basis. Contribution of Working Group I to the Fifth Assessment Report of the Intergovernmental Panel on Climate Chang. Cambridge: Cambridge University Press.

Vinogradov ON, Krellke AN, Oganovskiy PNO. 1966. Rukovodstvo po sostavleniyu kataloga lednikov SSSR (Guide for compiling the catalogue of glaciers of the U. S. S. R.) (in Russian). Leningrad: Hydrological and Meteorological publishing House.

Wackernagel M, Rees WE. 1999. Our Ecological Footprint: Reducing Human Impact on the Earth. Vancouver: New Society Publishers.

Wang SJ, He YQ, Song XD. 2010. Impacts of climate warming on alpine glaciers tourism and adaptive measures. Journal of Earth Science, 21 (2): 167-169.

Wicander R, Monroe JS. 2009. Essentials of Geology (4th Edition). Singapore: Gengage Learning.

Wick P. 1998. Excursions into the past. 125 years Glacier Garden Lucerne: science and adventure tourism. Switzerland Arch Art, 49 (2): 35-45.

Wright CS, Priestley RE. 1992. Glaciology. London: British Antarctic Expedition 1910-1913.

WTO, UNEP. 2008. Climate Change and Tourism: Responding to Global Challenges. Madrid: World Tourism Organization.

WWF-Nepal. 2005. An Overview of Glaciers, Glacier Retreat, and Subsequent Impacts in Nepal, India and China. Kathmandu: WWF Nepal Program.

Yang W, Yao TD, Xu BQ, et al. 2010. Characteristics of recent temperat glacier fluctuations in the Parlang Zangbo River basin, southeast Tibetan Plateau. Chinese SCI Bull., 55 (20): 2071.

Yao TD. 2010. Glacial fluctuations and its impacts on lakes in the southern Tibetan Plateau. Chin SCI Bull., 55 (20): 2071.

Ye QH, Zhong ZW, Kang SC, et al. 2009. Monitoring glacier and supra-glacier lakes from space in Mt. Qomolangma region of the Himalayas on the Tibetan Plateau in China. J Mt SCI., 6: 211-220.

Zemp M, Haeberli W. 2007. Glaciers and ice caps. Part I: Global overview and outlook. Part II: Glacier changes around the world//UNEP. Global Outlook for Ice & Snow. Arendal: UNEP/GRID.

Zemp M, Haeberli W, Bajracharya S, et al. 2007. Global Glacier Changes: Facts and Figures. Zurich: Joint UNEP/WGMS Report on Global Glacier Changes.

Zumbühl H, Iken A. 1981. Glacier in the Bernese Alps and their exploration. Berner Illustrated Encyclopedia. Nature, (1): 54-61.

Долгушии ЛД. 2000. Современное наземное оледенение. МГИ, Вип, 98: 158-208.

附　　录

附录一　现代冰川类型

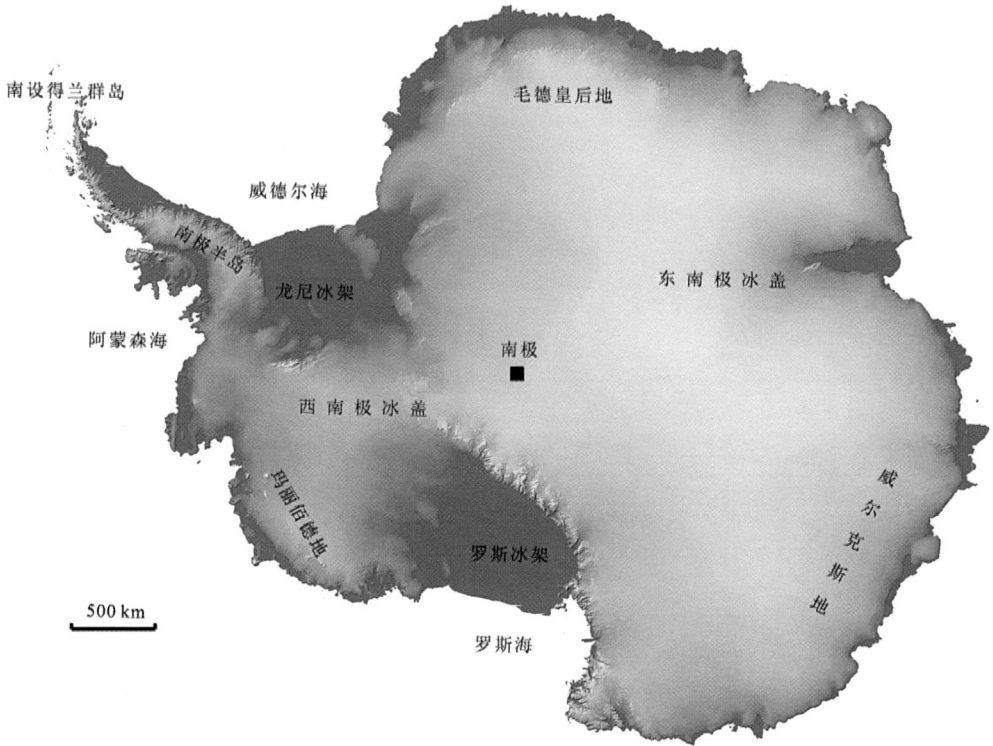

附图 1-1　南极冰盖（影像来源：NASA）

附图 1-2　格陵兰冰盖（影像来源：NASA）

附图 1-3　南极洲最大冰架——罗斯冰架景观（www. rosssea. info）

附图 1-4　南极洲一处冰山景观（影像来源：中国第 29 次南极科学考察）

附图 1-5　南美洲巴塔哥尼亚北部冰原景观（影像来源：NASA）

附图 1-6　新疆维吾尔自治区克孜勒苏州慕士塔格冰原及卡拉库里湖景观（李圣道 摄）

附图 1-7 坦桑尼亚乞力马扎罗山冰帽景观（www. kumailplus. com）

附图 1-8 美国阿拉斯加州哈伯德入水冰川（程元畅 摄）

附图 1-9 斯瓦尔巴特群岛的柏特尔套盆峰下方的一处冰斗冰川（Alean and Hambrey，2013）

附图 1-10　新西兰弗朗茨·约瑟夫山谷冰川景观（Hambrey and Alean，2004）

附图 1-11　新疆维吾尔自治区博格达山古班博格达 10 号扇形分流冰川（王铁男 摄）

附图 1-12　新西兰塔斯曼冰川树枝状支冰川景观（Hambrey and Alean，2004）

附图 1-13　加拿大北极区南部阿克塞尔·海伯格岛山麓冰川（Hambrey and Alean，2004）

附图 1-14　美国阿拉斯加马拉斯皮纳宽尾冰川鸟瞰（鲍勃·马特森 摄）

附图 1-15　美国科罗拉多州吉尔平峰东北的一处石冰川（鲍勃·韦伯斯特 摄）

附图 1-16 新疆维吾尔自治区阿克苏地区托木尔表碛覆盖冰川 （王铁男 摄）

附图 1-17 四川省甘孜州央迈勇东脊一处悬冰川 （秦保平 摄）

附图 1-18　加拿大北极地区阿克塞尔·海伯格岛克鲁索跃动（前进）冰川

（Hambrey and Alean，2004）

附录二　冰川表面形态景观

附图 2-1　秘鲁斯瓦卡兰国家公园卓皮卡基峰西坡的大雪檐景观

附图 2-2　四川省甘孜州勒多慢因峰（6112 m）一处雪檐景观

附图 2-3　挪威斯匹次卑尔根岛一处冰川积累区粒雪盆景观（约翰·霍格隆德 摄）

附图 2-4　新疆维吾尔自治区阿勒泰地区喀纳斯冰川平坦的积累区（王铁男 摄）

附图 2-5　新疆维吾尔自治区昌吉市博格达山黑沟 8 号冰川积累区雪崩景观（王飞腾 摄）

附图 2-6　瑞士萨斯格伦德附近韦斯密斯山冰川积累区一巨大冰裂隙冰墙处的
粒雪沉积分层（Alean，2004）

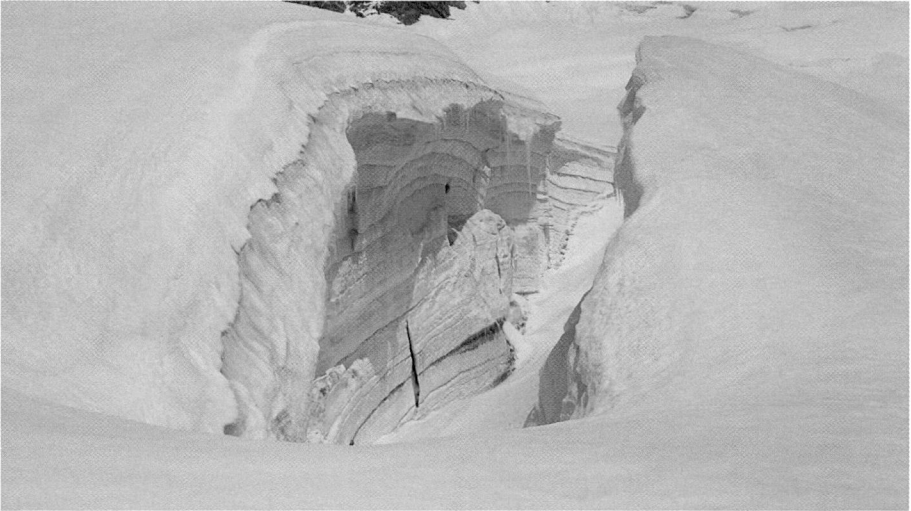

附图 2-7　云南省丽江市白水 1 号冰川粒雪盆一处冰裂隙及粒雪沉积分层

附图 2-8　瑞士伯尔尼阿尔卑斯山格罗瑟阿莱奇冰川冰瀑布景观（Hambrey and Alean，2004）

附图 2-9　四川省甘孜州海螺沟冰川喀斯特冰面景观（信连勇 摄）

附图 2-10 美国阿拉斯加州特林布冰川弧拱景观（奥斯汀珀·斯特 摄）

附图 2-11 西藏自治区念青唐古拉东段米堆冰川弧拱景观（邹虎 摄）

附图 2-12 坦桑尼亚乞力马扎罗山冰川冰崖（墙）景观（www. panoramio. com/photo/84381114）

附图 2-13 青海省海北州"八一"冰川冰崖（墙）及纹理景观（韩春坛 摄）

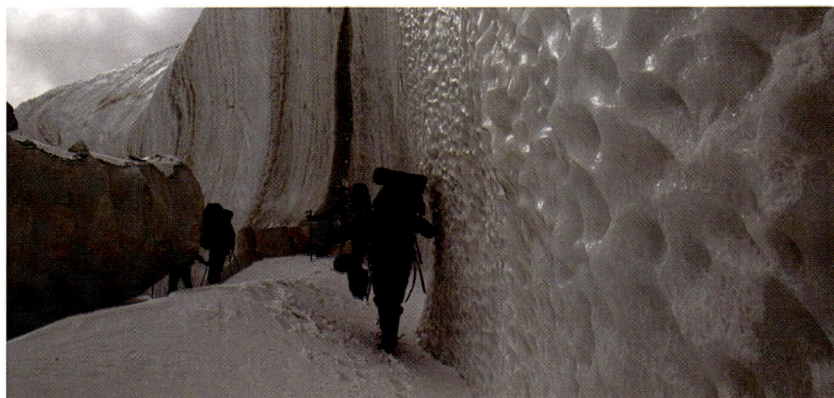

附图 2-14 新疆维吾尔自治区阿克苏地区木扎尔特冰川末端冰崖（墙）景观（王铁男 摄）

附图 2-15　青海省海西州唐古拉镇冬克玛底冰川末端景观（李小飞 摄）

附图 2-16　青海省果洛州阿尼玛卿山唯格勒当雄冰川末端景观（王世金 摄）

附图 2-17　新疆维吾尔自治区阿勒泰地区喀纳斯冰川末端景观（王飞腾 摄）

附图 2-18 西藏自治区日喀则地区东绒布冰川末端冰塔林景观（刘宇硕 摄）

附图 2-19 新疆维吾尔自治区阿克苏地区西琼台兰冰川冰塔林景观（王铁男 摄）

附图 2-20　青海省格拉丹东长江源头姜根迪如冰川连座冰塔林景观（税晓洁 摄）

附图 2-21　西藏自治区那曲地区普若岗日冰原末端冰船景观（陆明 摄）

附图 2-22　秘鲁帕斯他鲁里冰川末端的一处冰洞景观（Hambrey and Alean，2004）

附图 2-23　瑞士格劳宾登州沃竹思·派尔斯冰川一处冰蘑菇（冰桌）
景观（Hambrey and Alean，2006）

附图 2-24　瑞士瓦莱州龙冰川前缘的冰桥和冰床（红色箭头）
景观（Hambrey and Alean，2006）

附图 2-25　新疆维吾尔自治区阿克苏地区木扎尔特冰川末端冰桥景观（王铁男 摄）

附图 2-26 西藏自治区那曲地区普若岗日冰原末端冰月亮景观（唐召明 摄）

附图 2-27 美国阿拉斯加州恩迪科特臂峡湾道斯冰川崩解胜景（朱莉·丹尼萨 摄）

附图 2-28　瑞士伯尔尼阿尔卑山温特阿尔冰川竖井景观（Hambrey and Alean，2006）

附图 2-29　青海省果洛州阿尼玛卿山唯格勒当雄冰川末端冰洞及其冰下河景观（万国宁 摄）

附图 2-30　加拿大北极地区阿克塞尔·海伯格岛汤普森和怀特冰川间的冰坝湖（Alean，2004）

附录三　冰川遗迹景观

附图 3-1　四川省甘孜州央迈勇峰角峰和刃脊

附图 3-2　秘鲁斯瓦卡兰国家公园阿尔帕马约峰（鱼鳞峰）角峰、刃脊及其壁下冰川

附图 3-3　西藏自治区日喀则地区珠穆朗玛峰角峰和刃脊（洪金鹏 摄）

附图 3-4　西藏自治区日喀则地区希夏邦马角峰景观（洪金鹏 摄）

附图 3-5　英国威尔士斯卡戴尔伊德里斯峰的一处冰斗景观（Hambrey and Alean，2006）

附图 3-6　蒙古阿尔泰山—冰川槽谷（张威 摄）

附图 3-7　美国蒙大拿州冰川国家公园格林内尔湖后缘冰蚀悬谷及岩墙景观（蒂姆·琼斯 摄）

附图 3-8　挪威斯堪的纳维亚峡湾景观（世界遗产）（斯维尔·奥莱·卓那 摄）

附图 3-9　新疆维吾尔自治区阿克苏地区木扎尔特冰川表碛（王铁男 摄）

附图 3-10　西藏自治区希夏邦马峰抗西错及其侧碛、终碛垄（王世金 摄）

附图 3-11　美国阿拉斯加兰格尔-圣亚斯国家公园一处复式山谷冰川形成的几道中碛垄
（戴维·W. 马丁 摄）

附图 3-12　美国阿拉斯加州苏西特纳冰川褶皱冰碛（由几个支流冰川跃动导致）
（奥斯汀珀·斯特 摄）

附图 3-13　加拿大拜洛特岛一山谷冰川终碛垄和侧碛垄景观
（影像来源：加拿大自然资源部）

附图 3-14　冰岛南部索尔黑马加库尔冰川底部岩屑（于尔格·艾礼安 摄）

附图 3-15　瑞士瓦莱州杜山矿冰川前缘锅穴景观（红色箭头）（Hambrey and Alean，2006）

附图 3-16　加拿大贾斯珀国家公园奥科托克斯冰川漂砾（乔恩·诺德 摄）

附图 3-17　瑞士伯尔尼阿尔卑山斯蒂利米冰川前端羊背石（Alean，2004）

附图 3-18　美国俄亥俄州凯利斯岛冰川槽国家纪念碑冰川刻槽局部（道格·格罗斯让 摄）

附图 3-19　瑞士戈尔内冰川基岩上的冰川擦痕（迈克尔·赖格尔 摄）

附图 3-20　加拿大西北特区靠近紫胶杜波依斯的蛇形丘景观（影像来源：加拿大自然资源部）

附图 3-21　南极洲南乔治亚岛柯尼希冰川前缘的冰水沉积平原（http：//www. sgisland. gs/）

附录四 冰川旅游形式

附图 4-1 加拿大哥伦比亚冰原辛华达峡谷冰川空中漫步旅游项目
（www.brewster.ca）

附图 4-2 奥地利蒂罗尔州奥茨山谷索尔登滑雪区 360 度全视野冰川观景
（www.apart-tyrolis.at）

附图 4-3　丹麦格陵兰冰原狗拉雪橇项目（/www.turkey-visit.com/greenland.asp）

附图 4-4　秘鲁帕斯他鲁里冰帽骑马冰川观光项目（Hambrey and Alean，2004）

附图 4-5　挪威西部一处冰川上的徒步旅游项目（里克·施特费斯　摄）

附图 4-6　奥地利蒂罗尔州皮茨冰川缆车观光旅游项目

（www. pitztaler-gletscher. at／en／skigebiet／）

附图 4-7 新西兰西海岸库克山冰川栈道观光（www.tourismnewzealand.com）

附图 4-8 瑞士伯尔尼州特里夫特悬索桥冰川观光项目（www.myswitzerland.com）

附图 4-9　挪威特罗姆瑟地区斯瓦尔巴特群岛冰川巡游项目（彼得·普鲁可希 摄）

附图 4-10　美国朗格尔-圣埃利亚斯国家公园皮划艇冰川探险旅游项目（www. alaskasummer. com）

附图 4-11 新西兰库克山塔斯曼冰川直升机鸟瞰与徒步旅游项目 （www. mtcook. com）

附图 4-12 加拿大哥伦比亚冰原阿萨巴斯卡冰川快车旅游项目
（www. rocky-mountain-tour-guide. com）

附图 4-13　奥地利蒂罗尔州皮茨冰川滑雪项目（www.pitztaler-gletscher.at/en/skigebiet）

附图 4-14　冰岛朗加库尔冰川雪地摩托车旅游项目
（www.extremeiceland.is/en/activity-tours-iceland）

附图 4-15　新西兰南部阿尔卑斯山塔斯曼冰川攀冰项目（特雷弗·斯特里特 摄）

附图 4-16　南极洲冰川与环境科学考察项目（影像由李传金提供）

附图 4-17　挪威松恩-菲尤拉讷郡菲亚尔兰冰川博物馆（影像来源：维基百科）

附录五　中国面积大于 100 km² 的冰川

附表 5-1　中国面积大于 100 km² 的冰川一览表

冰川名称	所属山脉	最高峰（m）	冰川类型	长度（km）	面积（km²）	雪线高度（m）	末端海拔（m）
托木尔冰川	天山	托木尔峰（7435）	树枝状山谷冰川	41.5	337.85	4350	2780
穹特连冰川	天山	托木尔峰（7435）	树枝状山谷冰川	23.8	165.38	4300	3038
土盖别里齐冰川	天山	托木尔峰（7435）	树枝状山谷冰川	36.1	313.69	4200	2680
乌库尔冰川	天山	汗腾格里峰（6995）	树枝状山谷冰川	32.4	184.95	4240	2790
木扎尔特冰川	天山	无名峰（6627）	树枝状山谷冰川	33	137.7	4220	2950
南伊内尔切克冰川	天山	托木尔峰（7435）	树枝状山谷冰川	63.5	392.84	4450	2800
克拉牙依拉克冰川	帕米尔高原	公格尔峰（7435）	树枝状山谷冰川	18.4	128.15	4290	2980
其木干冰川	帕米尔高原	公格尔峰（7435）	树枝状山谷冰川	22.2	103.71	4420	3140
木斯塔冰川	喀喇昆仑山	无名峰（7410）	树枝状山谷冰川	29.4	196.79	5230	4100
音苏盖堤冰川	喀喇昆仑山	克郎峰（7295）	树枝状山谷冰川	42	379.97	5420	4000
特拉木坎力冰川	喀喇昆仑山	特拉木坎力峰（7441）	树枝状山谷冰川	28	124.53	5390	4520
克亚吉尔冰川	喀喇昆仑山	阿普萨拉塞斯峰（7243）	树枝状山谷冰川	20.8	105.6	5420	4760
孕舍罗鲁姆冰川	喀喇昆仑山	布罗特峰（8501）	树枝状山谷冰川	26	119.8	5540	4250
玉龙冰川	昆仑山	昆仑峰（7167）	复式山谷冰川	30.9	139.7	6020	5140
中峰冰川	昆仑山	昆仑峰（7167）	树枝状山谷冰川	23.4	241	5965	5400
多峰冰川	昆仑山	昆仑峰（7167）	树枝状山谷冰川	31	251.7	5760	4590
昆仑冰川	昆仑山	昆仑峰（7167）	树枝状山谷冰川	23.5	200.2	5920	4882
弓形冰川	昆仑山	昆仑峰（7167）	树枝状山谷冰川	20.5	113.8	5940	5360
西昆仑冰川	昆仑山	昆仑峰（7167）	树枝状山谷冰川	18.5	131.78	5900	5120
西玉龙冰川	昆仑山	昆仑峰（7167）	树枝状山谷冰川	21.9	125.86	5900	5140
鱼鳞川冰川	昆仑山	无名峰（6925）	树枝状山谷冰川	14	103.53	5640	5160
崇侧冰川	昆仑山	无名峰（6903）	冰帽-宽尾冰川	28.7	163.6	5120	5320
古里雅冰川	昆仑山	无名峰（6667）	平顶冰川	12.4	119.33	5100	5500
马兰冰川	昆仑山	马兰峰（6056）	组合型冰帽	25	172.8	5490	5090
唐古拉冰川	唐古拉山	唐古拉峰（6099）	组合型冰帽	17.0	188.00	5730	5400
恰青冰川	念青唐古拉山	无名峰（6356）	树枝状山谷冰川	35.3	206.7	5890	2900
夏曲冰川	念青唐古拉山	无名峰（6692）	复式山谷冰川	21.5	163.6	5800	3160
那龙冰川	念青唐古拉山	无名峰（6204）	复式山谷冰川	19	117.8	4500	3400
雅弄冰川	念青唐古拉山	无名峰（6606）	树枝状山谷冰川	32.5	191.45	5040	3960
普若岗日冰川	羌塘高原	普若岗日（6482）	冰原	30	422.85	5780	5550
藏色岗日冰川	羌塘高原	藏色岗日（6508）	组合型冰帽	29	191.6	5840	5600
土则岗日冰川	羌塘高原	土则岗日（6356）	组合型冰帽	21	127.2	5840	5670
金阳岗日冰川	羌塘高原	金阳岗日（6136）	组合型冰帽	12	105.3	5440	5540

注：南伊内尔切克冰川跨越中国和吉尔吉斯斯坦两国，中国境内冰川面积为未定国界前的初步估算值
（施雅风，2005）

附录六　中国冰川旅游景区（点）

附图 6-1　云南省丽江市白水河 1 号冰川远景（影像由玉龙雪山冰川与环境观测研究站提供）

附图 6-2　云南省丽江市白水河 1 号冰川近景（影像由玉龙雪山省级旅游开发区管理委员会提供）

附图 6-3　云南省迪庆州白茫雪山冰川景观（王世金 摄）

附图 6-4　云南省迪庆州梅里雪山明永冰川远景（洪金鹏 摄）

附图 6-5　云南省迪庆州梅里雪山明永冰川近景（李钦银 摄）

附图 6-6　四川省阿坝州岷山主峰雪宝顶及其悬冰川景观（张威 摄）

附图 6-7　四川省甘孜州贡嘎山主峰与海螺沟冰川远景（洪金鹏 摄）

附图 6-8　四川省甘孜州海螺沟冰川全景（信连勇 摄）

附图 6-9　四川省阿坝州达古雪山达古冰川景观（黄晓虎 摄）

附图 6-10　西藏自治区阿里地区冈仁波齐峰冰帽景观（洪金鹏 摄）

附图 6-11　西藏自治区念青唐古拉东段米堆冰川远景（桑敦 摄）

附图 6-12 西藏自治区林芝地区米堆冰川末端与光谢错景观（洪金鹏 摄）

附图 6-13 西藏自治区昌都地区来古冰川全貌景观（朱明亮 摄）

附图 6-14　西藏自治区昌都地区来古冰川末端与然乌湖景观（洪金鹏 摄）

附图 6-15　西藏自治区日喀则地区姜桑拉姆峰与枪勇冰川景观（洪金鹏 摄）

附图 6-16　西藏自治区日喀则地区卡若拉坡面冰川（秦保平 摄）

附图 6-17　西藏自治区林芝地区嘎瓦隆表碛覆盖冰川景观（苏宇华 摄）

附图 6-18　甘肃省嘉峪关市祁连山"七一"冰川景观（王政德 摄）

附图 6-19　甘肃省酒泉市祁连山透明梦柯冰川全景（影像由祁连山冰川与生态环境综合观测研究站提供）

附图 6-20　青海省海北州祁连山岗什卡峰冰川远景（中请 摄）

附图 6-21　青海省海北州祁连山"八一"冰川末端景观（韩春坛 摄）

附图 6-22　青海省果洛州阿尼玛卿山东段哈龙冰川景观（郭万钦 摄）

附图 6-23　青海省海西州玉珠峰北坡多处冰舌景观（王世金 摄）

附图 6-24　青海省海西州团结峰（岗则吾结）岗纳楼 5 号冰川景观（王翔 摄）

附图 6-25　新疆维吾尔自治区克孜勒苏州奥依塔克冰川公园其克拉孜冰川（董建军 摄）

附图 6-26　新疆维吾尔自治区昌吉市博格达山黑沟 8 号冰川景观（王铁男 摄）

附图 6-27　新疆维吾尔自治区博格达峰白杨河 10 号冰川（拍摄点：博格达主峰）（王铁男 摄）

附图 6-28　新疆维吾尔自治区乌鲁木齐河源 1 号冰川近景（影像由中国科学院天山冰川观测试验站提供）

附图 6-29　新疆维吾尔自治区阿勒泰地区木斯岛冰川远景（王飞腾 摄）

后　记

1992~2011年，格陵兰冰盖和南极冰盖的冰量一直在损失，全球范围内冰川几乎都在继续退缩（高信度），已导致一些小冰川消亡，并威胁着大量的剩余山地冰川（IPCC，2013）。全球山地冰川旅游资源对气候变暖更为敏感，山地冰川显示了一种极高的物质转化和对大气增温的强烈反应，具体表现为山地冰川的快速消融与流失。例如，在阿尔卑斯山脉，大部分高山冰川在过去150年总体上经历了一个衰退趋势（Zemp et al.，2007；Zemp and Haeberli，2007）。自19世纪前期以来，欧洲西南比利牛斯山大约有2/3的冰川剩余，在1980年后冰川开始明显退缩（Chueca et al.，2005；Huss et al.，2008）。根据世界冰川监测中心资料，2005年，瑞士所有被监测冰川均处于消退阶段，奥地利99条冰川中有95条处于衰退状态，意大利69条和法国6条被监测冰川也都处于衰退状态。目前，在瑞士英格堡（Engelberg）附近的铁力士（Titlis）和迪瓦勒兹（Diavolezza）附近的普特瑞西雅冰川（Pontresina glacier）几乎完全消失，从而结束了夏季冰川滑雪的旅游功能。同时，冰川的强烈消融也严重影响阿尔卑斯山冰川景观的体验功能和吸引力。至2002年，阿尔卑斯山龙冰川隧道（或洞穴）因冰川后退至峡谷一侧，游客已无法到达。现在，游客只能穿越木桥和利用其他装置才能涉足，但很快这些基础装置也将变得不切实际（Hambrey and Alean，2004）。美国冰川国家公园，自1910年成立以来，公园2/3以上的冰川和大约75%的冰川面积已经消失（Key et al.，2002）。截至2005年，公园仅存27条冰川。假如全球持续变暖，到2030年，公园所有冰川将消失殆尽（Hall and Fagre，2003；Glacier Monitoring Research，2007）。在阿拉斯加，几乎所有被调查的冰川都在融化，并且过去5~7年的变薄率超过了过去十几年（20世纪50年代中期至90年代中期）的两倍多（Arendt et al.，2002）。又如，19世纪70年代末至20世纪90年代，由于全球变暖，加拿大杰士伯国家公园阿萨巴斯卡冰川后退超过1.50 km，失去了一半体积。2008年，世界最高的冰川滑雪胜地——玻利维亚查卡塔亚冰川已完全消失，从而秘鲁失去了夏季冰川滑雪的旅游功能。

自19世纪中叶以来，中国冰川资源退缩同样显著，物质亏损剧烈，经历了一个明显的快速消退阶段（Ye et al.，2009；Yao，2010；Bolch et al.，2010，2012），且表现出对气候变化的明显响应，特别是中国海洋型冰川旅游区（Yang et al.，2010）。《第二次冰川编目》显示：西部冰川呈现萎缩态势，面积缩小18%，年均缩小243.7×10⁴ km²。阿尔泰山和冈底斯山的冰川退缩最显著，冰川面积分别缩小 37.2% 和 32.7%。例如，横断山脉贡嘎山冰川区 1966~2009 年 44 年期间，11.30% 的冰川面积丧失（Pan et al.，2011）。1980~2010 年，念青唐古拉东段波密县（中国冰川之乡）大冰川（面积大于 20 km²）面积总体呈减小趋势，由 1980 年的 1592.78 km² 退缩至 2010 年的 1567.04 km²，共退缩了 25.74 km²。其中，1980~1990 年冰川变化贡献最大，冰川面积退缩了 16.62 km²，占冰川总面积退缩量的 64.60%（向灵芝等，2013）。西藏自治区察隅县阿扎冰川在 1980~2006 年冰川末端后退 1690 m，年均退缩率达 65 m，其中 2005~2006 年退缩速率甚至达到每年 80 m（杨威等，2008）。

IPCC（2013）第五次评价报告显示：全球陆地和海洋近地表平均温度在 1880~2012 年增温 0.85℃（0.65~1.06℃），2003~2012 年的平均温度比 1850~1900 年的均温增加约 0.78 ℃，并用"基本确定（virtually certain）"这一词来描述全球变暖这一结论。在中国，1860~2005 年，其平均温度升高了约 0.4~0.5℃。越来越多的证据表明，与整个 20 世纪缓慢的暖化趋势相比，全球暖化的强度和持续性从 20 世纪 70 年代开始越来越显著，其影响的范围和程度在不断增加（Hallegatte et al.，2011；Gobiet et al.，2013）。全球气候变暖危及世界各地重要的冰雪旅游目的地，按照目前全球性气候持续变暖的趋势，在气候不加速变暖的前提下，未来 10 年里也许会威胁大量的现存山地冰川和导致部分高山冰川消亡（Beniston，2004；Nesje et al.，2008；IPCC，2013）。在欧洲阿尔卑斯山、斯堪的纳维亚山、北美洲落基山、兰格尔—圣伊莱亚斯山，南美洲安第斯山，亚洲喜马拉雅山脉，非洲乞力马扎罗山和大洋洲新西兰西南海岸的库克山，大多数游客均为冰川观赏、登山探险、攀冰滑雪、冰上体验旅游等项目慕名而来，其冰川的快速退缩和消亡，不仅会导致这些山地冰雪景观美感、冰川体验活动质量及吸引力的丧失或下降，而且因冰川表面破碎及污化严重、冰裂隙遍布、冰川末端冰湖急速扩大，进而增大了冰川体验旅游的难度，甚至部分攀冰、冰上徒步、冰川滑雪和登山旅游线路将被改迁或取消。总体上，全球冰川的快速变化已严重影响到冰川旅游目的地的自然结构、特征和脆弱的生态系统，进而导致山地旅游目的地到访游客数量和当地经济收益的减少或丧失（Elsasser and Burki，2002；Richardson and Loomis，2003；Gore，2006）。一些调查和研究也已经证实了全球气候变化对山地冰川旅游的潜在影响和对旅游业的牵连（Hall and Farge，2003；Scott et al.，2007）。

冰川作为特殊旅游资源所创造的旅游经济价值和生态价值已经促动了各国政界、学界和企业对冰川旅游资源的关注乃至保护。目前，世界上主要通过国家立法、建立完善的保护监管机构，或采取技术手段（如人工影响天气、人工造雪、特殊材料覆盖冰川等）对冰川旅游资源进行保护，前者主要集中在国家公园，而后者主要集中在著名冰川旅游目的地。然而，不管哪种冰川保护措施，也无法阻止当前气候变暖的态势。自1950年以来观测到的全球变暖一半以上是人为造成的，主要源于燃烧化石燃料排放的二氧化碳气体，如温室气体效应。二氧化碳、甲烷和氧化亚氮的大气浓度至少已上升到过去80万年以来前所未有的水平。自工业化以来，二氧化碳浓度已增加了40%。即使停止二氧化碳排放，因惯性作用，气候变化影响也将持续数个世纪（IPCC，2013）。应对气候变暖，不仅需要世界各国携手减少温室气体排放，最为关键的还是要积极采取主动的适应性管理措施或行动，充分利用有利因素，减轻气候变化对冰川旅游目的地的不利影响。现在，如何通过一定的冰川旅游保护性开发模式，促使冰川旅游资源效用最大化，已成为世界上冰川旅游目的地所关注的主要问题之一。在此背景下，国家公园模式实现了自然遗产资源全民共享、推动生态与环境保护、培育国民认同感等多重功效，是旅游发展与环境保护之间协调互动的空间组织方式（汪宇明等，2010），它将环境保护与公共自然游憩功能有机结合，是可持续自然旅游的有效组织模式之一（张海霞，汪宇明，2010）。目前，国家公园管理方式已被世界上多个国家或地区运营实施。

中国冰川区生态环境脆弱，制约和限制了在冰川旅游目的地建设大规模旅游接待设施的传统开发方式。在当前生态环境恶化、人民生态保护意识增强、生态文明建设上升为国家战略的时代背景下，国家公园已成为自然遗产类旅游资源开发的理想模式。因此，国家公园经营模式也可以成为中国冰川旅游可持续发展的一种新模式。具体指导思想是以山地冰川、生态环境、自然资源保护和适度冰川旅游开发为基本策略，以较小范围冰川旅游资源开发来实现大范围冰川区的有效环境保护，既排除与保护目标相抵触的开发利用方式，达到保护生态系统完整性的目的，又为普通大众提供冰川旅游、科研、教育、娱乐的机会和场所，国家公园管理模式是一种合理处理生态环境保护与冰川旅游资源开发利用关系的有效措施和方案。特别地，当前中国较为出名的冰川旅游目的地主要集中在滇西北、川西和藏东南，这些区域的冰川属海洋型冰川，消融更为强烈，且冰川旅游压力较大。伴随着交通条件的改善和人民生活条件的逐步提升，普通旅游者应把冰川旅游视线转向西藏自治区、青海省、新疆维吾尔自治区喜马拉雅山、念青唐古拉山、昆仑山、天山等大规模冰川区，这些区域分布着数量巨大的现代冰川群，冰川旅游后发优势突出，登山探险、冰川科考、冰上徒步、冰川滑雪、冰川摄影、冰川影视拍摄等旅游价值极高。特别地，冰川对气候变暖响应敏感，依托冰川科普、环境教育旅游形式，还可敦促旅游者践行文明旅游和责任旅游的消费方式，这将有效影响和提升普通大众的环境保护意识和行为，还将引导公众对绿色旅游消费方式的选择。

王世金

2015年1月1日于兰州